KB083782

포스트젠더학의 가능성

{ 모성, 정치, 갈등 }

지은이

모토하시 리에 元橋利恵, Rie Motohashi

오사카대학 대학원 인간과학연구과 초빙연구원. 오사카대학 대학원 인간과학연구과 박사과정 졸업. 주요 편서로는『가교하는 페미니즘－역사 · 성 · 폭력』(전자책), 주요 논문으로는「케어 윤리로 보는 일본 어머니의 반전 · 평화운동－『일본 어머니 대회』와『안보관련법에 반대하는 마마회』에서 모성의 역할에 주목하여」(『소시올로지(ソシオロジ)』 제62권 2호)가 있다.

옮긴이

이은주 李恩珠, Lee, Eun-joo

동덕여자대학교 일본어학과 졸업. 건국대학교 교육대학원 일어교육학 석사, 건국대학교 일본문화 · 언어학과 문학박사, 일본문화전공. 건국대, 세명대 강사 및 가톨릭관동대학교 초빙교수를 역임했으며, 현재 전주대학교 인문과학종합연구소 학술연구교수이다. 대표 역서 및 저서로는『동아시아의 국민국가 형성과 젠더』(2009, 2010 대한민국학술원 우수학술도서),『주부의 탄생』(2013),『육아의 탄생』(2014, 2015 세종도서 학술부문),『근대 일본의 지식장과 젠더투쟁』(2016),『새롭게 배워보는 일본 · 일본인 · 일본문화』(2018) 등이 있으며, 대표 논문으로는「전시기(戰時期)『주부의 벗(主婦之友)』에 나타난 '모성'담론에 관한 고찰」,「근대 초기 일본의 '여성' 형성에 관한 연구」,「여성의 생활과 정체성에 관한 고찰」,「일본어 교과서에 나타난 '젠더' 표상」,「일본어 교과서와 젠더프리의 조건 연구」,「문자/비문자 텍스트에 나타난 '젠더횡단'의 가능성 연구」,「일상 · 비일상적 지식장과 젠더의 안티노미」,「이동이라는 렌즈를 통해서 본 정신/육체의 폴리포니」,「균질적/비균질적 시선의 패러독스와 젠더」,「덧그리지 않는 '젠더'는 가능한가」 등이 있다.

포스트젠더학의 가능성

모성, 정치, 갈등

초판인쇄 2022년 12월 10일 **초판발행** 2022년 12월 20일

지은이 모토하시 리에 **옮긴이** 이은주 **펴낸이** 박성모 **펴낸곳** 소명출판 **출판등록** 제1998-000017호

주소 서울시 서초구 사임당로14길 15 서광빌딩 2층

전화 02-585-7840 **팩스** 02-585-7848

전자우편 somyungbooks@daum.net **홈페이지** www.somyong.co.kr

값 22,000원

ISBN 979-11-5905-741-0 93300

이 역서는 2021년 대한민국 교육부와 한국연구재단의 지원을 받아 수행된 연구임(NRF-2021S1A5B5A16076809)

포스트 젠더학의 가능성

{모성, 정치, 갈등}

The Possibility of Post-Gonder Studies
motherhood, politics, conflict

모토하시 리에 지음 | 이은주 옮김

차례

제2부 자기책임화된 모성의 억압과 그 정당화

제3부 어머니들의 저항 - '어머니 운동'에 착목하여

그림/표/자료 차례

그림 차례

표 차례

자료 차례

일러두기

1. 일본어의 한글표기는 외래어 표기법의 원칙을 따랐다. 어두와 어중에 한해 격음을 피했다. 잡지명과 인명, 그리고 지명은 일본어 발음으로 통일하여 표기했다.
   ① 잡지명인 경우
   예)『たまごクラブ』:『타마고클럽』→『다마고쿠라부』
   ② 인명인 경우
   예) 平塚らいてう : 히라츠카 라이초우 → 히라쓰카 라이초
   加納実紀代 : 카노 미키요 → 가노 미키요
   高良とみ : 타카라 토미 → 다카라 도미
   ③ 지명인 경우
   예) 東京 : 동경 → 토우쿄우 → 도쿄
2. 단행본은 한국어로 번역했고 신문은 일본어 발음으로 표기했다.
   ① 단행본의 경우
   예)『青鞜』:『세이토우』→『청탑(青鞜)』
   ② 신문의 경우
   예)『朝日新聞』:『조일신문』→『아사히신문(朝日新聞)』
   『読売新聞』:『요미우리신붕』→『요미우리신문(読売新聞)』
3. 장음을 피하고 단음으로 표기했다.
   예) 大阪 : 오오사카 → 오사카
   大越愛子 : 오오고시 아이코 → 오고시 아이코
4. 논문인 경우는「 」, 단행본 및 잡지는『 』, 영화 제목은〈 〉를 사용했다. 또한 인용문인 경우는 " "를 사용하고 강조할 경우는 ' '를 사용했다.
5. 본문 안에 사용된 저자의 영어표현은 경우에 따라서는 영어 발음을 그대로 표기하기도 하고 한국어로 번역하여 사용하기도 했다.
   예) care : 돌봄 → 케어
   process : 과정 → 프로세스
   empowerment : 권한부여 → 임파워먼트
6. 저자주와 역자주는 모두 각주로 통일했다. 다만 역자주인 경우에는 (역자주)라고 병기했다.

서장

왜 지금, 모성연구인가?

1. 문제의식 — 아이를 낳고 기르는 일에 대한 자기책임화

2016년 2월, 어느 한 익명의 어머니가 올린 블로그에 "어린이집 추첨에서 떨어졌어. 일본 망해라"라는 글이 큰 화제가 되었다. 그 블로그에 글이 올라온 2월은 마침 아이를 맡기는 어린이집 추첨과 그 선정결과가 나오는 시기였다. 그 블로그는 어린이집 추첨에서 떨어진 어머니가 "뭐야 일본, 일억 총 활약 사회잖아. 어제 보기 좋게 어린이집 선정에서 떨어졌어. 어떡해 나 활약 못하잖아. 아이를 낳아 키우고 또 사회에 나가 직장생활하면서 세금 내준다는데 일본은 도대체 뭐가 불만인 거야. 뭐가 저출산이야, 아이고"[1] 라는 내용으로 어머니의 본심을 담은 글이었다.

이 블로그가 국회에서 거론된 것을 계기로 대기 아동 문제해결을 촉구하는 움직임이 일어났고, 어린이집 부족과 직장에서 일하고 싶어도 아이를 맡길 곳이 없는 어머니들의 고뇌를 사회적으로 인지하게 되었다. 그러나 다른 한편으로 그것은 '자신이 선택한 일이다', '자기 편리주의다'라며

1 블로그의 URL은 https://anond.hatelabo.jp/20160215171759(2020년 7월 20일 열람)

어린이집 입소 대기 아동 문제는 어머니의 '자기 책임'이라는 반응도 불러일으켰다.

최근 출산과 육아는 이처럼 어머니인 여성이 스스로 선택한 일이기 때문에 사회적 불평을 내뱉어서는 안 되고, 동시에 타인에게 폐를 끼쳐서는 안 된다는 논조가 어린이집 입소 아동 문제에만 국한되지 않고 사회문제의 이슈로 등장하게 되었다.

예를 들면 일명 '유모차 논쟁'이라고 불리는 이 사건은 정기적으로 SNS 등에서도 화제가 되었다. 버스와 전차 등 공공 교통기관에서의 유모차 사용 시비를 둘러싸고 발생한 논쟁이 그것이다. 그러나 이것은 애초에 어머니가 타인에게 폐를 끼쳐서는 안 된다는 문제에서 생긴 것으로 이는 어머니 개인의 책임을 강조하는 담론에서 발생했음을 엿볼 수 있게 해준다.

또한 이와 같은 자기 책임 논조는 출산, 육아기에 있는 여성뿐만 아니라 임신 중인 여성 혹은 임신을 준비하고 있는 여성, 그리고 '아이를 낳지 않을' 선택을 하는 여성과도 관련이 있다. 예를 들면 아이 낳기를 희망하지만, 조건이 맞지 않아 '아이를 낳을 수 없는' 여성들의 경험에 초점을 맞춘 르포르타주로서 고바야시 미카小林美佳의 『(아이를) 낳지 못하게 하는 사회』2013가 있다.

여성들이 '(아이를) 낳을 수 없는' 상황과 이유는 여러 가지가 있는데 일반적으로 그것들은 결국 여성들 개인의 선택과 결단의 결과라고 이해할 수 있다. 그러나 이때 여성들이 처한 사회에서 취업구조와 의료제도 등은 불가시화되고 있다. 고바야시는 '(아이를) 낳지 못하게 하는' 사회구조의 존재를 지적하고, 그와 같은 구조가 있음에도 불구하고 '낳는다' 또는 '낳지 않는다'가 마치 여성 개인의 의사 선택문제로 왜소화된 것에 경종을 울리고 있다.

임신과 출산, 그것을 위한 준비, 출산 후의 육아는 현대에도 대부분의 경우 어머니인 여성이 떠맡고 있다. 이것들은 종래의 모성과 관련이 있는 '자연스러운' 행위라고 하여 여성이 담당하는 것이 '당연'하고 '자연스러운' 일로 간주되어왔다. 그러나 현대에는 임신과 출산, 육아와 더불어 임신 및 출산을 위한 준비와 환경 만들기, 임신 · 출산 · 육아로 인한 경제적 기반을 잃는 것, 육아를 담당하면서도 부부관계를 원만하게 유지하려는 노력, 육아를 맡게 되면서 사회관계로부터 고립되는 것, 싱글 육아의 빈곤 리스크[2] 등 사회관계에 관련되어 있는 것까지도 '자신이 원해서 선택한 일'이기 때문에 여성이 리스크와 부담을 떠맡는 것은 당연하며 타인과 사회에 폐를 끼치는 것 등은 언어도단이라고 하며 전적으로 '자기 책임'의 논리로 문제의 자기 해결을 정당화하고 있다.

이와 같은 풍조와 깊은 관련이 있다고 생각되는 것은 신자유주의적 경제와 사회적 양상이다. 1980년대에 대두된 신자유주의 풍조는 세계를 석권하고, 시장뿐만 아니라 사람들의 의식과 행동에도 영향을 미치는 원리로 작동되고 있다. 일본에서는 1990년대 이후 글로벌화 아래 다국적 기업 간의 경쟁에서 자국의 대기업 경쟁력 강화를 위해 신자유주의적 개혁이 추진되었다.와타나베 오사무(渡辺治), 2014 기쿠치 나쓰노菊地夏野는 그 특징을 ① 민영화 · 자본주의 이론의 확대, ② 공공성의 변질, ③ 사회적 연대의 상실, ④ 신보수주의의 등장이라는 네 가지로 정리하고 있다.기쿠치, 2019

2 후생노동성 2014년도 보고에 따르면 모자 세대의 80.6%가 취업하고 있는데(그중 정규직은 39.4%, 비정규직은 47.4%)평균소득은 약 25만 엔(국민생활기초조사, 2012년)이고 전 세대의 80.6%밖에 되지 않는다. 한 부모 가정의 상대적 빈곤률은 50.8%로 높고 대부분을 모자 세대가 차지하고 있다. 오이시 아키코(大石亞希子)에 의하면 일본의 한부모 가정의 취업률은 다른 나라와 비교해도 압도적으로 높고 저임금 노동자에 빠지기 쉽다(오이시, 2018). 장기고용을 전제로 한 일본적 고용과 노동시장의 젠더 갭(gender gap)에 의해 모자 세대 어머니의 비정규직률은 높다.

이 내용을 더욱 간결하게 나타내면 다음과 같다. 복지국가체제하에서 공적인 섹터에 놓여 있는 사회의 기본적인 인프라와 교육, 복지 등은 '효율화'와 '경제발전'이라는 이름 아래 민영화되었다. 따라서 기업 간의 경쟁이 증대되고 노동자의 권리 후퇴가 심각한 문제가 되었다. 그리고 그와 같은 변화와 함께 사회적인 레벨에서는 공적 이념과 '연대'보다도 '자기 결정'과 '자기 책임'이 더욱 중요한 이념으로 뿌리내리고 있다. 이와 같은 변화는 성차별 양상과 어떻게 관련되고, 여성의 삶에는 어떠한 영향을 가져오는지 또는 여성 억압에 대한 저항운동과 그 이론인 페미니즘조차도 신자유주의를 어떻게 파악하고 대항해나갈 것인지가 과제로서 부상되고 있다.

2000년대 이후 공적 복지의 삭감과 그 대상으로서 신보수주의자들에 의해 주창된 가족 내의 자조 강조, 개인의 자립과 자기 책임 강조 등의 문제점에 관한 지적이 이루어져 왔다.나카노 고이치(中野晃一), 2013 특히 2015년 이후 정부가 전개한 '여성활약추진' 정책이 상징하듯이 종래의 여성차별은 해소되지 않은 채, 여성이 경제적으로 '활약'하는 것이 바람직하다는 주체로 간주되었다. 그것은 결국 여성에게 노동과 가정에서의 가사일이나 케어를 모두 담당해야 하는 상황을 낳게 되었다. 게다가 실제로는 대부분의 여성들이 노동시장에서 불안정한 비정규직 고용에 취업하게 되어 여성의 빈곤은 날로 심각해지고 있다.

애초부터 전후 일본은 성별역할분업에 의해 성립되는 가족을 형성하고 공적인 복지와 가족에 대한 지원을 억제하는 한편, 가정 내에서 여성의 무상노동을 대체시켜 왔다.[3] 따라서 자식을 낳아 기르는 부담은 구조

3 국립사회보장·인구문제연구소의 2017년 데이터를 참조하면 일본은 가족관계 사회지출이라 일컬어지는 아동수당, 아동부양수당, 출산 부조(扶助), 육아 개호 휴직 급부(育兒介護休業給付) 등 노령연금과 의료보험과는 다른, 가족을 지원하기 위한 현금 급부

적으로 가정 안의 여성이 혼자서 도맡아왔다. 그와 더불어 앞에서 말한 바와 같이 신자유주의로 전환됨에 따라 직장생활을 하면서 아이를 키우는 어머니가 정책적으로 지원받게 되었다. 미우라 마리三浦まり는 '여성 활약'과 같은 여성 취업 지원정책은 경제성장과 더불어 저출산 대책, 사회보장비 억제 등 언뜻 보기에도 모순된 이 세 가지를 여성에게 직무로서 떠맡긴 것이라고 지적한다.[미우라, 2015] 이처럼 미우라는 여성의 중책을 늘리고 있는 것을 지적하고 있다.

그리고 여성들은 제각기 생존전략과 선택 아래 이해와 감정, 신념이 다른 층으로 분화되어간다. 풀타임으로 일하며 인가認可된 어린이집에 아이를 입소시킬 수 있는 '복 받은 유형', 풀타임으로 일하면서도 어린이집에 입소시키지 않고 다른 방법으로 어린이집을 찾는 유형, 파트타임으로 일하며 가정 내 케어 노동에도 종사하는 유형, 특히 풀타임 노동에서도 캐리어 형성이나 간부 승진이 가능한 층과 불가능한 층으로 나누어지듯이 여성들은 여러 가지 층위로 분화된다.[미우라, 2015 : 57] 그리고 그것은 신자유주의적인 구조전환하에서 그녀들이 '선택의 자유'로 택한 것이라고 여겨져 왔다.

이상과 같이 현대는 여성이 아이를 낳고 기르는 일이 언뜻 보기에 선택의 자유가 있는 것처럼 보이면서 다른 한편으로 '아이를 낳고 기르는 일'에 대한 어려움은 본인이 선택한 결과로서 '자기 책임'으로 간주된다.

이 책에서는 이와 같은 신자유주의적인 조류 속에서 볼 수 있는 '(아이

및 현물 지급에 대한 재정지출이 서구 여러 나라와 비교하여 낮다는 것이 지적되고 있다(국립사회보장·인구문제연구소, 2019). 최근 이 가족관계 사회지출의 저조와 '저출산'은 관련되어 있다는 지적도 받고 있다(모토키 아이리元木愛理·사노하라 료지篠原亮次·야마가타 젠타로山懸然太郎, 2016).

를) 낳고 기르는 일'에 대한 이해의 변화를 '(아이를) 낳고 기르는 일의 자기책임화'라고 부르고자 한다.

이처럼 아이를 낳고 기르는 일은 개인의 문제라는 전제조건 아래 여러 가지의 어려움이 어머니 책임으로 간주됨으로써 여성에게 새로운 형태의 고단한 삶을 유발하고, 아이를 낳고 기르는 일을 둘러싼 새로운 억압을 낳고 있는 것은 아닐까 하는 생각이 든다. 그것은 예를 들면 '집안家'을 위해 아이를 낳는 것은 당연하고 또한 아이를 낳아 제 몫을 다 할 수 있다는 사회통념과는 또 다른 것으로 더욱 교묘해서 알아채기 어려운 고단한 삶이다.

이 책에서는 아이를 낳고 기르는 일의 자기책임화 속에서 여성들이 직면하는 낳아 기르는 일과 관련이 있는 억압을 '자기책임화된 모성'으로 대상화하는 것을 시도해본다. 이 책의 큰 문제의식은 이 자기책임화된 모성의 내실을 밝히는 것, 그리고 우리들은 그와 같은 억압에 대해 어떻게 저항해갈 수 있는지를 묻는 것에 있다.

2. 모성연구의 과제

지금까지 여성이 직면하는 곤란함이나 리얼리티에서 출발하여 사회에서 아이를 낳고 기르는 일의 규범과 양상에 대해 주목한 것은 모성에 관련한 연구군들이다. 모성에 관한 연구는 1980년대 무렵부터 여성학 분야의 한 테마로서 많은 연구가 축적되어 있다. 그 대부분의 공적은 여성을 가사와 육아라는 성별역할분업에 가두어 그 역할을 자연화함으로써 '모성애 신화'엘리자베스 바댕테르(Elisabeth Badinter), 1980=1998, '3세아 신화三歳兒神話',[4]

'모성환상', '모성이데올로기'후나바시 게이코(舩橋惠子) · 쓰쓰미 마사에(堤マサエ), 1992의 존재를 모성 담론의 분석을 통해 밝힌 점이다.

이들 모성연구는 이를 낳고 기르는 데 있어서 여성의 자기 결정을 주장하며 여성 본연의 모습을 어머니 역할에 가두어 자기희생과 봉사를 강요하는 모성 억압에 대한 대항에 크게 공헌해왔다. 1994년 국제인구회의 이후 섹슈얼성, sexual · 리프로덕티브생식, reproductive · 헬스건강, health, 라이트권리, rights : 성과 생식에 관계되는 건강과 권리라는 개념이 사용되었고, 일본도 정책으로 자리매김되고 있다. 성 또는 아이를 낳고 기르는 일에 관련된 모든 것은 개인의 자기 결정에 근거해야 하며 성과 생식의 자기 결정이 권리라는 인식은 적어도 표면상으로는 국제적인 기준이 되었다.

그러나 '자기 결정'의 강조만으로는 앞에서 말한 바와 같이 최근에 발생한 아이를 낳고 기르는 일을 둘러싼 '자기책임'화의 곤란함을 충분히 파악하거나 이를 해결할 수 있는 것은 아니다. 현대는 앞에서도 말한 바와 같이 여성이 아이를 낳고 기르는 데 있어서 '자기선택'과 '자기결정'이 이미 달성되고 있는 것처럼 간주되어 그것은 자기선택과 자기결정의 결과라고 규정함으로써 부담이나 곤란함이 정당화되어 버리는 상황이 되었다.

모성연구는 신자유주의적인 상황 속에서 기존에 확립되어온 자기 결정권의 중요성이 자기책임론으로 치환되는 사태에 대해 '자기 결정이란 무엇인가'를 재문하는 것이 요구되고 있다.

더 나아가 '자기 책임'이란 해당 문제의 공공성을 부정하고 사회적 해결이 아니라 개인적으로 해결해야 한다는 것을 의미한다. 아이를 낳고 기

---

4 아이가 세 살이 될 때까지는 엄마가 육아에 전념하는 것이 아이의 성장에 좋다는 사고방식을 일컫는다(역자주).

르는 일은 여성 개인적인 문제라는 것을 주장함과 동시에 그것은 공공적 가치를 가지며 모두가 관여해야만 하는 정치적인 문제라는 주장을 대항적으로 실행해갈 필요가 있다.

이상과 같이 모성연구는 현대사회에 만연되어 있는, 즉 '(아이를) 낳고 기르는 일'을 여성의 '자기 책임'이라고 간주하며 사회적 · 정치적으로 중요한 가치를 도출하지 않는 풍조에 대해 어떻게 대항해나갈 것인가라는 과제를 안고 있다. 그렇다면 여성의 자기 결정을 손상시키지 않는 형태로 '낳고 기르는 일'의 사회적 · 정치적인 가치를 찾아내고, 공공성을 주장하는 것은 어떻게 가능한 것일까. 그러므로 종래의 모성연구가 가진 틀을 재확인하고 이를 다시 확장해나가는 작업이 필요하다고 생각된다.

3. 왜 어머니의 일은 가치가 낮은가?

한편 아이를 낳고 기르는 일에 대한 가치가 왜 평가절하되어온 것일까라는 테마에 주목해 온 조류는 아마 마르크스주의 페미니즘이라 불리는 연구군들일 것이다. 마르크스주의 페미니즘이란 아이를 낳고 기르는 일을 하나의 '노동'으로, 특히 여성차별(가부장제)의 물질적인 기초로서 정식화定式化하고 모성 억압을 사회구조로 파악해왔다. 그 최대 공적은 '가사노동'이라는 개념을 발견한 점이다.우에노 치즈코(上野千鶴子), 2009

경제시장 안에서 하면 대가 또는 임금이 발생하고 가정 안에서 여성이 가사와 육아, 개호介護, 간병, 섹스를 하면 그것은 수입이 동반되지 않는 '무상노동unpaid work'이 된다. 크리스틴 델피Christine Delphy에 의하면 가사노동은 가사라는 이름의 '노동'이지만 '무상노동'화되었다. 그리고 그

것은 남성이 여성의 노동을 부당하게 착취하는 구조를 형성하고 있다고 이론화했다.델피, 1984

마르크스주의 페미니즘에서 모성이란 남성/여성의 계급구조를 은폐시킨 채 여성을 '사랑의 노동'델라 코스타(Dalla Costa), 즉 남편과 자식에 대한 헌신으로서 가사노동으로 향하게 만드는 이데올로기 장치이다. 바꾸어 말하면 모성은 여성들에 의한 자식과 남편에 대한 헌신을 모성애로 인한 행위라고 규정함으로써 왜 어머니가 하고 있는 일에는 대가가 발생하지 않고, 또한 가치를 매기지 않는가 라는 것을 묻는 발상조차 하지 못하게 만드는 기능이 있다.

이와 같은 '무상노동론' · '가사노동론'은 1980년대 이후 가사노동 일반에서 케어 쪽으로 초점을 전환해간다.다케나카 에미코(竹中恵美子), 2011 : 228 그 배경에는 여성이 노동력으로서 시장 안에서 양적으로 증가한 점, 그리고 유동적이고 값싼 노동력으로서도 여성이 사용되고 있었던 점에 있다. 여성 사이에 격차를 가져오고, 여성이 경력을 쌓을 수 있을지 어떨지에는 여전히 여성이 담당하고 있는 아이를 낳고 기르는 일 및 케어 부담을 어떻게 할까 라는 문제가 크게 관련되어 있었다. 또한 가사노동 자체도 상품화가 진행되고 다양한 형태를 띠게 되었다. 케어라는 문제를 어떻게 마주할 것인가, 그것을 누가 어떻게 떠맡아야만 하는가라는 문제가 사회적으로 주목받게 되어 '가사노동론의 두 번째 단계'다케나카, 2011로서 전면에 등장하게 되었다.

마찬가지로 1980년대 이후에는 자본주의가 고도화되고 '성공한 사람 되기'와 '경쟁에서 이길 것', '물질적으로 풍부할 것'이라는 경제 지상주의적인 가치관이 지배적이게 된다. 그와 같은 사회상황의 변화 속에서 케어의 의미를 재문하고 그 가치를 찾아낸 것이 케어 윤리이고, 동시에 케어

논쟁과 문제의식을 공유하는 케어 · 페미니즘이다. 케어 · 페미니즘이란 여성의 성과 생식의 권리를 주장하는 제2파 페미니즘 흐름에 뿌리를 두고 있다고 일컬어진다.가와모토 다카시(川本隆史), 1995; 오카노 야요(岡野八代), 2014

오카노 야요가 정리하고 있듯이 영국과 미국의 사회주의 페미니스트들은 자본주의 발전의 모순 분출을 케어노동 속에서 발견하고, 모친업母親業[5]에 대한 관심을 공유하고 관철함으로써 생산 중심주의와 공사이원론을 지지하는 리버럴리즘에 대한 비판으로서 이론을 심화시켜 왔다.오카노, 2017 이와 같은 케어의 관점에서 사회구조를 묻는 케어 · 페미니즘은 신자유주의에 대한 대항이론으로서 조명받고 있다.오카노, 2017; 파비엔느 브뤼게르(Fabienne Brugere), 2014

제1부에서 구체적이고 자세하게 기술하겠지만 케어 · 페미니즘이 의거하는 케어 윤리에 대한 논의는 남성 중심주의적인 지식과 사회 속에서 무시되고, 가치가 없는 것으로 간주되어온 여성의 다양한 케어행위에 초점을 맞추어 케어행위를 통해 얻은 경험과 사유에 새로운 가치를 찾아낸다. 그렇지만 이와 같은 논의는 '여성=케어하는 존재'라고 간주하는 풍조에 이의를 제기하고, 여성은 무엇보다도 '개인적인' 존재라고 주장해온 모성연구를 비롯한 페미니즘 입장에 있는 연구에서 그 투쟁을 부정하는 듯한 모순이 있다고 신랄하게 비판이 가해져 왔다. 그 이유는 여성을 상황과 역사, 문맥에 앞서 아이를 낳고 기르는 존재로 규정해버리는 모성본질주의essentialism[6] 사상이나 정치적 주장에 가담해 버리는 것을 우려하

5 어머니가 행하는 자녀들에 대한 양육 활동을 일 또는 기술로 보는 것을 의미한다(역자주).

6 젠더론 및 섹슈얼리티론에서 본질주의와 반본질주의를 둘러싼 정리에 대해서는 가토 슈이치加藤秀一(1998)의 연구가 있다. 가토도 인용하고 있는 게일 루빈(Gayle Rubin)은 성의 본질주의에 대해 다음과 같이 설명하고 있다. "성 본질주의(sexual essentialism)란 성(sex)은 사회생활에 앞서 존재하고 여러 제도를 형성하는 자연의 힘이라고 보는

기 때문이다.

그러나 케어 · 페미니즘 논의는 이 '모성'과 '개인'을 대립으로 보는 프레임frame 그 자체를 비판한다. 이 책에서는 케어 · 페미니즘의 논의를 원용함으로써 아이를 낳고 기르는 일에 대한 가치 절하라고 말하는 현상이 여성들에게 어떠한 곤란함을 가져오는지를 밝히고, 지금까지의 모성연구에서 긍정적으로 평가되지 않았던 어머니들의 사회운동을 가치 절하에 대한 대항의 하나로서 재평가해간다.

아이를 낳고 기르는 일에 사회적 · 정치적인 보편성과 가치를 찾아내려는 것, 특히 케어 논의 속에서 모성을 어떻게 받아들이는가 라는 문제는 페미니즘운동의 전략적 복잡함과 곤람함을 부각시키는 것이기도 하다. 그러한 의미에서 모성은 결코 과거의 명제가 아니다. 오히려 아이를 낳고 기르는 일조차도 자기 책임으로 규정해버리는 풍조가 지배적이게 된 현대에는 모성의 그 억압을 어떻게 파악할지, 그리고 저항의 하나로서 모성을 어떻게 재정의해갈지는 현대사회에서 그리고 페미니즘 분야에서 최전선의 곤란함을 담당하는 중요한 테마라고 말할 수 있을 것이다.

관념이다. 그것은 서양의 여러 사회에서 통속지(通俗知) 속에 박혀 있는 성은 영원불멸의 비사회적이고 초역사적인 것이라는 사고방식의 근거가 되고 있다. 성에 대한 학문적 연구도 의학과 정신의학이나 심리학에 의해 1세기 이상에 걸쳐 지배되어온 결과 본질주의를 재생산해왔다."(루빈, 1992=1997:9)

4. 이 책의 목적과 방법 및 구성

이 책의 목적은 현대의 자기책임화된 모성에 관한 연구로서 그 억압의 특징을 파악하고 저항의 가능성을 탐색하는 것에 있다. 이를 위해 이 책에서는 첫째, 케어 · 페미니즘의 논의를 원용하여 아이를 낳고 기르는 일의 자기책임화에 대해 대항하는 시좌를 이론적으로 찾아낸다.[제1부] 둘째, 2000년대 이후 현대 일본 사회에서 모성의 억압을 미디어 담론의 분석을 통해 그 특징을 밝힌다.[제2부] 그리고 셋째, 당사자인 어머니들에 의한 저항을 어머니들의 사회운동을 소재로 분석하여 그 특징과 가능성을 밝힌다.[제3부]

이를 위한 방법으로서 이 책에서는 주로 모자건강수첩과 여성잡지와 같은 육아와 성에 관련된 미디어의 담론분석과 어머니들의 운동과 관련된 자료 분석, 그리고 어머니들 개인을 대상으로 한 인터뷰 분석이라는 질적 조사 및 분석을 시도하고 있다.

이 책의 제1부에서는 이 책의 토대가 되는 이론의 정리 및 검토를 통해 분석의 축을 명료하게 하는 것이 목적이다. 이를 위해 선진 여러 나라에서 전개된 케어 · 페미니즘 논의와 어머니 연구의 논의에 대한 정리 및 검토를 실시한다.

제1장에서는 모성연구와 케어 · 페미니즘 쌍방의 전개 특징을 검토한다. 모성연구는 여성을 어머니가 되어야만 하는 존재로 본질적으로 규정하여 아이를 낳고 기르는 일에 종사하게 하는 '제도로서의 모성'을 비판해왔다. 그리고 그 대항으로서 여성은 '개인'임을 강조하며 그것을 극복해 나가려고 고군분투해왔다. 이에 대해 캐롤 길리건Carol Gilligan이 제창한 것으로 잘 알려진 케어 윤리의 논의와 케어 윤리와 과제를 공유하는 케

어 · 페미니즘은 리버럴리즘 전통의 전제인 '개인'이라는 개념을 비판적으로 다시 파악한다. 그리고 '개인'임을 손상시키는 자기희생적인 것으로 일컬어져 온 케어 행위를 타자에 대한 책임에 근거를 둔 갈등, 사유思考, 실천이라고 파악하고 사회적인 기반을 이루는 중요한 것으로 자리매김하는 시점을 제공했다. 특히 케어 · 페미니즘은 리버럴리즘의 전제인 공사이원론의 비판을 통해 남성 중심주의가 케어의 가치를 폄하하여 정당한 평기를 방해해온 점, 그리고 여성을 사적 영역으로부터도 소외시켜온 점을 낱낱이 밝혀냈다.

제2장에서는 케어 · 페미니즘을 응용한 어머니에 관한 논의의 정리 및 검토를 통해 모성의 '자기 책임'에 대항하기 위해 이 책에서는 '전략적 모성주의'라 불리는 시좌를 탐색한다. 이를 위해 먼저 케어를 탈젠더화하고 여성의 행위를 후경화하는 정치에 대항하고 여성들 · 어머니들의 리얼리티에서 파악해가는 것의 중요성을 확인한다. 다음으로 사라 러딕Sara Ruddick의 '모성적 사유母的思考'에 대한 논의와 그 비판을 소개한다. 모성적 사유에 대한 논의는 모친업의 실천에서 정치적으로 가치를 발견해왔다. 그 논의는 본질주의적이라고 오해받기 쉬운데, 오히려 여성들을 분단시켜온 공사이원론을 극복하려는 것이었음을 논한다. 그리고 현실적으로 어머니들은 모친업을 담당함으로써 정치적 투쟁으로부터 배제되어왔기 때문에 어머니들의 정치적인 임파워먼트empowerment가 중요하다는 것을 기술한다.

제2부에서는 제1부의 논의를 근거로 2000년대 이후의 모성 억압의 양상을 자기책임화의 관점에서 구체적으로 밝힌다. 전략적 모성주의의 관점에서 자기책임화는 어머니와 여성들에게 무엇을 요구해왔는가, 그것은 어떠한 논리로 정당화되어왔는가를 미디어 담론과 사회구조의 관계

를 통해 구체적으로 규명해낸다.

제3장에서는 어머니에게 요구되는 '어머니 규범'의 변용을 모자건강수첩과 부독본副讀本이라는 텍스트와 형식의 내용변화 분석을 통해 밝힌다. 이 책에서는 모자건강수첩을 하나의 미디어로 상정한다. 특히 모자건강수첩은 다른 육아 미디어(육아 잡지 등)와는 다른데, 그것은 정통성을 가진 지식전달의 도구임과 더불어 어머니에게 배포 · 휴대 · 사용을 의무화하고 행정에 의한 어머니 관리의 도구로서의 특징을 가진다. 그 모자건강수첩의 내용변화를 통해 어머니에게 아이를 낳고 기르는 일에 대한 스스로의 의지와 선택을 점점 더 요구하고, 자기를 스스로가 관리하는 주체가 되는 것을 기대하게 되었음을 해독한다.

제4장에서는 2000년대 이후 여성의 성 관념의 변용과 여성들의 생존 전략과 관련된 자료 분석을 통해 어떻게 모성 관리의 정당화가 실시되었는지를 밝힌다. 1970년대의 페미니즘운동에서 지향한 성 해방과 비교하여 현대의 성 해방의 양상은 일견 자유화된 것처럼 보이지만, 거기에는 은폐된 억압이 여전히 존재한다. 제4장에서는 2000년대 이후에 볼 수 있는 여성을 내면에서부터 규정하는 섹슈얼리티의 양상을 '신자유주의적 섹슈얼리티'라고 파악하고, 그것이 성립되는 사회적 배경을 고찰한다. 또한 그 저항의 기반으로서 신체성에 뿌리를 둔 여성들 운동의 가능성에 대해 고찰한다.

제3부부터는 모성 억압에 대한 일종의 저항으로서 어머니의 사회운동에 주목한다. 우선 제5장에서는 일본에서 어머니에 의한 사회운동이 지금까지 어떻게 다루어져 왔는가를 ① 1930년대~패전까지의 전시기 여성운동, ② 1950년대 이후의 어머니 대회로 상징되는 평화운동, ③ 1980년대의 체르노빌Chernobyl 원전사고 이후의 반원전운동, ④ 2011년 이후의

반원전 · 반전反戦운동 이 네 가지로 나누어 개관한다.

기존 연구에서는 각각의 시대마다 운동이 어떻게 언급되고 또한 어떻게 성주의의 극복이 주장되어온 것인지를 정리한다. 선행연구에서는 어머니 운동 안에 자기 결정이나 '개인'이라는 것의 계기를 발견함으로써 모성 본질주의와는 다른 것으로 평가하는 것을 시도해왔다. 이것을 포함하여 이 책에서는 모성의 메타포와 '개인'임을 대립적으로 파악하는 것이 아니라, 어머니들의 운동에서 모성이라는 메타포 그 자체에서 어머니들의 새로운 사회와 사회관계의 창조에의 지향점을 찾아내고 고찰해갈 필요성이 있음을 기술한다.

제6장에서는 1950년대에 시작된 '어머니 대회母親大會'와 2010년대에 시행된 어머니들의 정치 운동인 '안보관련법에 반대하는 마마회ママの會'에서 '어머니' · '마마ママ'를 둘러싼 표현법을 비교 분석함으로써 어머니들이 운동 속에서 표상하는 모성 전략의 차이와 특징을 밝혀간다.

제7장에서는 '안보관련법에 반대하는 마마회'의 참가 멤버의 인터뷰를 통해 어머니라는 것과 정치참가가 어떻게 관련되어 있는지를 분석한다. 개개의 어머니들은 어떻게 징치 활동에 참가하게 되었는지, 그리고 그것은 어머니라는 것과 어떠한 관계와 의미를 갖고 있는지를 구체적으로 밝힌다. 이를 통해 정치의 '당사자'가 되는 과정에서 어머니들이 모친업의 경험을 근거로 어떻게 임파워먼트되고 기존의 정치 양상을 어떻게 변용시켜가고 있었는지를 밝힌다.

마지막으로 종장에서는 지금까지의 논의를 통해 자기책임화된 모성의 특징에 대해 신자유주의 정책하에서의 페미니즘 '수용'인 포스트페미니즘과의 관련을 고찰한다. 그리고 어머니 운동에서 볼 수 있었던 여성들의 정치실천은 신자유주의적인 자조자립이나 자기 책임에 대해 어떠한 의미에서의 대항이 될 수 있었는지를 고찰한다.

이상을 통해 이 책의 논의가 자기책임 사회를 사는 우리들, 특히 여성들의 곤란한 삶에 대한 해명과 이와 같은 사회구조를 변혁시켜 가는 사고방식과 실천에 도움이 되기를 기대한다.

제1부

케어 윤리와 모성연구의 접속을 위해

제1부는 이 책의 토대가 되는 이론정리 및 검토를 통해 분석의 축을 명료하게 하는 것이 목적이다. 일본에서 전개되어온 모성연구에 대한 케어 · 페미니즘의 논의는 2010년대 이후에 주목받게 되었다. 따라서 모성연구와 케어 · 페미니즘 양측은 각각 다른 논의 과정을 거치면서 나타났기 때문에 충분히 접속되고 있다고는 말하기 어렵다.

이 책에서는 모성연구에 케어 · 페미니즘의 논의를 접속 · 확장시키는 것을 시도해본다. 케어 · 페미니즘에 의한 공사이원론에서 남성 중심주의 비판과 어머니와 관련되는 논의의 정리 및 검토를 통해 케어 · 페미니즘은 어머니들의 활동과 경험 속에서 정치적인 힘을 찾아내어 어머니들의 정치적 임파워먼트를 중시하는 시좌를 가지고 있었음을 밝힌다. 그리고 그와 같은 시좌는 아이를 낳고 기르는 일에 대한 자기책임화에 대항해가기 위한 전략적 모성주의로 정의할 수 있음을 논할 것이다.

제1장

모성연구의 전략과 '케어 · 페미니즘'

이 책의 제1장에서는 모성연구와 케어 · 페미니즘 쌍방의 논의 전개의 특징을 검토한다. 제1절에서는 모성연구가 여성을 어머니가 되어야만 하는 존재로서 본질적으로 규정해버리는 '모성' 신화를 해체하고 아이를 낳고 기르는 일에 대해 여성에게만 부담을 짊어지게 하는 사회제도를 비판해온 점, 제2절에서는 저출산이 사회문제화되고 어머니의 보조역할로서 아버지가 주목받는 가운데 모성연구도 모성에 대한 대항 전략으로서 여성은 '개인'이라는 것을 강조하고 모성을 극복하려고 한 점을 논한다. 이에 대해 제3절에서는 캐롤 길리건Carol Gilligan이 제창한 것으로 잘 알려진 케어 윤리의 논의에서 그동안 듣지 못했던 '여성의 목소리'를 가시화함으로써 리버럴리즘 전통의 전제가 되는 '개인'이라는 개념을 비판적으로 다시 파악한 점을 소개한다.

제4절에서는 케어 윤리의 논의가 '개인'이라는 것을 손상시키고 자기 희생적인 것으로 일컬어져 온 케어 행위를 타자에 대한 책임에 근거를 둔 갈등, 사유, 실천이라고 파악하고 사회적인 기반을 이루는 중요한 것으로 파악하는 시점을 제공했음을 확인한다. 나아가 제5절에서는 케어 윤리의 논의에서 발전한 케어 · 페미니즘이 리버럴리즘의 전제가 된 공사

이원론에 대한 비판을 통해 그 뿌리 깊은 남성 중심주의를 비판해온 점을 기술한다. 그리고 제6절에서는 그와 같은 공사이원론이 케어의 가치를 폄하하고 정당한 평가를 방해해온 점, 특히 여성을 사적 영역으로부터의 소외를 간과해온 점을 확인한다.

1. 모성 신화의 해체

종래 사회학에서 모성은 여성을 사적 영역에 머물게 만들어 아이를 낳고 기르는 일을 비롯하여 케어역할을 담당하게 하는 억압적인 기능을 완수하는 규범으로서 주목받게 되었는데 1980년 전후부터 연구가 축적되어왔다. 일상적이고 감각적으로 받아들여지고 그것이 역사적이고 절대적인 것이라고 간주되어 온 모성애에 대해 실은 근대의 산물이라고 이의를 제기한 것은 필립 아리에스Philippe Ariès에 의한 『'아동'의 탄생』1980, 에드워드 쇼터Edward Shorter에 의한 『근대가족의 형성』1987, 엘리자베스 바댕테르Elisabeth Badinter의 『플러스 러브』1981 등 사회사연구이다.

모성이라는 말은 다이쇼大正 초기에 교육사상가 엘렌 케이Ellen Key의 번역을 통해 일본에 들어와 쇼와昭和시대에 정착되었다고 일컬어진다.사와야마 미카코(沢山美果子), 1979 오히나타 마사미大日向雅美가 『모성연구』1988에서 언급한 것처럼 모성이라는 말은 일반화되어 마치 자명한 것처럼 사용되어왔기 때문에 공통의 이해가 있는 것처럼 존재해왔지만, 매우 애매하고 불명확한 개념이다.오히나타, 1988 그리고 그 애매함은 '자연'과 '본능'으로서 여성이라면 자명하게 가지고 있을 법한 것으로서 여성들 자신에게 자신의 내부에서 '모성'을 발견해내어 주체적으로 사회적인 어머니에 대한 기대에 부응하는 삶의 방식을 선택하게 만드는 기능을 완수해왔다.

페미니즘 시점을 가진 모성에 관한 연구에서는 여성은 태어나면서부터 '어머니로서의 자연스러운 성질'을 갖추고 있으며 그 성질에는 '자식에 대한 본능적 · 선천적인 애정' 등이 함축되어 있다는 본질주의적인 입장을 비판한다. 그런데 그것은 신체도 포함하여 사회적으로 구축되는 것이라는 '사회 구축주의'의 입장을 고수해왔다.에하라 유미코(江原由美子), 2009; 다마야스코(田間泰子), 2001

에하라의 정리에 따르면 모성에 관한 연구는 특히 두 개의 방향성으로 전개되어왔다. 첫 번째 방향은 에하라가 '모성의 정치학'이라 부르는 '모성'이라는 말에 착안하여 어떠한 사회 배경에서 어떠한 일에 대해 혹은 무엇을 위해 사용되어왔는가. 또한 그것은 어떠한 효과를 낳았는가라는 모성개념 · 모성 사상을 둘러싼 담론에 대한 접근이다. 그리고 두 번째 방향은 여성의 피임 · 임신 · 출산 · 중절 등의 구체적인 행위에 입각하여 그 변화와 실태에 대해 해명하는 점이었다. 이는 '출산' · '육아' 연구라고도 불린다.

에하라에 의하면 이 두 개의 방향성은 어디까지나 편의적인 구별이고 실제로는 모든 연구에서 의료보험제도[1]나 보육제도, 교육제도 등을 통해 아이를 낳고 기르는 일에 영향을 주고 있는 모성 관념의 역사적 · 사회적인 형성과 사회효과를 고찰함으로써 '제도로서의 모성'을 부각시키려고 한 것이었다고 말한다.에하라, 1995 : 7

이처럼 모성연구는 모성 담론에 주목하고 그 정치적 · 사회적 배경을 발견해냄으로써 모성 신화의 해체를 지향해온 것이다.

---

1 오자와 마키코小沢牧子(1989)는 '3세아 신화'와 모성의식의 지도가 1960년대 이케다 하야토(池田勇人) 내각 아래에서의 인재양성 정책 속에서 정치적 조작상 형성되어온 과정을 밝히고 있다.

2. 모성의 극복

1990년의 '1 · 57 쇼크' 이후 저출산이 사회문제로 대두되고 이를 정책적으로 대응해나가야만 하는 논리가 자리 잡아 간다. 그 한편으로 육아와 관련된 연구군에서는 어머니의 육아 부담을 어떻게 주위 사람들이 보조 내지 분담해갈까라는 것이 주요한 테마가 되었다.

이러한 흐름 속에서 가족사회학이나 모성연구도 육아 지원을 위한 정책과 육아 네트워크 연구의 패러다임으로 점차 이행되어갔다. 1980년대 전후로 젖먹이 유아乳幼兒를 가진 어머니의 불안과 어려움에 초점을 맞춘 연구는 사사키 야스유키佐々木保行 · 사사키 히로코佐々木宏子 등에 의한 것사사키 야스유키 · 사사키 히로코 · 나카무라, 1979; 사사키 야스유키 · 사사키 히로코, 1980과 마키노 가쓰코牧野カツコ에 의한 육아 불안 연구마키노, 1981 · 1982 · 1987를 예로 들 수 있다.

이들 연구가 어머니가 안고 있는 문제에 정조준하여 육아에 대한 새로운 시각perspective을 열어가는 가운데 어머니가 육아에 전념하고, 정신적으로도 신체적으로도 자식으로부터 자립하지 못하고 있는 상황을 비판적으로 검토한다. 에도 데쓰리江戸哲理에 의하면 육아 불안 연구는 그와 같은 상황을 감안하여 육아를 노동의 한 종류로 파악한다. 말하자면 노동환경으로서 어머니를 둘러싼 사회적인 상황으로 시선을 돌리는 길을 열었음을 논하고 있다.에도, 2018

이처럼 어머니의 육아 불안을 완화시키는 요인으로서 어머니의 사회적 유대관계가 주목을 받으며 육아 네트워크 연구가 축적되어간다.오치아이 에미코(落合恵美子), 1989; 마쓰다 시게키(松田茂樹), 2001 · 2008

여기서 어머니의 육아 부담을 경감시키는 가장 친밀한 '조력자'로서 클로즈업된 것은 아버지였다. 1990년대 이후 저출산 대책 가운데 후생성厚

生省도 아버지의 육아를 적극적으로 장려하게 되었다. 그리고 2010년에는 저출산 대책의 중심으로서 후생성에 의한 '이쿠멘 프로젝트ikumen-project'[2]가 시작된다.

다쓰미 마리코巽真理子에 의하면 아버지에 대한 지원정책은 1990~2000년대에는 어머니에게만 지원했는데, 2000년대에는 아버지도 '육아를 하는 부모'로서 가시화되어갔다. 그리고 2010년대에는 '이쿠멘 프로젝트'후생노동성, 2013 안에 이미지화가 진행되어 남녀공동참획정책으로서도 기대되었다고 정리하고 있다.다쓰미, 2018

그러한 가운데 어머니만을 연구대상으로 삼고 있던 육아연구도 아버지에게 초점을 맞추기 시작한다. 발달심리학 분야에서는 가시와기 게이코柏木惠子, 1993의 아버지 연구, 사회학에서도 후나바시 게이코舩橋惠子에 의한 『육아의 젠더 · 폴리틱스』2006에서 육아에 대한 부부분담의 실증적 연구, 이시이쿤쓰 마사코石井クンツ昌子에 의한 「이쿠멘 현상」[3] 분석을 예로 들 수 있다.후나바시, 2006; 이시이쿤쓰, 2013

이와 같은 1990년대 이후의 육아 지원에서 출산 · 육아에 대한 남녀 공동책임의 현실이라는 과제 앞에 '모성'은 용어로서도 경계警戒시되었고,

---

2 육아 남성, 육아에 적극적인 남성, 육아휴직을 하거나 육아 관련 모임에 참여하는 것을 말한다(역자주).

3 육아를 적극적으로 행하는 남성 혹은 장래 육아를 즐기면서 인생을 사는 것을 바라는 남성을 가리키는 용어이다. 일본어로 멋진 남자를 이케멘(イケメン), 즉 멋진 남자(イケmen) 또는 면(面), 얼굴(顔)을 가리키는 이케멘(イケ面)을 표현하는 신조어이다. 육아의 육(育)을 일본어로 이쿠라고 발음하는데 이케멘처럼 육을 이쿠라는 말을 붙여 이쿠멘(イクメン), 이쿠맨(育men)이라고 표현한다. 여성 잡지나 육아 잡지에 이쿠멘을 주제로 한 웹사이트나 남성들의 육아를 다룬 기사가 게재되게 되었다. 처음에는 육아휴직을 신청한 남성이나 육아에 관심을 가진 남성들에게만 한정하여 사용했는데, 그 이후에는 젊은 세대 아버지들의 육아가 사회적으로 침투하게 되면서 육아를 담당하는 남성 전체를 가리키는 의미로 사용되었다(역자주).

'모성'을 대신해서 육아를 상징하는 말이 모색되었다. 후나바시 · 쓰쓰미는 『모성의 사회학』1992에서 '모성'과 '부성'을 '부모성'이라는 개념으로 바꾸어나가야만 한다고 논한다.후나바시 · 쓰쓰미, 1992

또한 하라 히로코原ひろ子 · 다찌 가오루舘かおる에 의한 『모성에서 차세대 육성력으로』1991에서도 육아는 "남녀 양성의 일이고, 인간으로서의 사회적 일"이며 "'모성의 권리'는 '산유권産有權'으로 발전시켜야만 하는 것은 아닐까"라고 제기하고 있다.하라 · 다찌, 1991 : 37 육아의 젠더 평등을 지향하는 가운데 모성은 오히려 극복해야만 하는 것으로 자리매김되었다.

다른 한편으로 모성에 관한 연구에서는 '제도로서의 모성'으로서 여성을 억압하는 사회구조를 묻는 가운데 여성이 모성을 스스로 주체적인 행동과 선택 속에서 자리매김해가는 실천을 억압당하고 있는 당사자에 의한 저항의 실천으로 읽어내는 시점도 제기되어왔다.후나바시 · 쓰쓰미, 1992

포스트구조주의의 입장에 있는 페미니즘에서는 주디스 버틀러Judith Butler의 논의버틀러, 1990=1999에 의거하여 젠더를 신체와 인격 그 자체가 아니라, 그것들에 의미를 부여하는 담론의 작용이라고 파악한다. 포스트구조주의에서 사람들은 권력에 대해 단지 수동적인 존재가 아니라 매일 일상적인 담론 실천에 의해 질서를 구축한다는 권력의 담당자로 파악한다. 발화행위는 발화자의 의도를 초월한 작용을 할 가능성을 내포하고 있다.버틀러, 1997=2004

버틀러는 질서가 담론에 의해 구축되는 것에 근거하여 '에이전시'라는 개념을 사용하여 우리들의 담론실천에서 질서 그 자체의 변혁 가능성을 찾아내고 있다. 포스트구조주의는 사회구조 속에 사는 우리들이 권력의 그물망에서 도망칠 수 없는 동시에 스스로의 언어실천으로 질서를 변혁시켜가는 힘을 가진 것이라는 시점을 가져다주었다.

이와 같은 포스트구조주의 페미니즘의 조류 속에서 다마 야스코田間泰子

는 모성의 표상을 분석했는데, 모성은 "집합적 표상을 유지함으로써 '객관적 현실'이라는 질서를 구축하려는 일상의 사회적 실천"으로서의 제도라고 서술한다.다마, 2001 : 10 이와 같은 질서는 통상적으로 불가시화되어 있는데, 다마 야스코는 버틀러의 '수행적인 교란攪乱, performative subversions'버틀러, 1990=1999 : 228 개념도 원용하면서 패러디 반복이 모성의 자명성을 뒤흔들 가능성이 있음을 언급하고 있다.

예를 들면 '모성적이네'라고 일컬어지는 것에 대해 그것을 그대로 받아들이는 것이 아니라, '모성이 뭐야?'라고 상대방에게 묻고 '내 체형? 복장? 정신적으로?'라고 추궁함으로써 '모성적이라는' 것이 얼마나 애매한 것인가를 폭로해가고 상호행위에 지장(불안과 분노와 망설임)을 초래해가는 것이라고 논했다.다마, 2001 : 10

그렇지만 무릇 '수행적인 교란'이란 위와 같은 의도적인 '교란'만을 의미하는 것이 아니라 의도하지 않은 결과와 반드시 자각적이지 않은 실천을 포함한다. 다마 야스코도 이 점에 주목하여 "질서가 가시화되는 중요한 계기는 자기 자신이 자기에게 적용하는 집합적 표상이 자기 감각에 일치하지 않는다는 위화감으로 느껴지는 '소외'라는 상황"이라고 말한다.다마, 2001 : 11

결국 여성들은 많든 적든 '어머니'라는 집합적 표상을 받아들이면서도 매일 사람들과의 상호행위 속에서 또는 자신의 가슴속에서 자신의 모습과 표상 사이의 차이에 갈등하고 고뇌한다. 여성에게 모성은 억압으로서 괴로움과 노여움을 초래함으로써 경험할 수 있는 한편, 아이를 낳는 것과 육아의 즐거움이나 보람과 같은 가치와 결부되어 이해되는 것이다. 여성은 모성을 둘러싸고 양의적인 측면에 대면하고 있다. 견디기 어려운 고통 그럼에도 불구하고 훌륭하다고 생각하는 심리로 양극으로 분열하는 것을 누구나 갖는 갈등은 '제도'적 질서를 전복시켜갈 가능성을 내포하고 있다는 것이다.

그러나 여기서 지적해두고 싶은 것은 종래의 모성연구나 배후에서 전개된 여성운동에서는 모성이라는 제도의 질서를 전복시켜가기 위해 모성의 대안으로서 공동성이나 관계성의 창조보다도 우선은 '개인'으로서의 자기 자신임을 강조하는 전략이 필요했다는 점이다. 1970년대에 우먼리브women's liberation, 이하 리브(lib)라고 약칭라 불리는 여성해방운동은 성性과 신체의 해방이 큰 테마였다. 일본에서도 다양한 그룹이 생겨났는데 1970~1980년대에 리브의 흐름을 이어받아 우생보호법 '개악改惡'에 대한 반대 운동이 일어난다. 우생보호법 '개악' 반대 운동은 국가가 인간을 양과 질로서 관리하고 여성을 그것을 위한 도구로 간주하는 인구정책을 거부하며 '여자의 신체는 여자인 나의 것'이라고 주장한다. 그것은 '낳지 않을 자유'뿐만 아니라 여성이 주체가 된 '낳는 자유'·'낳을 수 있는 사회'에 대한 요구도 포함되어 있다.

그렇지만 1970년대의 '낳을 수 있는 사회를, 낳고 싶은 사회를'이라는 슬로건은 1980년대에는 "낳고 낳지 않는 것은 여자가 결정한다"로 변화되어갔다.오하시 유미코(大橋由美子), 1986 : 162 그 무엇보다도 자신의 의사를 강조한 슬로건에 망설임과 갈등을 겪으면서도 이에 수렴되어간 배경에는 여성을 속박하여 억압하는 모성이라는 환상에 대해 '근대적 자아'를 대치시키는 것이 전략으로서 가장 필요하다고 판단되었던 것이다.오하시, 1986 : 171

이상과 같이 모성연구는 어머니에 대한 억압과의 격투와 육아 지원을 위한 정책설계 속에서 여성이 아니라 '부모성'·'육아성'으로, 그리고 근대적인 '개인'으로서의 여성을 강조하는 것을 그 전략으로서 중요시해왔다고 말할 수 있다.

3. 케어—여성의 경험과 사유의 가시화

모성연구가 모성과 근대적 자아를 대치시켜 파악해온 것에 대해 이 책에서는 케어 윤리의 논의에 주목한다. 케어 윤리의 논의는 1980년대에 등장했는데 그 후 페미니즘 조류 속에서 리버럴리즘 비판과 신자유주의 비판의 사회윤리로서도 발전해왔다.

이 책에서 케어 윤리에 주목하는 이유는 그 큰 특징으로서 케어와 근대적 자아를 대치시키는 것이 아니라, 근대적 자아를 성립시키고 있는 기반으로서 케어를 발견한다는 획기성을 갖기 때문이다. 이하에서는 그 케어 윤리를 페미니즘의 논의로서 발전시켜온 케어 · 페미니즘의 포인트를 ① 기존의 지식에서는 무시되어온 여성의 경험을 대상으로 삼은 점, ② 자기희생이라고 간주되고 있던 케어를 타자에 대한 책임 윤리로 끄집어낸 점, ③ 공사이원론에서 남성 중심성, 즉 젠더화된 권력 관계가 케어의 가치를 폄하해온 것을 밝힌 점, ④ 공사이원론 아래 여성은 가족과 케어 관계에서도 소외된 것을 폭로해온 점 이 네 가지로 정리한다.

무릇 케어care란 '배려하다' · '돌보다'라는 의미를 가진다. 최근 사회학과 복지 영역에서는 타인에게 개호와 육아, 가사를 비롯한 타인에게 도움을 받는 니즈를 만족시키는 활동을 대체적으로 케어라고 부르게 되었다. 한편 정치사상과 윤리학 분야에서는 개인의 사적인 이해나 닫힌 자아를 기점으로 하는 개인주의적인 인간관에 대한 대항, 또는 이를 보완하는 것으로서 타자에 대한 관심과 책임에 바탕을 둔 활동에서 도출되는 도덕이 탐구되고 있다. 케어의 가치를 재검토하는 논의는 이러한 또 하나의 '도덕의 발견'으로 실행되고 있다.[4]

젠더의 시점을 가진 케어 윤리에 대한 논의의 시초로서 잘 알려진 것은 1980년대 미국에서 출판된 발달심리학자 캐롤 길리건Carol Gilligan의 저서 『또 하나의 목소리*In a Different Voice*』1982이다.

길리건에 의하면 종래 발달심리학은 남성 연구자들이 남자아이들로만 구성된 집단을 실험대상자로 삼아 진행해왔는데, 이는 남성 중심적인 도덕관을 토대로 하고 있으며 거기에는 여성이 낮은 평가를 받을 수밖에 없었다는 것이 지적되었다. 길리건의 스승으로서 발달심리학의 대가인 콜버그Kohlberg에 의한 도덕적인 발달단계에 관한 심리학 실험의 에피소드('하인츠의 딜레마Heinz dilemma'라고 불린다)에서 실험대상인 남자아이는 자기와 타자를 분리해서 사유하고 추상적이고 보편적인 기준을 사용하여 딜레마를 풀 수 있다고 높이 평가받는다. 그에 반해 여자아이는 논리적으로 회답할 수 없고 인간관계에 의존한 사고방식으로 남자아이와 비교하여 정의의 도덕적 발달이 낮다고 간주되었다.

길리건은 그와 같은 콜버그의 견해에 대해 그것은 여자아이가 남자아이보다도 열등한 것이 아니라 연구자들에 의해 '여성의 목소리가 들리지 않는' 것이 문제라고 지적한다. 여기서 길리건은 여성의 도덕성을 19세부터 33세까지의 여성 29명의 인터뷰를 통해 원하지 않는 임신중절을 둘러싸고 의사결정의 방법에 대해 분석하고 있다. 길리건은 인간관계를 토대로 하는 '상황 의존적인 여성들'의 의사결정이 형식적 · 추상적인 사유방식으로 문제해결을 도모하는 것을 우위로 하는 입장'정의 윤리(ethic of justice)'

---

4 케어 윤리에 대한 논의의 전개는 일반적으로 메이어로프(Mayeroff), 길리건, 나딩스(Noddings) 3명을 예로 들어 소개하는 경우가 많다. 메이어로프의 『케어링에 대하여』(메이어로프 1971=1993)는 케어의 철학적 · 인간학적 분석에 의한 선구적인 연구로 언급된다(시나가와 데쓰히코品川哲彦 2007; 야스이 아야코安井絢子 2010). 한편 우에노(2011)는 메이어로프의 '케어링'은 메이어로프 자신의 아버지로서 경험이 아니라 어머니의 신체적인 케어와 환자, 장애자, 고령자의 케어를 무시한 것이라고 신랄하게 비판한다(우에노 2011 : 48).

과는 다른 것임을 밝히고 있다. 또한 그것을 타자에 대한 책임과 배려에 바탕을 두는 '케어 윤리ethic of care'로서 대비적으로 보여준다.<그림 1> 참조[5]

〈그림 1〉 정의 윤리와 케어 윤리의 대비

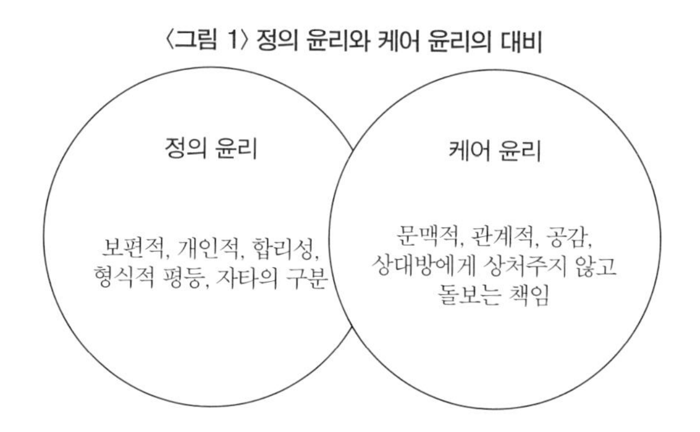

종래의 발달심리학이 평가하는 도덕성은 자기와 타자를 분리함으로써 도달하는 보편성과 합리성이라고 한다면, 길리건이 주장하는 케어 윤리는 자기와 타자의 경계가 애매하고 또한 자기와 타자는 명확히 나눌 수 없다는 것에서 출발하고 있다.오카노, 2015a 케어 윤리는 정의 윤리와 같은 도덕성이야말로 인간적이고 미덕이라는 전통을 쌓아온 근대적인 지식 양상을 상대화한다.

길리건이 비판한 종래의 도덕적 기반이란 종교적 권위의 맹종에 대한 비판에서 생겨난 근대 합리주의의 입장에 서는 칸트 윤리학인 것이다. 결국 인간이 인간다운 의미와 존재 이유를 신이 아니라 "정의, 보편화 가능성, 보편화하는 능력으로서 이성에서 윤리의 본질을 찾아내는"시나가와 데쓰히

5 길리건은 미국의 정신분석학자인 낸시 초도로우(Nancy Chodorow)의 『모성의 재생산』(초도로우, 1978=1981)에 의거하고 있다. 초도로우에 의하면 남성, 여성의 젠더 아이덴티티는 유소년기인 3살 무렵에 형성된다고 밝히고 있다. 여자아이는 어머니에게 동일화하고 자신을 돌보는 존재로 남자아이는 어머니로부터 자신을 분리함으로써 남성으로 각기 대립적인 아이덴티티를 형성한다고 한다.

코, 2002 : 3 것이다.

칸트 윤리학은 특정한 '누군가'나 자신에게 특별한 누군가를 위한 판단이 아니고 자기와 타자를 분리한 보편적인 판단 쪽이 인간으로서 보다 발달하고 보다 유덕한 것으로 여긴다. 이것은 현재의 학문이나 정치에서 전통의 하나인 리버럴리즘과 그 기반이 되는 개인주의의 기본적인 '평등'과 '정의'의 사고방식이다. 예를 들면 평등하게 일을 진행시킨다고 할 때 일률적인 기준을 모두에게 적용한다는 것은 우리 사회에 침투되어 있는 사고방식이다. 감정에 휩쓸려 사람에 따라 기준을 일일이 바꾸면 불공평하다고 생각하는 것은 당연한 일이다.

그러나 케어관계에서 형식적이고 외재적인 기준을 상황에 적용시키는 것은 발생하고 있는 문제를 해결하는 것이 아니다. 우리들이 누군가를 케어할 때 일률적인 룰을 적용하는 것도 아니고, 상대방의 요구에 따르는 것도 아니며 상대방의 상황과 경험에 입각하여 무엇이 최적인가를 판단하고 개별적이고 구체적인 상황에 의존한 판별은 필요불가결하다.[6]

특히 케어 윤리의 시점에서 실은 리버럴한 평등은 추상적인 개인으로 이루어지고 균일한 인간집단으로 이루어지는 사회를 전제로 하고 있다. 그리고 그 추상적인 개인이란 실질적으로는 건강한 성인 남성이 모델로 되어 있다.

---

6 구즈 에이지로(葛生榮二郎)도 들고 있는 예인데 어린아이가 간식만을 원할 때 말하는 대로 주는 것은 케어가 성립되었다고 말할 수 없을 것이다. 어린아이의 건강을 생각하면 응하지 않는다는 선택이 필요할 때도 있다. 그러나 상황에 따라서는 주는 것이 필요하다고 판단되는 경우도 있다. 전차 이동 때 어린아이를 얌전하게 만들기 위해 과자를 주는 것은 아이가 소리를 내는 것이 폐라고 여겨 용서받을 수 없는 사회상황을 감안하여 주는 것이 어린이에 대한 책임으로 최적이라고 비판받는 경우가 많을 것이다. 케어란 공감뿐만 아니라 어린이의 인격적 · 신체적 성장이라는 목적 아래 눈앞의 어린이 욕구와 필요를 왕복적으로 대조하는 사고이다(구즈, 2013 : 4).

이와 같은 속성을 가진 사람은 일반적으로는 직업을 갖고 있고, 사회에서 충분한 멤버십을 갖고 있으며 경제적으로 자립하고 또한 스스로 자신의 일을 결정할 수 있는 자율적인 사람으로 인식되기 쉽다. 그렇지만 실제 사회는 그와 같은 자립, 자율적인 인간만으로는 성립되지 않는다. 그들을 위해 뒤에서 가사와 육아를 하는 아내와 어머니, 어린아이, 여성, 고령사, 장애를 가진 사람, 병을 가진 사람, 일할 수 없는 사람 등 다양한 사람들로 구성되어 있다. 그러나 상기의 사람들은 사회의 멤버십을 가진 건강한 성인 남성을 모델로 삼는 기준에 반드시 들어맞지는 않는다. 그렇기 때문에 일률적으로 기준을 적용해 버리면 반드시 낙오되거나 탈락하는 사람이 생기게 된다.

또한 현재는 '자립'하고 있는, 즉 독립해서 혼자서 살고 있다고 실감하는 사람이라도 이전에는 반드시 누군가의 케어를 필요로 했던 어린아이이거나 유아였다. 그와 동시에 장래에는 반드시 늙고 때로는 병들어 누군가의 케어를 필요로 하며 죽어간다. 우리들은 누구든지 케어관계 속에서 많은 딜레마와 갈등을 겪으면서 살 수밖에 없고 실제로 유대관계 속에서 살고 있다. 그 점을 감안하면 일률적으로 기준을 적용시키는 것이야말로 '평등'이라는 사고방식은 실은 남성 중심적인 사회 속에서 만들어진 픽션이라고 지적할 수 있다.가와모토, 1995 : 66

이상과 같이 케어 윤리는 개인주의적인 종래의 '정의'에서는 소외되어 버리는 사람을 버리지 않고 응답하는 것, 그리고 사람과 사람의 유대관계를 유지하는 '또 하나'의 윤리로서 발견되었다. 그리고 그것은 '케어하는 사람'으로 간주되었고 또한 실제로 케어해 온 여성들의 경험과 주관성의 '발견'이기도 했다.

4. 케어는 자기희생이 아니다

자기와 타자를 명확하게 구분한 것에서 '개인個人'이라는 기초를 찾아낸 리버럴리즘의 전통과 개인주의에서는 케어 행위에 대한 정당한 평가를 부여하지 못했다. 그리고 근대 합리주의적인 지식의 세계에서는 여성은 케어를 담당하는 존재로 여겨왔는데, 여성은 이성적으로도 열등한 존재로 규정되었다.

길리건이 케어 윤리에서 논한 것처럼 케어하는 사람의 상황판단은 자기와 타자가 분리되지 않는 '열등한' 사고思考라고 간주되거나 자연화되어왔다. 한편 케어 행위는 자기희생으로서 신성화되었다. 가정 내에서 어머니가 담당하는 육아는 '본능'과 '감정', 즉 모성본능에 의해 자연스럽게 이루어진 것으로, '노동'으로 간주되지 않고 사회적인 평가의 대상은 아니라고 여겨져 왔다. 또한 임금노동으로 간주되던 케어도 헌신과 자기희생의 정신과 결부되어 저임금과 노동환경의 과혹함이 정당화되고 '열정페이' 상태가 지속되어왔다.

케어 윤리에 근거를 둔 이러한 논의는 지금까지 뒤돌아보지 못했던 여성의 경험과 사유에 관심을 갖게 했다. 단순한 자기희생으로 간주되어온 케어를 타자에 대한 책임에 바탕을 둔 또 하나의 윤리로서 찾아내어 정당한 평가를 부과하려는 시도였다. 길리건의 케어 윤리란 자기희생이 아니라 "자기와 타자의 애매한 경계 속에서의 갈등"이다.브뤼게르, 2014

페미니스트 윤리학자이며 케어 윤리론자인 에바 키테이Eva Kittay가 서술한 것처럼 케어를 하는 사람은 자신의 바람보다도 타자의 요구에 순응하는 것이 요구된다. 케어하는 사람은 키테이가 '투명한 자기'라고 부르는 것처럼 자신의 요구를 뒷전으로 미루는 "괄호 안에 자기를 넣는 듯한" 상

황에 놓인다.키테이, 1999=2010 : 126

이와 같은 자기의 모습은 리버럴한 정치이론에 상정되어 있는 합리적이고 자기 본위적인 자신을 손상시키는 희생적인 자기라고 간주된다. 그러나 실제로는 케어관계에서 필요하다고 여겨지는 자기의 모습은 타자의 필요에 따라 응대한다는 책임에 근거하고 있는 것을 감안하면 그것은 희생이라고 할 수 없다.

예를 들면 비행기에 탑승했을 때 긴급 시 산소마스크를 반드시 어린아이보다도 먼저 착용하도록 지시받는다. 자신을 희생하여 산소마스크를 착용하지 않고 쓰러져 버린 경우 어린아이를 지키는 책임을 완수할 수 없기 때문이다. 어린아이의 생명을 지키기 위해서는 자신을 희생해서는 안 된다. 케어는 자기와 타자 쌍방을 포용하며 어떻게 함께 살아갈까라는 바로 이 갈등에 바탕을 두고 있다고 할 수 있다.[7]

현실사회에서 케어 행위가 케어하는 사람의 자기희생을 필요로 하는 것으로 표현되고 있는 것은 케어 그 자체가 자기희생이라서가 아니라, 케어하는 것은 자신을 손상시키는 일이라고 간주한다. 또한 케어에 대한 무시라고도 말할 수 있는 사회에 뿌리박힌 가치관과 시선, 특히 케어 담당자로 여겨온 여성에 대한 지배와 억압이 정당화되고 케어를 자기희생의 행위로 보는 사회구조가 요인이라는 것을 시사한다.

7 이와 같은 케어의 실천에서 얻어지는 갈등이야말로 사람이 자신과 다른 타자와 공존하는 근원이 되는 사고와 생각으로서 민주주의의 가능성을 찾는 논의도 이루어지고 있다(조안 트론토Joan C. Tronto, 2013).

5. 공사이원론의 뿌리 깊은 남성 중심주의

'개인적인 것이 정치적인 것the personal is political'이라는 말을 슬로건으로 삼아 일상에 침투하는 성차별과, 성과 생식의 권리를 주장해온 제2파 페미니즘은 가부장제 비판을 넘어 자유와 평등이라는 리버럴리즘의 개념에 대한 비판을 전개해왔다.

왜 여성이 지니고 있는 사고는 공적인 영역에서 무시 혹은 경시되어온 것일까. 리버럴리즘의 자유와 평등 개념이 침투된 사회에서 왜 여성의 손에서 "평등이 빠져나간 것일까".키테이, 1999=2010 이와 같은 문제의식 아래 1980년대 이후 페미니스트의 이론가들은 케어 윤리에 대한 논의의 연장으로 당시 리버럴리즘의 대표적 철학자 존 롤스John Rawls의 사상에 대한 문제의식에 의문을 제기했다. 즉 리버럴리즘의 전통이 실은 뿌리 깊은 남성 중심주의를 내포하고 있음을 밝혀왔다.수잔 오킨(Susan Okin), 1989=2013; 아이리스 영(Iris Young), 2011=2014 그 중심적 테마의 하나가 바로 공사이원론에 대한 비판이다.

앞에서도 살펴보았듯이 리버럴리즘의 전통[8]에서 인간은 근대적 자아라는 타자와 분리된 '자율적인 개인'이라는 것에서 출발하고 있다. '자율적인 개인'을 암묵적으로 전제한 지식체계에는 인간이 살아가는 데 있어서 필요불가결한 케어에 의한 관계는 주연적周緣的인 것으로 여겨져 때로

---

8 오카노는 플라톤의 『국가』에서 소크라테스를 비롯한 리버럴리즘의 전통적인 정치사상에 대해 국가·사회 형성의 단서로 상정하고 있는 '최소국가'에는 첫째, 생산 노동에 종사하는 남성밖에 등장하지 않고 어린이와 노인, 장애자와 그들을 케어하는 여성이 상정되지 않음을 지적한다. 그리고 둘째, "사회의 유대가 기본적으로는 사람을 매개로 한 연결고리로 파악되고 한 사람 한 사람이 완수해야만 하는 역할은 다르지만, 또한 각자가 특정한 일을 수행하는 것이 사회에서 협동이라고 생각하고 있는 것이다(개인주의와 호혜적인 평등주의)"(오카노, 2015a : 135).

는 사상捨象되고 있다.

이것은 근대사회가 생산 노동이라 불리는 유상노동을 일의적인 활동이라고 간주하고 있기 때문이다. 이에 대해 케어 행위는 생산 노동력과는 다르고 전혀 다른 일로서 구별해왔다. 생산 노동과 케어의 관계를 보여주는 것이 〈그림 2〉이다.

〈그림 2〉 근대사회에서 생산활동과 주연화된 케어노동

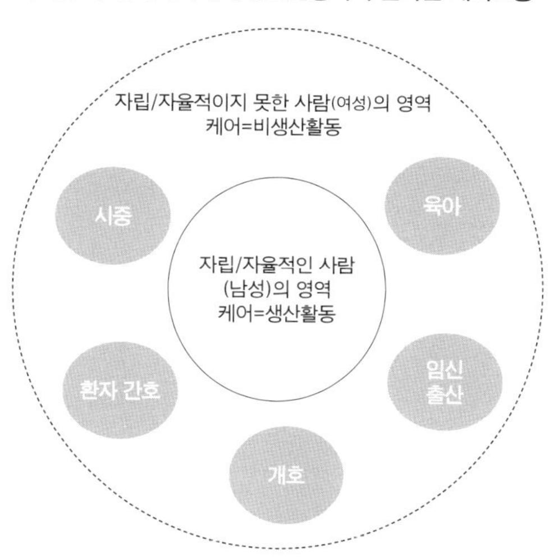

생산 노동은 대가를 받고 경제적으로 자립하고 있기 때문에 '제 몫을 하는 사람'으로 간주된다. 즉 자립 · 자율적인 개인의 영역이다. 사회란 이와 같은 생산 노동이 추동하고 있다고 생각한다. 그렇기 때문에 생산 노동은 사회의 중심적인 활동이라고 간주된다. 이에 반해 케어는 생산 노동의 주연周緣에 존재하고 있다고 여긴다. 이 주연 영역은 가정 내에서의 육아, 개호, 간호, 시중, 임신 · 출산을 담당하는(담당한다고 여겨지는) 여성, 그리고 케어를 필요로 하는 어린아이, 고령자, 장애자의 영역이라고 되어 있다. 이와 같은 근대사회에서 생산활동과 주연화周緣化된 케어노동의 구조는 이 사람들에 대해 '자립할 수 없는', 즉 누군가에게 의존하지 않으면 살아갈 수가 없기 때문에 '생산적이지 않다'는 꼬리표를 붙여 사회의 주연으로 몰아넣는 차별을 낳은 것이었다.

자립 · 자율적인 개인이란 살아가는 데 있어 타자의 케어를 필요로 하지 않는 사람일 뿐만 아니라 케어가 필요한 사람 옆에 다가가 그와 그녀를 케어하지 않아도 되는 사람들이다. 그리고 실제로는 그와 같은 사람들 대부분이 남성이다. 그럼에도 불구하고 사회란 자립 · 자율적인 개인이 기준이며 중심으로 이루어져 있다. 사회적 자원도 이 중심에 위치하는 자립 · 자율적인 개인이 자기 것으로서 더 많이 얻을 수 있게 되어 있다.

'근대가족'오치아이, 1989이라고 일컬어지는 근대화 이후 성립된 한 쌍의 이성애 부부와 그 사이에서 생긴 아이들로 이루어지는 가족은 생산 노동에 종사하는 '개인'의 홈베이스home base로서 기능해왔다. 전형적인 예를 들어 설명하자면 노동자인 남성이 회사에서 직장인으로서 '자립적인 개인'이 될 수 있는 것은 가정에서 아내가 그 남자를 위해 가사와 시중을 들고, 그의 자식을 키우며 그의 부모의 개호를 담당해주고 있기 때문이다.

남편은 가정 내의 케어에서 면제되고 대부분의 경우에는 아내에게 케어를 의도적으로 또는 무의식적으로 짊어지게 함으로써 공적 영역에서 활약할 수 있다. 그러나 그 때문에 아내는 사회의 중심(〈그림 2〉에서 '자립 · 자율적인 개인(남성)의 영역')에서 활약할 수 없게 되고, 특히 경제적 기반을 잃은 '자립할 수 없는' 존재가 된다. 이처럼 자립 · 자율적인 개인에 의한 영역은 실은 케어의 영역에 의해 지탱되어왔음에도 불구하고 케어를 가치가 없는 것으로 도외시해 버림으로써 성립되었음을 알 수 있다.

이상과 같이 '정의'의 영역이라고 간주되는 공적 영역과 케어의 영역이라고 여겨지는 사적 영역은 실은 〈그림 1〉에서 살펴본 것처럼 병렬로 놓이는 대등한 관계가 아니라 〈그림 2〉와 같은 중심과 주연의 관계, 즉 남성 중심적인 젠더화된 권력 관계 아래에서 파악할 수 있다.

그러나 이와 같은 남성 중심적인 권력 관계는 공사이원론이라는 '공과 사 · 공과 가족'과 전혀 다른 원리를 갖는다고 간주하는 생각에 의해 은폐되어왔다. 수잔 오킨Susan Okin은 공적 생활과 사적 생활을 이분화하는 리버럴리즘 사상에서 가족을 개인의 도덕적 발달 장소로서 관심을 기울여왔지만, 바로 그 일로 인해 사적 영역에서의 부정의不正義를 불문해온 것을 지적한다.오킨, 1989=2013 오랜 기간 동안 아내의 남편에 대한 종속이나 가족 내에서의 불평등과 폭력이 온존해어온 것은 사적 영역에서는 공적 사회의 룰인 법이 적용되지 않고, '가정사'라는 이유로 간과되어왔기 때문이다.

공사이원론은 가족이나 사적 영역을 '자연화'함으로써 케어에 대한 가치를 묻는 것 자체를 불문에 붙인다. 오카노 야요는 공사이원론이 '공적 영역=미지의 타자와 자기가 만나는 장소, 사적 영역=차이를 받아들이지 않는 배타적 영역이라고 보는 사고방식'으로, 케어하는 자와 케어받는 자의 관계가 공적 영역에는 어울리지 않는 것, 공적 영역보다 열등한 것으로 규정함으로써 케어하는 자의 존재에 대한 사회적 가치를 빼앗아왔다고 논한다.오카노, 2009; 2015a

보통 우리들은 공적 영역이야말로 다양한 사람들이 협동하거나 서로 경쟁하는 장소라고 생각하고 있다. 그러나 앞서 서술한 바와 같이 공적 영역은 자립 · 자율적인 건강한 성인 남성들, 혹은 이와 유사한 사람들이 대부분을 차지하고 있다. 이에 반해 실은 케어관계야말로 전혀 다른 사람들끼리 만나 공존하는 것이며 그것은 '정치적'인 풍부함을 내포하고 있는 것으로 생각할 수 있다. 그럼에도 불구하고 공사이원론은 가족과 케어를 '자연'스러운 영역으로 규정함으로써 비정치적인 것으로 치부해 버린다.

이와 같은 공사이원론은 우리들의 '상식'으로 너무 깊이 뿌리박혀 있기 때문에 상대화하는 것 자체가 어렵다. 예를 들면 2000년대 이후 사회에 침투하고 있는 '워크 · 라이프 · 밸런스work-life balance'[9]라는 표어는 정부의 저출산 대책 속에서 등장하며 널리 퍼진 말이다. 이 표어는 가족과 친밀한 사람과의 관계성과 케어는 일과 마찬가지로 가치가 있는 것이라고 강조하기 때문에 남성 중심주의적인 것이 아닌 것처럼 보일 뿐만 아니라, 케어를 응원하는 것처럼 생각된다. 그러나 이 경우 사적 영역은 공적 영역에 이바지하는 감정을 바탕으로 하는 힐링의 장소라고 인식되고 있다.

내각부內閣府의 추진사이트에는 "누구나 보람과 충실감을 느끼며 일하고 직업상 책임을 완수하는 한편, 육아 · 개호 시간과 가정, 지역, 자기계발 등에 걸리는 개인적인 시간을 가질 수 있는 건강하고 풍부한 생활을 할 수 있도록 지금이야말로 사회 전체에서 직장과 생활 양쪽 모두의 조화를 실현시키지 않으면 안 된다"내각부, 2008라고 제시되어 있다. 공적 영역일, 직업에는 '책임'이라는 표현이 사용되는 한편, 사적인 영역은 '개인의 시간'이며 '풍부한 생활'을 가져다주는 것이라고 되어 있다. 이처럼 얼핏 보아 공사영역의 융합과 조화를 도모하려는 듯한 '워크 · 라이프 · 밸런스워라밸'라는 표어에서조차 가족을 개인에게 있어 힐링과 풍요로워지는 장소라고만 파악하고 있으며 무자각적으로 남성 중심적인 공사이원론을 전제로 하고 있다.

이상과 같이 케어 · 페미니즘은 리버럴하고 양심적인 상식으로 여겨온

---

9 '일과 삶의 균형'을 뜻하는 말로 줄여서 '워라밸'이라 부른다. 줄임말로 장시간 노동을 줄이고 일과 개인적 삶의 균형을 맞추는 문화의 필요성이 대두되면서 등장한 신조어이다. 영미권에서는 1970년대부터 등장한 개념이지만 한국에서는 2018년부터 새롭게 주목받기 시작했다(역자주).

공사이원론의 비판을 통해 우리 사회가 얼마나 뿌리 깊은 남성 중심주의 아래에 성립되어 있는가. 또한 그 결과 사적 영역에서 성차별을 온존시키면서 케어 본래의 가치를 폄하하고 있었는지를 낱낱이 밝혀왔다.

6. 가족으로부터 소외되는 여성

페미니즘 이론연구는 공사이원론에 대한 비판을 통해 실은 여성이 가족으로부터조차도 배제되어온 점을 폭로한다.

> 페미니즘이 지금까지 비판해온 공적 영역으로부터의 여성 배제라는 문제는 보다 정확하게 공사 쌍방으로부터의 배제로서 재정위再定位되어야만 한다. (…중략…) 리버럴한 주체의 논리, 즉 주권적인 주체의 논리는 사적 영역의 지고로써 개인과 공적 영역의 끝인 국가까지도 관통하고 있다. 그러므로 비-주체적으로 보이는 존재와 그 활동 양식은 공사영역 어느 쪽에도 존재하지 않고, 가족적인 것으로서 공적인 논의가 이루어지지 않은 채 오히려 보수保守되는 것이다. 오카노, 2011 : 138

여성은 가족 내에서 폭력에 노출되기 쉬울 뿐만 아니라 케어역할을 담당함으로써 사회적인 위협과 리스크에 노출되기 쉽다는 취약성vulnerability을 띠게 된다. 케어 책임을 지게 되는 사람(대부분의 경우에는 여성)은 케어역할과 케어 행위에 필요한 시간과 자원 때문에 공적 영역에서 생산 노동을 할 수 없고, 경제적으로 의존할 필요성이 생기는데 그것은 케어가 끝났다고 해도 지속되는 경우가 많다. 무타 가즈에(牟田和恵), 2009 : 72 케어하는 사람이 케어역할 때문에 빠지는 의존상태를 '이차적 의존secondary depen-dency'이라고 한다.파인만(Fineman), 1995=2003; 키테이, 1999=2010

이 이차적 의존이 간과됨으로써 케어하는 사람에게 가족·가정은 평온과 치유의 장소가 아니라 억압적인 장소가 된다. 여성은 케어함으로써 자신의 경제적 기반을 잃고 남편에게 경제적으로 의존할 필요가 생기게 되는데 그것은 가족 내에서 취약한 입장에 놓이게 되는 것을 의미한다. 또한 케어하는 사람이 곤궁한 궁지에 내몰리는 것은 케어관계까지도 열악하게 만들고 케어가 필요한 상태에 있는 사람(젖먹이 유아, 어린아이, 장애자, 여성, 환자, 고령자)을 위험에 노출시키는 것이기도 하다. 케어하는 사람도 또한 충분히 케어 받을 필요가 있는 것이다.키테이, 1999=2010

바꾸어 말하면 공사이원론이란 이 이차적 의존이라는 존재를 인정하지 않음으로써 성립된다. 오카노2011의 표현을 인용하자면 공사이원론은 "가족적인 억압과 주체의 내력來歷을 망각하게 한다".오카노, 2011 : 138 아내에 의한 케어 코스트와 부담은 가족을 경제적으로 지탱하는 남편에 대한 경제적 의존에 의해 '지불되고 있다'고 생각하게 만들어왔다. 따라서 케어하는 사람이 케어하기 때문에 받는 가족 내에서의 억압은 없는 것으로 여겨져 왔다. 그렇지만 실제로는 그와 같은 성별역할분업 아래에서 케어 그 자체에서 생기는 코스트는 지불되지 않고 있으며 이차적 의존은 오히려 방치되고 있는 셈이다.

이상과 같이 가정 내의 케어를 담당하는 여성은 그 케어 행위에 의해 가족관계를 유지하고 가족 구성원이 안심할 수 있는 가정을 지탱하고 있음에도 불구하고, 가족 내에서 피지배적인 입장에 놓이기 쉽고 가정을 안식처로 향유하는 것이 곤란해진다. 이것은 케어하는 사람의 가족으로부터의 '배제'라고 생각된다. 특히 카를 마르크스Karl Marx가 자본주의적 생산

양식 아래에서 노동자가 생산한 노동생산물상품과 화폐은 노동자의 것이 아니라 노동자로부터 멀어지고, 오히려 반대로 그것들로부터 지배를 받는 관계성을 '소외'라고 부르는 것을 중첩시켜 보면 케어로 가족을 지탱하는 여성이 가족 내에서 억압받는 모습은 말 그대로 소외라고 부를 수 있다.[10]

이와 같은 케어하는 사람의 이차적 의존에 대한 인식은 케어 부담의 공정한 배분의 요구로 연결된다. 키테이는 출산한 여성의 신변을 돌보는 고대 그리스의 '둘라Doula, 조산사'에서 착안을 얻어 케어하는 사람도 역시 살기 위해 필요한 케어를 받는다는 '둘리아doulia[11]의 원리'를 활용한다.키테이, 1999=2010 : 293 '둘리아의 원리'를 가진 사회란 과연 어떠한 것인지 곰곰이 생각해 보면 우리들은 자연스럽게 케어를 가족이나 한 부부의 문제로 삼는 것이 갖는 한계에 부딪힌다. 케어를 모두가 함께 부담하고, 케어하는 사람이 케어하기 때문에 사회와 가족으로부터 소외당하는 일 없는 사회를 구축해가기 위해서는 케어를 누구나 모두 관련성을 갖는 정치적인 문제로서 인정하고, 부담과 코스트를 공정하게 배분해가는 것이 중요해진다.

본 장에서는 여성이 아이를 낳고 기르는 일에 대한 리얼리티 문제에서

---

10 마르크스의 『경제학 · 철학초고』의 제4장 「소외된 노동」을 참조하고 싶다. "대상의 획득은 노동자가 보다 많은 대상을 생산하면 생산할수록 그가 점유할 수 있는 것이 점점 적어진다. 그리고 점점 그가 생산물, 즉 자본의 지배하에 빠져들수록 그만큼 극심한 소외로 나타난다."(『경제학 · 철학초고』, 1964 : 87) 특히 '소외된 노동'이란 ① 자신이 만들어낸 생산물과 대립한다는 물질적인 소외, ② 자신의 활동과의 대립을 의미하는 자기소외, ③ 인간의 유전적 존재인 자연이 소원한 존재가 된다는 소외, ④ 인간으로부터의 인간소외라고 논하고 있다. 본서에서는 수없이 많은 '소외론'을 엄밀히 조사한 논의는 실현되지 못하고 금후의 과제로 남긴다. 그렇지만 본서에서는 단순히 '배제'보다도 관계성 속에 있고 자신의 활동을 투하하면서도 그 관계성 속에서 관계가 약해져가는 사태를 파악한 '소외' 개념의 확대에서 케어의 논의에 부연해서 사용하고 있다.

11 둘리아란 고대 그리스시대에 산모가 아이를 돌볼 때 산모를 돌보는 조산사를 일컫던 둘라에서 나온 개념이다(역자주).

출발한 모성연구가 전략으로서 모성에 대해 '개인'을 강조해온 점, 이에 대해 케어윤리와 거기서부터 발전해온 케어 · 페미니즘의 이론연구가 근대적인 '자립 · 자율적인 개인'을 중심으로 한 지식과 사회에 대한 비판을 전개해온 점을 정리했다.

모성에 대치시킨 '개인'을 강조하는 전략은 여성을 '낳는 성'으로 보기 때문에 한 사람의 인격으로 인정하지 않는 풍조에 대해서는 유효했다. 그러나 케어 · 페미니즘에서는 왜 '낳는 성'이 제 몫을 하지 못하는 사람으로 간주되는 것일까. 케어를 성찰하지 않는 사회로 구조적으로 규정하고 있는 것은 무엇일까. 그리고 아이를 낳고 기르는 사람이야말로 사회의 중심이라고 해도 좋지 않을까라는 케어를 중심으로 하는 새로운 사회를 구상하는 시점을 얻을 수 있다.

이상을 근거로 하여 다음 장에서는 케어 · 페미니즘연구와 서구에서의 어머니 연구가 어머니라는 복잡한 개념을 어떻게 자리매김해 왔는가를 개관하고, 이를 통해 아이를 낳고 기르는 일의 '자기책임화'에 어떻게 대항할 수 있는가를 검토한다. 모성을 본질주의적으로 신봉하는 것도 아니고 그렇다고 잘라내는 것도 아니며 어머니들의 활동과 실천을 기반으로 하여 만들어질 수 있는 사회의 가능성을 구상하는 시점에 대해 검토해 가고자 한다.

제2장

전략으로서 모성주의

제1장에서 살펴본 것처럼 케어 · 페미니즘 이론연구는 여성이 담당해 온 케어에 주목함으로써 리버럴리즘이 전제로 삼아온 '자립 · 자율적인 개인', 그리고 '평등' 개념을 재고해 보았다. 즉 공사이원론과 남성 중심주의에 대한 비판을 통해 '자립 · 자율적인 개인'을 그 전제조건으로 하는 리버럴한 평등주의가 가족과 케어의 가치를 평가절하함으로써 성립되어 왔음을 폭로했다.

본 장에서는 종래 모성연구의 문제의식을 이어가면서 아이를 낳고 기르는 일의 자기책임화에 내항하는 시점을 얻기 위해 케어 중에서도 어머니의 경험에 주목하는 것의 의미를 검토해 나간다. 케어 · 페미니즘은 법과 복지정책에서 형식적인 평등에서 누락되는 여성의 리얼리티에 의지함으로써 구축되어왔다.[1] 이때 어머니의 경험에 대한 주목은 피할 수 없는 중요성을 가져왔다. 그러나 동시에 어머니의 경험에 대한 집착은 모성

1 케어 윤리에 영향을 받은 페미니즘 이론이 1990년대 미국에서 발전된 배경에는 복지개혁에 의한 사회보장의 공적 지출의 삭감과 가족주의의 강세 속에서 특히 싱글맘(single mother)의 빈곤과 차별이 강화된 것에 대한 문제의식이 있다(아이리스 영, 2011=2014; 파인만, 1995=2003).

본질주의에 빠진다고 하여 많은 비판을 받아왔다. 본 장에서는 케어 · 페미니즘에서 어머니에 관한 논의의 정리 및 검토를 통해 전략적인 '모성주의'라고 부를 수 있는 모성을 생각하는 새로운 시좌의 가능성을 탐색한다.

제1절에서는 케어의 '탈젠더화'에 대항하고 젠더 권력 구조 아래에 놓여 있는 여성들과 어머니들의 리얼리티에서부터 파악해가는 것에 대한 중요성을 재확인한다. 그 다음으로 제2절에서는 사라 러딕의 『모성적 사유』의 내용과 그 비판을 소개한다. 모친업의 실천에서 보편적인 가치를 찾아내는 러딕의 논의는 본질주의라고 오해받기 쉽지만, 여성들을 분단시키고 페미니즘에서 고뇌해왔던 공사이원론을 극복하고 자신이 놓여있는 사회와 대결하고 변혁시켜가는 잠재적인 힘을 찾아내려는 것이었음을 기술한다.

그리고 제3절에서는 에이드리언 리치Adrienne Rich의 '무력한 책임'이라는 개념을 활용하여 어머니들이 가부장적인 사회제도에 기인한 어머니를 교묘하게 자기 컨트롤이나 투쟁으로부터 멀어지게 하는 구조에 놓이게 하고 정치적 투쟁으로부터 배제되어온 점, 따라서 정치적 임파워먼트가 요구되고 있는 점을 확인한다. 마지막으로 어머니의 경험이나 활동의 가치를 평가절하해온 남성 중심주의와 젠더 권력 구조에의 대항을 위해 어머니들의 경험이나 실천에서 정치적 가능성을 찾아내고, 어머니의 정치적인 임파워먼트를 중시하는 시좌를 전략적 모성주의로서 적극적인 정의를 내리고자 한다.

1. 어머니 경험에 주목하는 이유와 의미

1) 탈젠더화 정치에 대한 대항

케어 윤리에 대한 논의는 우에노 치즈코2011가 정리하듯이 가와모토 다카시川本隆史에 의한 길리건의 소개와 평가로 인해 일본어권의 철학·윤리학계로 획대되어 주목을 끌게 되었다. 그러나 케어 윤리가 주목을 끌며 학술계로 확대되어간 배경에는 가와모토 다카시와 와시다 기요카즈鷲田清一, 1999 등의 남성 논자에 의해 케어 윤리에 젠더색이 소거되고, 정의 윤리와 상보적인 "남녀 상관없이 사용 가능한 개념"으로 논해지게 된 점에 있었다.우에노, 2011 : 50

이러한 케어 개념의 수용 방식은 케어를 추상적이고 보편적인 가치로서 재발견하고 '인간적'인 가치로서 재평가한다. 그러나 그것은 제1장에서도 살펴본 것처럼 케어를 공적 영역에 이바지하는 치유라고 파악하는 인식으로도 연결된다. 우에노는 그중에서도 특히 와시다 기요카즈1999가 케어의 원형으로서 '무조건 긍정'이라는 케어하는 경험이 아니라, 케어받는 경험을 예로 들고 있는 것에 대해 스스로가 케어하는 측이 되는 것은 상정하지 않고 혹은 자신을 안전지대에 둔 채 '여성의 도덕'을 내걸고, 케어가 어떻게 배치되고 있는가를 묻지 않는다고 비판한다.우에노, 2011 : 55

특히 케어를 성별에서 분리하여 인간적인 가치로서 정의하려고 하기 때문에 어머니에 의한 케어는 후경화되어 버리는 경우도 발생한다. 예를 들면 구즈 에이지로葛生栄二郎는 케어를 우리들의 '존엄 감각'을 기르는 보편적인 가치를 지닌 것으로 파악하고, 인간사회에 보편적으로 존재해 온 '호혜성 네트워크'로 파악한다. 그러나 거기에는 '어머니에서 자식'으로 같은 집안과 혈연관계가 있는 자에 대한 케어(그리고 그와 같은 케어는 대부분이 여성에 의해 행해지고 있다)는 보다 자연 본성에 가깝지만, 극복해야만 하는 것으로 자리매김되어 혈연관계와 이해관계를 넘는 낯선 사람들끼리의 케어야말로 주목할 만한 가치가 있는 것으로 그려진다.구즈, 2011

그러나 실제로 케어는 압도적으로 여성에게 배치되었고 케어를 담당하는 여성의 리얼리티에서 케어란 사람의 생명과 관련되어 있기 때문에 피할 수도 없으며 막을 방도도 없는 것이다. 또한 여성은 케어하는 존재로 여겨지기 때문에 사회적으로는 불리한 위치에 놓이게 된다.

케어를 '남녀를 불문하고 사용 가능한 개념'으로만 파악하는 것은 케어가 실제로 놓여 있는 젠더의 권력 구조를 묻지 않는 정치로서 작동한다. 그것은 젠더의 권력 구조를 따지지 않고 여성이 만들어온 활동을 거론하는 '탈젠더화의 정치'이고 '페미니즘 성과의 영유領有'우에노, 2011 : 57이다.

이에 반해 법과 정책에 의한 형식적인 평등에서 누락된 여성의 경험에 기대어 발전해온 케어 · 페미니즘의 논자는 어머니와 모자 관계를 케어의 대표적인 것이라고 간주한다. 예를 들면 키테이에 의하면 '의존자'와 케어 제공자의 관계는 모자 관계로 대표된다고 논한다.키테이, 1999=2010 : 79

키테이는 케어를 기브 앤 테이크와 같은 케어를 하면 다시 케어를 되돌려받을 여지가 있는 호혜적互惠的인 관계라고는 파악하지 않는다. 키테이가 상정하고 있는 관계성은 어머니와 어린아이로 상징되듯이 일방적으로 주고 일방적으로 의존하는 관계이다. 따라서 키테이는 케어를 '의존 노동'이라 부르고, 특히 불가피한 의존에 바탕을 두는 '협의狹義의 의존 노동'과 자신의 신변에 대해서는 스스로도 해결할 수 있는 성인에 대한 케어 같은 '확장된 의존 노동'으로 구별하고 있다.키테이, 1999=2010 : 83

전자는 확실히 모자 관계로 대표되는 것이고 후자는 아내에 의한 남편의 케어 등 기브 앤 테이크를 성립시킬 수 있는 관계성에서의 케어에 해당된다. 의존 노동은 그 대부분이 가족관계 내에서 실시되는데 그것은 개인이 자신의 이익을 위해 선택할 여지가 있는 행위는 아니다. 그것은 선택할 수 없고 자신과는 속성도 능력도 전혀 다른 타자와의 관계성이다. 키테이는 이와 같은 케어의 압도적인 비대칭성과 유무를 따지지 않고, 선택할 수밖에 없다는 것으로 파악하기 때문에 모자 관계에 케어를 대표적인 것으로 가져오고 있다.

우리들은 사회가 시장처럼 등가교환과 상보성互酬性에 의해 성립되어 있다고 이해하기 쉽다. 그러나 마르크스가 자본주의적 생산양식의 기원에는 본원적 축적이라는 일방적인 부富의 수탈이 있었다고 기술한다.[2] 특히 마르크스주의 페미니즘이 마르크스의 논의를 비판적으로 계승하며 주장해온 것처럼 노동력 상품으로서 사회의 플레이어player, 참가자가 되는 자유롭고 '자율적인 개인'은 일방적인 케어의 증여에 의해서만 발휘되어 왔다.이타 구미코(伊田久美子), 2019 결국 케어의 시점에서 (자본주의)사회를 낳고 성립시키고 있는 것은 생산 노동과 그것에 종사하는 '개인'이 아니라 실은 가장 좁은 의미에서 의존 노동이라고 생각할 수 있다.

케어의 문맥에서 어머니와 모자 관계에 주목하는 것은 언뜻 보아 케어라는 열린 개념에 의한 논의를 또한 가정 내의 어머니의 일로 되돌리고 마는 것이라고 비판받기 쉽다. 그러나 이상으로 살펴본 것처럼 페미니즘 이론연구에서는 케어하는 사람에 대한 억압과 여성차별의 현실적인 기

2 "본원적 축적의 역사에서 획기적인 것이라고 하면 형성되고 있는 자본가계급을 위한 지렛대로서 도움이 되는 변혁은 모두 그러하겠지만 그중에서도 특히 획기적인 것은 큰 무리의 인간이 갑자기 동시에 폭력적으로 그들의 생활 유지수단에서 분리되어 새처럼 자유로운 프롤레타리아로서 노동시장에 투입되는 순간이었다. 농촌의 생활자인 농민으로부터의 토지 수탈이 전 과정의 기초를 이루고 있다."(카를 마르크스, 『자본론』 제1권(제4부, 분철책), 신일본출판사, p.1226).

반을 탐구하기 위해서라도 케어를 개방함과 동시에 일방적이고 좁은 케어인 어머니의 일에 대한 억압이라는 것부터 논의해갈 필요성이 있는 점도 주장되어온 것임을 알 수 있다.

2) 중성화된 어머니

특히 평등주의적으로 어머니와 아버지를 동시에 다루는 것은 오히려 케어를 담당하는 여성의 권리를 뒷전으로 미루어 버리는 함정이 있다는 점을 지적한 연구도 있다. 마사 파인만Martha Fineman은 1970년대 이후에 미국의 법法 담론에서 평등주의적인 레토릭 속에 모성이 전통적, 긍정적 측면의 대부분을 박탈당하고, 특히 이혼 시와 미혼모의 어머니 권리가 손상되어간 것을 지적하며 '중성화된 어머니neutered mother'라는 표현을 사용하여 문제를 파악했다.파인만, 1995=2003 : 83

파인만은 리버럴 페미니즘, 즉 근대적 인권 획득과 인간의 해방을 지향하는 페미니즘이 모성과 모친업에 대한 부정적 이미지에서 젠더 중립을 신봉해온 점과 아버지의 권리를 요구하는 운동의 영향으로 젠더 중립성이 법 담론에서 상징적으로 중요시되어온 점을 지적한다. 법 담론에서 젠더 평등의 레토릭은 '어머니'를 '배우자'와 '부모'라는 '대등한 결혼'에서 '남편의 파트너'로 표현하게 되었다. 그러나 그와 같은 법 담론은 어머니들이 남편과 동등하게 급료를 벌 수 있다고 간주하는 규범 형성으로 연결되고, 돈을 벌 수 없는 것은 어머니들의 잘못이라고 간주될 만한 프레임을 형성했다.파인만, 1995=2003 : 93

더 나아가 이와 같은 레토릭은 혼인 관계로 이루어지는 가족의 정통성을 강요하고 혼인 이외의 출산과 이혼은 어머니의 자기 책임이라고 강요하게 된다. 그리고 미혼과 이혼한 어머니에 대한 징벌적인 성격을 띤다.파인만, 1995=2003 : 101 여기서 일어나고 있는 것은 어머니가 탈젠더화됨으로써 케어가 문맥에서 분리되고 현실에서 어머니들이 직면하고 있는 어려움은 젠더 평등이라는 이름 아래 자기책임화되어간다. 또한 이와 같은 어머니를 탈젠더화하고 자조자립을 요구하는 레토릭은 정확히는 '젠더 평등gender equality'이라기보다도 '젠더 동일gender sameness'·'젠더 균일gender uniformity'이라고 비판하는 지적도 나오고 있다.허브스트 데비(Herbst-Debby), 2019[3]

파인만이 지적했듯이 어머니의 '중성화'는 미국에만 한정된 이야기가 아니라 일본 사회에서도 상정될 수 있다. 실제로 일본에서도 '모자가정 대책'은 2002년의 개혁에서 '자립'에의 노력 의무를 전면에 내세우고 있다.유자와 나오미(湯澤直美), 2012 특히 제2부에서 자세하게 검토하겠지만 육아는 머니만의 일이 아니라 아버지와 어머니의 일이라고 간주하는 생각은 어느 정도 지지받게 되었다.

그러나 이에 대해 대부분의 경우 주된 양육자가 어머니라는 것은 너무나도 자연시되어 잘 보이지 않게 된 것은 아닐까. 또한 부모의 '형식적 평등'과 주된 양육자(실제는 어머니)의 권리가 트렌드 오프trend off되어 어머니의 힘든 삶 그 자체에 초점을 맞추는 것이 어렵게 되고 있는 점은 우려스럽다.[4]

---

3 최근 연구에서도 이와 같은 젠더 평등이라는 레토릭이 신자유주의적인 구조전환 아래 복지정책의 전환 속에서 이용되고 있음이 지적되고 있다(허브스트 데비, 2018·2019). 허브스트 데비는 이스라엘의 사례에서 상기(上記)의 내용을 찾아내고 있다. 2000년대 복지개혁 중에서 소득보조와 아동수당이 삭감되었고 '복지에서 노동으로' 정책(welfare to work WTW)이라는 싱글맘을 노동시장에 참가시키는 정책이 취해졌다(허브스트 데비, 2018·2019). 그와 같은 정책은 싱글맘에 대해 케어책임을 우선시하면서도 고용되는 '일하는 어머니'에서 '경제적 자립'을 하는 어머니(self-sufficient mum)를 요구하고 있다.

4 일본에서 이루어지고 있는 논의로서 이혼 후의 '공동친권'을 법적으로 도입할 것인지 어떻게 할 것인지에 대한 논의를 예로 들 수 있다. 공동친권의 법제화를 추진하는 입장의 사람들이 '아버지의 권리'를 주장하고 있는 것에 반해 페미니즘 입장에 있는 연구자

이처럼 파인만이 지적했듯이 표층적인 '형식적' 평등론에 기대지 않기 위해서는 젠더 평등의 시점을 간과하지 않으면서 현실에서 케어를 담당하고 있는 어머니의 경험이나 어머니가 직면하는 어려움에 주목하는 것이 무엇보다도 중요해진다.

여기서 파인만은 '중성화'에 빠지지 않고 케어의 시점에서 공정함을 실현하기 위한 구상으로서 가족의 핵이 되는 단위를 성관계에서 모자 관계[5]로 이행할 것을 주장한다.파인만, 1995=2003[6] 파인만이 굳이 모자와 모성의 메타포를 사용하는 것은 케어가 현실의 문맥에서 분리되는 것을 거부하고, 케어 윤리에 바탕을 두는 대안적인 사회의 전망을 그리려고 하기 때문이다.

이상과 같이 케어 · 페미니즘 논의가 모자 관계를 케어의 대표적인 예로 간주한다거나 어머니라는 말을 사용하는 것은 케어가 탈젠더화되어 논의됨으로써 젠더 역할에 맞게 자신의 인생을 걸어온 여성과 실제로 케어에 대한 책임을 떠맡고 있는 어머니들의 리얼리티가 또다시 무시당하는 것으로 이어질 것을 우려하기 때문이다.

그러나 어머니나 모자 관계를 케어의 대표적인 예로 사용하는 것은 단순히 레토릭인 것만은 아니다. 거기에는 역시 페미니즘에서 하나의 중요한 주제였던 모성을 어떻게 파악하고 케어론 속에 어떻게 자리매김할 것

와 변호사로부터는 DV가 있었던 경우 자식에 대한 영향 등으로 법제화는 신중하게 해야만 한다는 의견이 분분하다. 공동친권에 대한 논의를 어떻게 자리매김해나갈지에 대해 본서에서는 더 이상 깊이 파고 들어갈 수 없기 때문에 금후의 과제로 남기고 싶다.

5 여기서 모자 관계란 메타포이고 어머니 역할을 행하는 남성도 포함하는 것이며 이때 어린아이란 환자, 고령자, 장애자 등 신체적 케어를 필요로 하는 사람의 상징이라고 말한다(파인만, 1995=2003:259).

6 일본에서도 무타 가즈에는 "부부라는 남녀관계가 보편적으로 가족의 핵심에 존재하는 것"이 필요하게 된 가족을 '젠더 가족(gendered family)'이라는 개념으로 파악하고 케어의 사실로 연결되는 가족의 모습을 사고(思考)의 실험으로서 논하고 있다(무타, 2006 · 2009 · 2010).

인가라는 과제가 존재한다. 그것은 결국 모성이라는 것을 여성의 본질이나 생득적인 특질로 환원하는 본질주의에 빠지는 것과 중성화하여 어머니들의 현실로부터 괴리해 버리는 것을 막으면서 어떤 방법으로 가족과 사회의 개념을 재정의할 가능성을 가지는 표상으로 재고할까라는 것을 과제로 생각한다.파인만, 1995=2003 : 258

그것은 물론 실제 어머니 역할의 이해에만 관계되는 것은 아니다. 가장 비전문적이라고 여겨져 다루지 않았던 케어노동인 어머니의 활동을 페미니즘의 문맥 속에서 가치를 매기고 케어의 시점에서 사회의 변혁을 지향한다는 의미를 갖는 것이다.

제2절에서는 사라 러딕에 의한 '모성적 사유'의 논의를 소개하기로 한다. 어머니의 활동에서 보편적인 가치를 찾아내는 '모성적 사유'에 대한 논의는 페미니즘을 지속적으로 고뇌해온 '개인'과 '어머니', '어머니'와 '여성'의 분단을 낳고 있는 공사이원론을 극복해가려는 것임을 확인하고자 한다.

2. 『모성적 사유母的思考』의 공헌과 그 비판

1) 모친업은 사유방식의 일종이다

본질주의적인 이미지가 강한 모성이라는 말이 아니라 어머니의 활동에 초점을 맞춘 용어로서 모친업母親業, 유아를 양육하는 어머니의 태도와 행동 전반을 가리키는 말이 있다. 모친업은 어머니 자신과 그녀가 행하는 케어 행위나 경험을 구별할 수 있는 용어이다. 현재에도 모친업을 담당하고 실천하고 있는 사람의 대부분은 어머니인데, 예를 들면 보육사나 아버지가 있어도 그것은 모친업이라고 말할 수 있다.

모친업을 철학적으로 분석하고 그 의미를 기존의 파악방법에서 크게 전환하는 형태로서 제시한 것은 사라 러딕이다. 러딕의 대표적인 업적인 저서 『모성적 사유*Maternal Thinking*』1989는 비판적인 반응을 포함하여 페미니스트들에게 많은 영향을 주었다. 이하에서는 러딕의 모성적 사유의 논의가 얼마나 큰 공헌을 완수했는지 러딕에 대한 비판과 함께 정리해보기로 한다.

제1장에서 살펴본 것처럼 종래 어머니가 담당하는 일은 애정이나 감정에 의해 이루어지는 것이라고 생각되어왔다. 그것은 여성이 태어나면서부터 가지고 있는 것이라고 여겨져 온 '모성'이 만든 '자연'스러운 행위이고, 그렇기 때문에 어머니는 합리성과 객관성이라는 이성적인 존재와는 대극에 있다고 간주되었다. 이로 인해 어머니는 이성을 담당하는 정치적인 영역과는 대극에 있는 감정과 애정을 담당하는 존재로서 가정과 친밀성의 영역에 머무르는 것이 본분이라는 사회적 신념을 증강시켜왔다.

그러나 러딕은 어머니의 활동을 '모성적 사유'에 기초를 두는 것, 즉 사유이며 이성에 기초한 것으로서 제시한다. 러딕은 모친업의 실천과 사유를 보호protection, 양육nurturance, 그리고 육성training 등 세 가지를 정밀하게 조사하여 분석하고 있다. 이 세 가지는 각각 어린아이에 의한 보호preservation, 성장growth, 사회적 수용social acceptance을 위한 요구에 기반을 두고 있다.

보호란 어린아이의 가장 중요한 첫 번째 요구인 안전을 만족시키는 일, 양육이란 어린아이를 보살피고 발달을 돕는 일, 그리고 육성이란 어린아이를 사회에서 받아들일 수 있는 존재로 만드는 일을 의미하고 있다.

러딕은 어머니들에 의한 자신의 경험을 토대로 한 담론을 분석했는데, 어머니들은 매일 어린아이들로부터 요구를 받으면 결코 기쁨과 사랑만을 느끼는 것이 아니라, 동시에 증오와 분노, 초조함도 느끼는 상반된 감정을 경험하는 경우가 있다고 파악했다. 예를 들면 어머니에게 자식은 눈에 넣어도 아프지 않을 만큼 애정을 느끼는 존재인 한편, 어머니가 자기 자신을 위해 사용하는 시간과 에너지를 빼앗고 개인의 영역에 침입하여 자기 자신을 위해 살아온 그녀의 인생을 파괴해버리는 존재라고도 말할 수 있다. 젖먹이 유아인 경우 특히 눈을 뗄 수 없는 시기의 어린아이는 24시간 내내 돌봄이 필요하다. 한밤중에 계속 울어대고 어머니에게 케어를 지속적으로 요구하는 경우도 있다. 그와 같은 요구에 응하지 못할 경우 아이에게 애정을 느낄 수 없게 되어 죄악감에 시달리는 경우도 있다. 모친업은 그런 '죽일 것이냐 살해당할 것이냐'라고도 표현할 수 있는 타자와의 경쟁 과정에서 형성되어 있다. 러딕의 분석은 그러한 모친업, 더 나아가서는 케어 행위의 본질 중 하나라고도 말할 수 있는 분열되는 듯한 감정과 갈등을 중시한다.

모친업은 자신에 비해 압도적으로 취약한 존재인 어린아이의 요구와 필요에 응하는 것에 대한 관심으로 관철되어 있다. 그것은 감각과 감정만으로 이루어지는 것이 아니라 지적으로 사유를 요하는 행위인 것이다. '모성적 사유'는 어린아이의 요구에 응답하려는 과정 속에서 늘 따라다니는 곤혹과 갈등, 상반된 경험에서 형성되는 것이고 결코 '자연'스럽게 이루어지는 것도 아니며 이상적인 모친업(이라는 것이 있다고 한다면)은 성공하는 일부 '좋은 어머니'만이 가지고 있는 것도 아니다.

2) '어머니'와 '여성'의 분단

그러나 러딕의 논의는 1980년대 당시부터 많은 비판을 받아왔다. 러딕의 논의에 한정되지 않고 케어 윤리의 논의에 대해서는 여성을 가정역할로 되돌리는 듯한 논의와 모성의 본질주의를 정당화하는 논리에 가담한다는 비판이 반복해서 실시되어왔다. 예를 들면 야마네 준카山根純佳도 케어 윤리에 대한 논의에서 여성은 '케어 능력'을 가지고 있기 때문에 자발적으로 성별분업을 재생산하고 있다는 테제를 발표했다. 그렇기 때문에 케어를 여성의 책임으로 하는 성별분업을 변동시킬 가능성을 찾아낼 수 없다고 비판하고 있다.야마네, 2010 : 149

특히 전형적인 비판으로 페미니즘이 어머니를 이야기하는 것에 대한 난점을 보여주는 것은 다음과 같다. 즉 종래 제2파 페미니즘은 가족과 모성을 탈신성화하기 위해 투쟁해왔다. 그러나 모성적 사유와 같은 논의는 여성이라는 표상을 다시 어머니로 강조함으로써 재구축되는 것이다. 가족과 모성을 재차 신성화하여 여성들에게 자기희생을 강요하고 어머니 역할과 가정역할을 강제로 떠맡기며 가정영역으로 가두는 것을 정당화해버린다는 점이다.데이츠 메리(Deitz Mary), 1985 또한 그것은 애초부터 남성에 대한 여성의 '차이'를 강조하고 그 근원적인 차이를 '낳는 성'으로 환원하는 모성주의라고 하며 신랄한 비판이 이루어져 왔다.

이처럼 어머니라는 말 속에서 특별한 '차이'를 발견하고 강조하는 것이 공사이원론의 사회구조나 관념을 재생산한다는 위구는 언뜻 보기에 그럴듯한 것처럼 보인다. 그러나 최근에는 러딕의 논의에 대한 이와 같은 독법은 '오독'이라는 지적과 함께 페미니스트 국제정치학에서 러딕의 모성적 사유에 대한 논의가 재평가되고 있다.피오나 로빈슨(Fiona Robinson), 2013

피오나 로빈슨은 러딕의 논의가 여성을 어머니 역할에 다시 가두는 풍조에 편승했다는 비판에 대해 처음부터 그와 같은 비판이 공사이원론의 프레임워크Framework에 사로잡혀 있는 것이라고 지적했다. 여성을 어머니로 표상하는 것이 공사이원론에 빠져 여성을 사적 영역에 가두는 것으로 연결된다는 주장은 여성이 어머니가 아니라, '개인'이나 '시민' 혹은 '인간'으로 그려지지 않으면 안 된다는 것을 의미한다. 그러나 그 주장은 어머니는 '개인'이 아니며 '시민'도 아니고 '인간'이 아니라는 것을 전제로 하고 있다.로빈슨, 2013 즉 '어머니'는 개인이 아니라 개인은 어머니일 수 없다고 보는, 이른바 양자를 다른 차원에서 파악하는 이원론을 재생산하고 있다.

마찬가지로 모친업과 모성적 사유라는 텀term을 사용하는 것에 대해 '여성'과 '어머니'라는 표현을 사용하지 말고, 그 대신에 '부모업親業'과 '부모親'적 사유라는 말을 사용해야만 한다는 비판에 대해서도 주의를 기울일 필요가 있다. 만약 모친업과 모성적 사유라는 텀을 사용하는 것이 아버지를 무시하고 어머니를 부당하게 치켜세우고 있는 것처럼 보인다면, 남성이 행하는 육아에 대해 어머니라고 부르는 호칭은 어울리지 않게 된다. 그것은 암묵적으로 어머니를 '인간'과는 다른 존재, 아니 '인간'보다도 한 단계 낮은 존재로 간주하기 때문이 아닐까.

다시 말해서 여성을 어머니로 표상해서는 안 된다는 주장 자체는 정의, 도리, 정신, 자기'합리적인 남성', 그리고 케어, 감정, 신체, 관계성('신성화되는 한편으로 경멸을 받는 여성'상이 상정되고 있다)을 일직신으로 연결하여 후자가 전사보다도 열등하다고 보는 이원론을 전제로 하고 있다. 이와 같은 이원론적인 사유의 프레임워크는 우리들에게 너무나도 뿌리깊게 박혀 있어 불가시화되어 있다. 따라서 케어를 주된 테마로 하는 것은 마치 여성에게 케어 역할을 강요하는 사회구조를 정당화하고 있는 것처럼 비춰지는 것이다.

남성 중심주의적인 이원론 아래에서 '개인'과 '어머니'는 차원이 다른 것으로 간주된다. 더 나아가 이와 같은 이원론 아래에서 케어하는 사람은 항상 '합리적인 남성'이 모델인 '개인'에게 이바지할지 어떨지에 의해 구별되고 가치가 매겨져서 판단된다. 예를 들면 성적 대상으로서의 '여성'

과 신변을 돌봐주는 어머니는 마치 전혀 다른 존재인 것처럼 드러난다. 규범적이지 않은 어머니는 '나쁜 어머니'라는 징벌의 대상으로 나타난다. 그리하여 '어머니'와 '여성'은 이해가 다른, 서로 받아들일 수 없는 존재로서 대립된다. 이와 같은 이원론에서 여성의 분단을 그림으로 나타내면 〈그림 3〉과 같다.

〈그림 3〉 이원론에서 여성의 분단

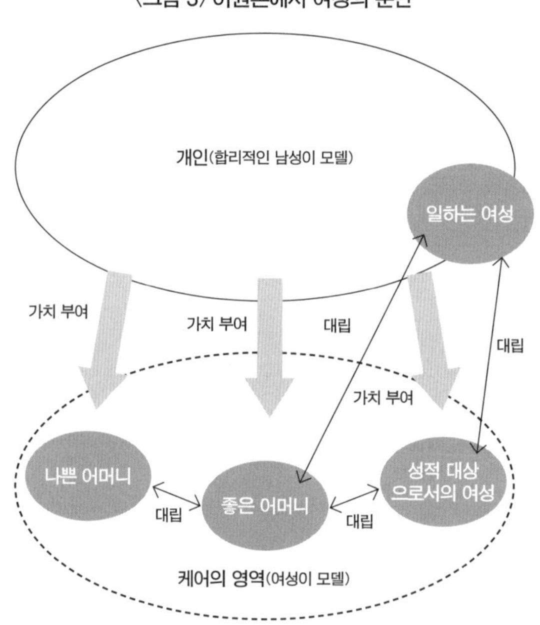

예를 들면 '좋은 어머니'는 일을 우선시해서도 안 되고 연애를 우선시해서도 안 된다고 말하듯이 어머니는 자기 자신이 아닌 사람이 되도록 논한다. 특히 '여성'으로서 행동하는 어머니는 '자각'이 부족한 나쁜 존재인 것처럼 말해진다. 실제는 한 명의 여성 안에 다양한 측면이 있는 것뿐인데도 불구하고, 어머니가 되는 일은 '다른 세계'에 사는 것이라는 메시지가 사회 도처에서 발신되고 있다.

베티 프리단Betty Friedan이 『새로운 여성의 창조The Feminine Mystique』1963 안에서 지적해왔듯이 여성은 '아이의 어머니' 또는 '남편의 아내' 중 그 어느 쪽이 아니면 가치가 있는 존재로 간주되지 않는 것에 괴로워한다. 여성이 '개인'으로서 직업에 종사하고 사회활동을 하는 것이 당연하게 된 현대에도 그 여성이 '개인'이라는 것과 어머니라는 것과는 양립될 수 없는 상태로서 여성들은 마치 다른 세계를 왕래하지 않으면 안 되게 되었다. 더 나아가 '좋은 어머니'는 '개인'인 것과 연애하는 것을 희생해야만 한다는 규범도 여전히 건재하고 있다.

'개인'과 어머니, 특히 '여성'과 어머니가 분단되고 대립하는 사회에서는 "여성을 도덕적으로 훌륭하다고 구별하는 그 가치는 그녀들이 도덕적인 발달에 불완전하다는 징표가 된다".길리건, 2011 : 20 페미니즘도 또한 스스로를 개인으로 표상하는가 혹은 여성 그리고 어머니로 표상하는가로 분열되어 고뇌한다. 페미니즘이 스스로를 어머니로 표상하고 말하는 것은 리스크를 내포하는 행위로서 곤란함을 내포한다.

에하라 유미코2000는 다음과 같은 여성들이 자신의 경험과 활동에 가치를 매기려고 할 때의 '패러독스'에 대해 서술하고 있다. 그리고 그것은 결국 공사이원론 아래에서 여성은 판단능력과 자신의 상황에 대해 의미를 부여하는 힘을 부정당하는 것이라고 논한다.

> 여성들은 우선 자신이 처해 있는 사회적 상황과 환경을 인식하고 또는 그 경험을 표현하는 수단을 빼앗기고 자기 자신의 판단능력도 부정당하고 본래 남성과는 다른 존재로 자리매김된다. 여성이 본래 남성과 다르다고 한다면 여성이 말하는 경험과 문제가 남성과는 다르다고 해도 하등의 문제가 없다. 남성의 인식을 보편적 인식으로서 유지하는 것은 전혀 문제가 되지 않는다. 원래

여성은 그 생물학적 속성에서 남성 기준에 미달하기 때문이다. 이는 또다시 순환이 형성된다. 이렇게 여성들의 경험은 소거되어온 것이다.에하라, 2000 : 133

그렇기 때문에 페미니스트는 어머니의 경험과 가치에 대해 말해야만 했던 것이 아닐까. 로빈슨이 말하듯이 "모성을, 여성을 억압하는 것으로만 논의해 버리는 것은 페미니스트가 케어와 사회 재생산의 여성화나 인간 생명의 재생산에 관련되는 활동의 가치에 대한 평가절하와 직접 대치를 피하는 것을 의미한다".로빈슨, 2013 : 103 어머니의 억압을 파악하는 일과 어머니의 가치를 평가절하에 대항하는 일은 모순되는 것이 아니라, 이것들은 그 어느 쪽도 여성차별의 근본을 마주 대함에 있어 필요한 과정이라고 말할 수 있을 것이다. 모친업 또는 모친업에 따른 감정과 사유는 가치가 없다고 전제로 해버리는 것이야말로 남성 중심적인 사회구조와 그것을 정당화하는 스토리를 받아들이는 일이다.

3) 모성적 사유의 잠재적인 힘

러딕의 모성적 사유에 대한 논의는 다음과 같은 공사이원론 안에 여성들이 자신의 경험과 활동에 가치를 매기려고 할 때 생기는 패러독스에 대해 고뇌해왔다. 그러나 모성적 사유의 논의는 '어머니'와 '여성'이 대립되는 구조에 자각적인 동시에 구조의 변혁에 유효하다.

첫째로 앞서 서술한 것처럼 모성적 사유의 논의는 모친업에서 도출되는 사유나 이성에는 보편적인 가치가 있다는 모성적인 '사유'의 존재를 주장함으로써 공과 사를 전혀 다른 차원의 것으로 파악하는 이원론을 극복하려고 하고 있다. 이것은 공과 사 두 차원을 통합할 가능성을 가지고 있다.

둘째로 모성적 사유의 논의는 여성의 판단능력이나 자신의 상황에 의미를 부여하는 힘을 부정하는 공사이원론에 대해 자신이 처해 있는 사회와 대결하며 다른 양식으로 변혁시켜가는 잠재적인 힘을 발견해내고 있다. 이하에서는 후자 쪽 포인트에 대해 검토해나간다.

러딕은 『모성적 사유』 안에서 모친업을 담당하는 과정에서 생기는, 즉 자신보다도 압도적으로 취약한 타자를 상처 입히지 않고 어떻게 공존해 나갈 것인가라는 갈등은 평화를 구축해가는 힘이 된다고 논한다. "어린아이를 육성하는 일에서 예측할 수 없음이나 상상을 넘는 다양함과 차이에 대한 존중을 배운다"러딕, 1989 : 134는 모친업에서 지금까지와는 다른 세계를 구축하는 잠재적 가능성을 보고 있다.

> 나는 케어의 시점에서 바라보고 행동하려는 끊임없는 노력에 의해 케어를 둘러싼 여러 가치가 지배적이 되는 세계가 보다 안전하고 기쁨으로 가득 차 보다 정의에 적합하다는 사실이 밝혀진다는 것을 확신하고 있다.러딕, 1989 : 135~136

우리들은 '평화'라고 말하면 '투쟁'의 반대가 되는 의미로 상상하기 쉽다. 결국 아무것도 발생하지 않는다는 의미에서 평온, 정적인 이미지를 가지고 있다. 그러나 여기서 평화란 한 사람 한 사람 다른 인간이 공존해 가는 것, 따라서 끊임없이 노력하고 시행착오를 지속적으로 겪는 것을 의미하고 있다. 타자와의 관계성을 사상시킨 곳에서 성립된 '자율적인 주체'와는 다르고, 늘 타자와의 사이에서 갈등하고 구체적인 동시에 문맥적으로 지속해서 사유하는 모성적 사유는 이미 "평화 구축을 지향하는 정치적 투쟁에 참여하고 있다".오카노, 2013 : 276 이처럼 모친업 과정 속에서 타자와의 갈등은 어머니 자신이 처해 있는 사회와 대결하는 잠재적인 힘을 갖는 것이라고 이해할 수 있다.

그렇다면 이것은 '어머니가 세계를 구한다'는 듯한 로맨틱한 환상과는 어떻게 다른 것일까. 우에노 치즈코1985는 '여성성'이나 '여성 원리'를 추구하고 남성 중심사회가 일으킨 문제자연파괴나 전쟁 등를 여성이야말로 해결할 수 있다는 논조를 신랄하게 비판한다. 왜냐하면 그것은 남성에 대한 여성의 '차이'를 강조하고 그 근원적인 차이를 '낳는 성'으로 환원하는 '모성주의'이고, 결국은 남성에게 형편이 좋은 여성상을 제공하고 여성차별을 정당화하는 근거를 제공했기 때문이다.우에노, 1986 : 152

이에 대해 러딕은 어머니라는 것에 본질적인 의의를 발견해내는 것이 아니라 어머니인 여성이 처해 있는 '사회적인 위치'와 모친업의 실천 속에서 배양되는 주의 깊음에서 희망을 찾아내고 있다.

> 일부의 사람들은 '여성적인' 저항이 필연적으로 한계가 있다고 보고 이를 두려워한다.—그들의 두려움은 우리들에게는 근거가 없는 것처럼 보이지만—나는 자신의 희망을 그 독특하고 잠재적인 가능성에 맡긴다. 즉 여성이 처해 있는 사회적인 위치는 그녀들을 본질적으로 스스로에게 의존하는 문명에 대해 '불충성'[7]하게 만든다. (…중략…) 그러나 크리스테바처럼 나는 반체제적인 어머니에게서(다른 마녀들과는 달리) 자신을 배제하는 질서에 대한 잠재적인 비판자일 뿐만 아니라, 그녀의 자식을 그곳으로 보낸다는 의무가 있기 때문에 동일한 급으로 질서를 보존하고 정통화하는 자임을 발견해내고 있다.러딕, 1989 : 225

7 '문명의 불충성'이란 에이드리언 리치의 저작에 등장하는 말이다. 리치는 미국의 노예제와 인종주의의 역사 속에서 백인 여성이 결혼을 통해 백인 남성의 소유물과 노예물이 되어 그들에게 적극적, 소극적으로 봉사해온 것을 서술한다. 그러나 역사적으로 백인 여성들은 자신을 위해서가 아니라 흑인 남녀와 아이를 위해 인종주의와 부권제에 반대해온 것을 예로 들며 여성들이 자신들의 사회적 위치를 역이용하여 '문명의 불충성'해온 것을 강조한다(리치, 1979=1989:475).

여기서 중요한 것은 러딕이 어머니는 그 처해진 사회적인 위치로 인해 질서에 대해 잠재적으로 비판적이기도 하면서 동시에 질서를 유지하고 정당화한다는 '양면성'을 가지고 있다고 서술한 점이다. 어린아이를 사회화시킨다는 과정은 사회를 긍정하는 것일 뿐만 아니라 동시에 이 장소는 어린아이에게 안전하고 적절한 장소인가를 묻는 것이기도 하다.

예를 들면 어린아이가 아장아장 걷기 시작했을 때 보호자는 방의 뾰족한 책상 모서리에 커버를 씌우거나 칼이 있는 부엌에는 가드guard를 달아 어린아이가 가지 못하도록 한다. 그리고 밖에서 놀게 할 때에는 어린아이가 가는 방향에 위험한 물건이 떨어져 있지 않은지 주시하는 등 공간에 대해 주의를 기울인다. 그것은 사회에 대해서도 마찬가지이다. 모친업에서 이 사회는 어린아이를 내보낼 즈음에 과연 올바른 장소인가라는 잠재적인 의문이 환기된다.

러딕은 모친업에서 요구되는 '조심스러움'이 낳은 질서에 대한 양면성을 대할 때 단순하게 일면적으로 반항적인 것만은 아니고 독자적인 잠재력을 발견해내고 있다. 거기에는 "(총의) 방아쇠 당기는 것을 보류한다"는 비유가 있듯이 타자를 해치지 않고 타협하려는 갈등이 있고 비폭력에 대한 내적인 희구로의 연결을 엿볼 수 있다.

이처럼 어머니라고 해서 누구든지 사회에 반항적으로 되는 것은 아니다. 그러나 모친업 속에서 배양되는 취약성을 가진 타자와의 연결이나 갈등, 그리고 시행착오를 거듭하는 힘에서 보편적인 희망을 발견해내는 것은 '어머니가 세계를 구한다'는 성차나 본질론에 기인한 기대를 갖는 것과는 다르다. 또한 반근대의 낭만주의를 '모성 원리'에서 찾아내어 이상화하는 입장은 사회타자와의 대결과 갈등을 회피한다는 의미로서 러딕의 주장과는 다르다. 타자와의 관계에서 모순 혹은 어찌할 도리가 없는 일들 그것들과의 갈등을 사상시킨 곳에서 '주체'를 찾아낸다는 것은 결국 "개인주의가 약속하는 완벽하고 일관된 주체에 대한 욕망"파트리스 디킨지오, 1999 : 246을 재현시킨 것으로, 이는 케어 · 페미니즘이 비판해온 사유방법이다.

이상과 같이 공사이원론의 내부에서 여성들이 자신의 경험과 활동에 가치를 매기려고 할 때 생기는 패러독스에 대해 모성적 사유의 논의에서는 ① 공과 사를 완전히 다른 차원의 것으로 파악하는 이원론을 극복한다. ② 모친업의 실천 속에서 자신이 처해 있는 사회와 대결하고 변혁시켜가는 잠재력을 본다는 대항적인 의의를 찾아낼 수 있다.

러딕은 실제로 어머니들의 정치적인 활동이나 저항이 어떠한 형태와 전략을 취하며 나타나는가는 어머니들 한 사람 한 사람이 처한 환경과, 계층이나 국가의 정치 상황의 차이도 다양하다고 말하고 있다.러딕, 1989 : 245 현대 일본 사회에서도 어머니가 처한 상황은 다양해서 하나로 묶을 수는 없다. 그러나 크게는 현실의 민주주의 프로세스에서 어머니들의 경험이 정치적인 중요성을 가지는 것, 어머니들 자신이 힘을 갖게 되는 것이 중요한 과제가 될 것이다.

길리건은 2011년의 저서에서 자신이 제창한 케어 윤리가 초래한 사회에의 영향과 비판을 되돌아보고 페미니즘이 분단으로 고민하고 그 일로 인해 케어 윤리도 또한 고뇌해온 점, 그것들을 해결하기 위해서는 민주주의 사회 속에서 '여성의 목소리'를 듣는 것이 필요하다고 논한다.

> 가부장제적인 프레임워크 속에서 케어는 여성적인 윤리이다. 민주주의적인 프레임워크 속에서 케어는 인간적인 윤리이다. 페미니스트의 케어 윤리는 가부장적인 문화 속에서 '또 다른 하나의 목소리'이다. 왜냐하면 그것은 가부장제가 명하는 분단에 대한 대항으로서 이성과 감정, 정신과 신체, 자기와 관계

성, 남성과 여성을 연결시키기 위함이다.길리건, 2011 : 22

가부장적인 프레임워크란 길리건이 비판한 발달심리학 전문가들의 지식체계로 상징되는 것들이며 남성 중심주의적인 가치매김들이다. 여성의 목소리가 부재인 채 '인간'의 기준을 결정하고 그 기준에 따라 여성은 남성보다도 열등한 존재라고 가치를 매겨왔다. 이와 같은 프레임워크 속에서 케어는 여성적인 '또 하나의 목소리'로서 '발견'되지 않으면 안 된다. 그러나 그것은 앞에서 서술한 것 같은 케어를 여성적인 윤리로서 표상해 버리는 딜레마를 계속 내포하는 것이기도 하다.

다른 한편 민주주의적인 프레임워크란 '여성의 목소리'가 들리는 세계를 의미한다. 여성의 경험이 정치적인 중요성을 가지고 여성이 정치적인 프로세스에서 실천적인 힘을 가지고 관계할 수 있는 세계가 되어서야 비로소 케어는 여성적인 것도 남성적인 것도 아닌 인간적인 윤리로서 존재할 수 있다. 민주주의적인 프레임워크를 실현하기 위해서라도 어머니의 활동과 경험이 정치적인 가치를 가질 것, 그리고 무엇보다도 어머니 자신이 정치적 프로세스에서 실천적인 힘을 가지고 관계하는 것이 중요함을 알 수 있다.

제3절에서는 어머니는 왜 사회적 · 정치적인 힘을 얻기 어려운 것인지 에이드리언 리치의 '무력한 책임'을 단서로 모성 억압이 어머니들을 '무력화'시키는 것, 그리고 그것은 현대 일본 사회에서 어머니들이 경험하는 자신을 컨트롤하는 힘과 정치에서의 교묘한 배제로 연결되는 것을 논하고, 어머니의 정치적 임파워먼트의 중요성에 대해 서술하고자 한다.

3. 어머니의 정치적 임파워먼트의 중요성

1) 무력한 책임

미국의 시인이며 페미니스트 비평가인 에이드리언 리치는 『더 이상 어머니는 없다Of Women Born』1976 안에서 자기 자식을 죽인 조안Joan이라는 여성에 대해 언급하고 있다. 그녀는 혼인 관계 중에 원하지 않는 임신을 반복해서 8명의 아이를 두었는데 그 시중을 혼자 도맡아 해서 '우울증'을 앓게 되었다. 그녀의 남편은 아내를 '엄마곰'처럼 좋은 어머니였다고 말했다. 지역 보호 관찰국도 수년 전부터 이 가족과 접촉하고 있었는데, 조안의 병이 위중해졌을 때에는 아이들을 아동 양호시설에 맡기기도 했지만, 오히려 결과적으로 "가족과 함께 있겠다"는 남편의 결심을 굳히게 만들었다.리치, 1976=1990 : 367

리치는 조안이 19년간 지속적으로 견디긴 했지만, 그녀를 궁지로 몰아넣은 것은 보모가 없었던 점과 피임법이 없었던 점이 아니라 눈에 보이지 않는 모성이라는 제도에 의한 폭력이라고 말한다. 폭력이란 상대방의 의지나 컨트롤하는 힘을 빼앗는 것이라고 한다면 틀림없이 조안은 보이지 않는 폭력에 노출됨으로써 분노와 절망에 시달렸을 것이다.

> 그것은 모성이라는 제도의 눈에 보이지 않는 폭력, 죄의식, 사람의 생명에 대한 무력한 책임, 판단과 비난, 자신의 힘에 대한 불안, 죄의식, 죄의식, 죄의식이었다.리치, 1976=1990 : 392

리치의 모성론을 토대로 하여 모성론을 전개하고 있는 안드레아 오라일리Andrea Oreilly는 리치의 이 '무력한 책임powerless responsibility'이라는 말을 인용하면서 "'무력한 책임'은 어머니의 권위와 그녀가 자신의 모친업 경험을 결정하는 에이전시agency를 부정한다"오라일리, 2004 : 7고 말한다.

즉 가부장적인 사회제도 속에서 어머니들은 아이의 양육에 대해 단독으로 책임지는 것을 강요당하고 있는 한편, 그에 상응하는 권위와 힘을 가지는 것을 부정당하고 있다. 그것은 모친업 경험 중에 배양된 사고력과 그와 같은 경험(리치의 표현으로 말하자면 '경험으로서의 모성')을 스스로에게 의미를 부여하는 힘을 구조적으로 '빼앗기고 있는' 것을 의미한다.

어머니에게 죄의식을 부과하여 힘을 빼앗는 '무력한 책임'은 현대 일본 사회에서도 구조적으로 여성이 짊어지고 있다고 생각된다. 모성이라는 제도에 대한 설명으로서 여성의 단편적인 경험을 열거한 리치의 문장을 길지만 인용해보기로 한다.

강간이라 하더라도 그것 때문에 경제적으로 의존할 수밖에 없어 어쩔 수 없는 결혼, 남자에게 '그 남자의' 아이를 보증하기 위한 결혼, 여자에게서 출산을 빼앗는 것,[8] 혼외로 낳은 아이의 '서출' 개념, 피임과 중절을 규제하는 법률, 위험한 피임 도구의 무신경한 판매, 여자가 집에서 하는 일을 '생애'의 일부로서 인정할 수 없는 자세, 여자들을 사랑과 죄의식의 순환에 속박하는 것, 어머니를 위한 사회복지의 결여, 세계 도처에서의 보육 시설 미비, 마지못해 할 수 없이 여자가 남자에게 의존하지 않을 수 없게 되는 임금노동자로서 여자가 받는 불평등한 급료, '어머니 전임母親專任'이라는 고독한 감금상태, 남자에게 아이에 대한 최소한의 책임만 지우게 하고, 그 위에 권리와 특권만을 부여하는 이름뿐인 부성, 어머니를 정신 분석하는 엄격함, 어머니라는 사람은 불완전하고 무

8 여성의 출산을 꺼리고 그 기회를 빼앗는 것 등을 의미한다.

지하다는 소아과적 가설, 가족 중에 여자가 부담하는 정신적 역할의 부담.리치, 1976=1990 : 391

언뜻 보기에 각각의 사례로서 경험하는 이러한 모성과 관련되는 경험은 어머니인 여성들이 많든 적든 경험하는 사회에 기인한 말 그대로 구조적인 폭력으로 작동된다.

자식으로 인해 억압적인 존재가 되는 어머니와 어머니의 가해성은 근래에 와서 겨우 가시화되어온 테마이기도 하다. 2010년대 이후 '독모毒母'[9]라는 말이 붐을 이루었다. 그 이전부터 '독친毒親'[10]이라는 말이 있었는데, 부모와의 관계성으로 인해 살기 힘든 사람들이 스스로 고단함의 요인을 나타내는 말로서 침투되고 있었다.[11]

그중에서 노부타 사요코信田さよ子의 『어머니가 무거워서 견딜 수 없는 묘지기 딸의 한탄』2008, 가토 이쓰코加藤伊都子의 『나는 나. 어머니는 어머니』2012, 다후사 에이코田房永子의 『어머니가 힘들다』2012와 같은 어머니와의 관계에서 고단한 삶을 읊은 딸의 입장에서의 경험담을 토대로 한 저작이 잇달아 출판되어왔다. 또한 지금까지는 겉으로 드러날 일이 없었던 가족과 친족 간의 성적 학대에서 어머니는 딸의 피해를 '무시'한다거나 부정하는 2차 가해를 가하는 경우도 가시화되어오고 있다.노부타, 2019[12]

---

9 지녀에게 유해한 어머니를 일컫는다(역자주).

10 자녀에게 유해한 부모를 가리킨다(역자주).

11 원래는 부모가 약물중독과 알코올 중독 등 의존증(중독)의 기능부전(機能不全) 가정에서 부모를 케어하는 듯한 역할을 담당하지 않으면 안 되었던 어린아이가 어른이 되어 그 고단함을 안은 채 임상 현장에 환자로 오게 되어 어덜트 칠드런(adult children · AD)이라고 명명되었다. 최근에는 반드시 부모가 중독 의존증이 아니더라도 부모와의 사이에 갈등을 안고 그것은 살기 힘들고 괴로움을 안는 사람이 가시화되어왔다.

12 카운슬러인 노부타 사요코는 풍부한 임상경험에서 가족 문제에 대해 많은 저작을 발표

어머니의 가해성이 가시화됨에 따라 그 배경에 있는 어머니에 대한 구조적인 폭력에 대해서도 많은 지적이 있다. 노부타 사요코와 다후사 에이코도 고찰한 것처럼 어머니가 가정 안에서 아이에게 폭력을 휘두르거나 또는 폭력에 가담할 때 그것은 현대의 가족이 가지는 폐쇄성과 가족 내의 젠더에 기인하는 지배 · 피지배 관계와 분리해서 생각할 수 없다.

르포라이터인 스기야마 하루杉山春는 아동학대 죽음 사건의 취재를 통해 어머니가 남편과의 관계성 속에 종속되기 쉽고 남편의 컨트롤에서 자유롭게 되는 것이 상대적으로 어려운 입장이라는 것으로 어머니가 구조적으로 놓인 위치와 폭력의 관련을 파헤치고 있다.스기야마, 2019

스기야마에 의하면 2018년 3월 도쿄도東京都 메구로구目黒区에서 5세 여자아이가 부모로부터 학대를 받아 사망한 사건메구로구 여아 학대 사건[13]에서도

하고 있다. 『성(性) 가족』(2019)에서 가족 안에서 발생하는 성적 학대, 성적 억압을 다룬다. 성적 학대는 성적인 사건이기 때문에 가족 내에서는 터부시되는 점, 폐쇄된 가족 내에서 가장 강한 입장에 있는 사람(아버지와 오빠 등)에서 가장 약한 입장에 있는 사람(대부분 여자아이)에게 이루어지는 경우가 많지만, 그 피해자의 대부분은 침묵을 강요당한다. 예를 들어 자신의 경험을 어머니에게 알려도 부정당한다거나 무시당하는 2차 가해를 당하는 경우가 많다고 한다(노부타, 2019 : 28). 또한 어머니가 자식의 섹슈얼리티를 부정하거나 성적으로 농락당하는 등 행위의 주체가 되는 경우도 있다(노부타, 2019 : 76). 자식에게 어머니는 분쟁이 없는 행복한 가족이라는 신화의 지탱자이고 자신의 신체와 프라이버시를 침범하는 존재일 수도 있다.

13 2018년 3월에 도쿄도 메구로구에서 5세 여자아이가 학대를 받고 사망하여 여자아이의 친모와 전 양부가 체포되어 실형 판결을 받았다. 가가와(香川)에서 살던 친모는 19세 때 여자아이를 낳고 그 후 여자아이의 아버지와 이혼했다. 나중에 전 양부와 만나 재혼하고 '그림 같은 근대가족'(스기야마, 2020)으로서의 생활이 시작되었다. 친모의 수기에서도 바라던 행복이 실현된 듯한 부모와 자식 세 명의 나날로서 회고하고 있다(후나토, 2020). 그러나 입직을 계기로 전 양부는 여자아이에 대한 '예의범절을 가르치는 것'을 어머니에게 엄격히 요구하게 되고, 되어 있지 않으면 몇 시간 동안 지속적으로 질책하거나 폭력을 휘두르게 되었다. '뚱뚱한 여자는 보기 흉하다' · '모델이 되기 위해서'라고 말하며 어린 여자아이에게 식사를 제한하고 그것은 어머니에 대해서도 부과되었던 점을 밝히고 있다.

그와 같은 지배와 폭력구조를 엿볼 수 있다. 사건의 가해자인 친어머니의 수기에서는 그녀가 처음에는 전남편의 가치관과 딸을 대하는 태도에 항의했지만, 서서히 전남편의 폭력에 노출되는 동안 남편의 가치관에 포섭되어 컨트롤당하는 과정에서 확실히 자신의 '죄의식'으로 점철되어 있음을 알 수 있다.후나토 유리(船戸優里), 2020 자신도 남편으로부터의 지배라는 폭력의 피해자이기도 했던 그녀는 남편전 양부(元養父)의 폭력을 그만두게 할 수도 도망칠 수도 없어서 딸아이를 살해하는 일에 가담하고 말았다.

스기야마가 지적한 것처럼 취재를 통해 본 어머니는 일탈한 어머니였다기보다 오히려 이상적인 가족을 실현하기 위해 고지식하게 노력하고 열심히 이를 악물고 케어역할을 완수하려고 했던 어머니였다. 현대사회에서도 우리들이 이상으로서 그리는 이상적인 가족의 모습이야말로 리치와 오라일리가 제기한 것 같은 구조적으로 어머니에게서 힘을 빼앗는다는 문제가 내재되어 있다. 그리고 그와 같은 가족을 자신의 역할로 충실하게 실현하고 지키려는 어머니들은 구조적인 폭력에 노출되어 있다고 생각된다.

2) 정치적 투쟁으로부터의 배제

자신의 경험에 대해 의미를 부여하는 힘을 빼앗긴다는 것은 자신을 사회구조 안에 자리매김시키고, 그 자리매김을 발판으로 삼아 권력투쟁을 행한다거나 사회구조를 변혁시켜간다는 정치적 행위에서도 밀어지는 것을 의미한다.

'무력한 책임'의 상태에 놓인 어머니들은 정치적으로 이용·활용당하는 한편, 실제로 정치적 투쟁에 관련되는 것에서 멀어진다. 러딕은 평화, 그리고 평화를 꾀하는 행위로 자리매김시키고 있는 모친업을 "감상적으

로 명예를 부여받기도 하고 때로는 남몰래 경멸당한다"고 표현한다.러딕, 1989 : 137

가부장적인 사회제도 속에서 어머니들의 활동은 본질적으로 사적이면서도 개인적인 것이라고 간주되어 정치체제에 위협을 가하지 않는 이상 그것은 칭찬받는다. 다른 한편으로 여성은 케어 책임을 이유로 정치적인 능력이 없다고 간주되어 경제적인 힘과 사회에 영향을 미치는 힘을 방기할 것을 요구받는다.

예를 들면 아이에게 헌신을 다하는 자기희생적인 어머니상은 '(매우 감동하여) 자꾸 눈물이 나오는' 콘텐츠인 동시에 도덕을 담당하는 소재로서 모든 장면에 사용되어왔다.호리코시 히데미(堀越英美), 2018 제5장에서 자세히 다루겠지만 전시하에서는 자기희생적인 어머니상은 '애국심'과 연결되었고 국민통합을 위한 도덕의 주입장치로서 기능했다. 현대에도 기업광고[14] 뿐만 아니라 선거 시 정당 선전광고[15]에도 자기희생적인 어머니의 모습은 사람들의 마음을 사로잡는 콘텐츠로 사용되고 있다.

이들 광고에서는 아버지의 존재가 비가시화된 '독박육아'의 어머니 또는 싱글맘으로 등장하고 문자 그대로 "누구의 도움도 빌리지 않고" 열심히 자식에게 헌신을 다하는 모습이 그려진다. 독립된 환경에서 도움을 받을 수 없는 고립된 환경에서 열심히 모친업을 행하는 어머니의 모습 그 자체에는 리얼리티가 있고 공감을 불러일으키며 사람의 마음을 감동시

---

14 예를 들면 유니참(unicharm)의 상품인 기저귀 '무니(moony)'의 CM '처음 육아하는 어머니에게 선사하는 노래'(2016년 공개)에는 처음으로 하는 육아로 인해 혼자서 당황하면서도 사고착오(思考錯誤)를 계속해서 마주하는 어머니의 모습이 그려지고 있다. 여성이 전업으로 육아를 하고 있는 모습에서는 그녀에게 남편이 있다고 추론됨에도 불구하고 영상 속에서는 그녀의 남편이나 도움을 주는 인물이 전혀 등장하지 않는다.

15 공명당(公明党)의 CM '어머니의 손에 보호되어' 시리즈(2017년 총선거의 캠페인으로 공개) 등을 예로 들 수 있다.

킨다. 그렇지만 무릇 어머니만이 '자기희생'을 강요당하고 있는 것 자체의 문제와 그와 같은 사회의 불공정에 대해서는 묻지 않는다.

그 한편으로 가족 내에서의 성별역할분업이 상대화되면서 법적 권리로서 여성이 정치에 참여하는 것은 가능하다는 형식적인 평등이 진행되는 현대에도 정치는 어디까지나 남성 중심적인 영역임에는 변함이 없다.[16] 2017년 구마모토현熊本県 구마모토시熊本市의 시의회에서도 오가타 유키緒方夕佳 의원이 장남인 유아를 데리고 의회에 출석하자 곧바로 퇴석을 요구당하는 사건이 발생했다.[17]

이 사건은 구마모토시 의회를 비롯한 의회에는 유아를 동반한 여성이 참가하는 것이 역사상 한 번도 상정된 적이 없었던 것, 그리고 현대에도 의회에 유아를 동반한 여성이 있음을 기피하는 것임을 부각시켰다. 의회의 내부뿐만 아니라 사회 대부분의 사람들은 유아를 동반한 여성을 의회에 참가시킬 의무가 의회 측에는 없다고 생각하고 있다. 그 사건은 결국 의사결정 장소에서 유아를 동반한 여성은 본래 있어서는 안 된다는 사고가 드리워져 있음을 나타내고 있는 것은 아닐까.

이처럼 여성에게 케어책임을 갖게 하는 것은 정치참가에 가장 큰 장애요인으로 꼽힌다. 제도상으로는 정치참가의 권리가 보장되어 있고 정치

16 2008년 열국(列國) 회의 동맹(IPU)에서 남녀별 정치참여의 저해요인에 대한 조사에 따르면 남성의 정치참가 저해요인은 '유권자로부터의 지원 결여'(1위), '자금 결여'(2위), '정당으로부터의 자금 결여'(3위) 등인 것에 반해 여성의 경우는 '가정책임'(1위), '성별역할에 대한 사회통념'(2위), '가정으로부터의 지원 결여'(3위), '자신 결여'(4위)를 예로 들고 있다(공익재단법인 이치카와 후사에(市川房枝) 기념회 여성과 정치센터, 2018). 여성의 정치참가에서 케어책임을 지고 있는 것을 가장 두드러진 저해요인으로 들 수 있다.

17 이 건에 대해 오가타 의원은 의장과 사무국과 논의한 결과, 유아를 지인에게 맡기고 출석하게 되었다. 구마모토시의회에서는 그 후 2018년에 의회 규칙을 개정하고 아이를 동반한 의회로의 입장을 실질적으로 금지하기로 했다(긴코잔 마사코錦光山雅子, 2018).

적으로 표상되는 것은 있어도 어머니들이 권위를 갖는 것과 실제 정치적 투쟁에의 참가가 교묘하게 때로는 노골적으로 배제되고 있다.

리치와 오라일리가 비판해온 '무력한 책임'이란 여성은 아이를 낳고 기르는 일만 하는 존재이고 사회적으로 무력하다고 간주하는 가부장적인 제도에 기인하고 있다. 그러나 오늘날 아이를 낳고 기르는 일의 자기책임화라는 상황도 언뜻 보기에 여성을 자기 결정의 주체로 간주하는 듯하지만 결국은 아이를 낳고 기르는 일에 있어서 다양한 어려움을 사회적인 해결이 아니라, 어머니에 의한 개인적 해결로 끝낼 수 있도록 요구한다는 의미에서 더욱 교묘해진 정치적 투쟁으로부터의 배제라고 말할 수 있을 것이다.

본 장에서 검토해온 케어 · 페미니즘의 논의는 케어와 모친업을 영위하기 위해 사회를 형성하고, 또한 사회를 변혁시켜가는 잠재적인 힘을 찾아냄으로써 이와 같은 정치적 투쟁에서의 배제에 대항해가는 시좌를 가지고 있다. 그렇다면 어머니가 자신의 잠재적임 힘을 사회적으로 발휘할 수 있는 타자와의 관계와 사회적인 조건이란 과연 어떠한 것일까. 그리고 어떻게 해서 당사자는 그와 같은 조건을 얻을 수 있는 걸까. 여기서 어머니의 임파워먼트가 요구되고 있다.

임파워먼트라는 개념은 스즈키 나호미鈴木奈穗美가 정리하고 있듯이 최근 원래의 정치적 함의가 쇠퇴하고 신자유주의적인 경쟁과 합을 이루는 말로 사용되어왔다.스즈키, 2010[18] 어머니의 임파워먼트라고 말할 때에도 출

18 임파워먼트란 1995년 제4회 세계여성회의에서 베이징(北京)선언이라 일컬어지는 행동강령에 담긴 이래 사회운동과 학술 분야뿐만 아니라 정부의 정책과 기업경영 등에도 보급되는 말이 되었는데 1950~60년대의 아프리카계 미국인의 공민권운동과 1970년대 페미니즘운동 안에서 보급되었다(스즈키, 2010). 그 후 사회복지사업(social work)과 개발원조 등의 영역에서 연구가 진행되고 있는데 존 프리드만(John Friedmann) 등

산 · 육아의 남녀 공동책임과 '육아 지원'의 프레임이 거대하여 어디까지나 어머니의 개인적인 능력에 따라 일과 육아를 양립하고, 가능한 한 가족 내에서 육아를 완결시키는 것을 의미한다. 또한 그것을 위해 노력할 수 있다는 개인적 해결을 위한 지원이 전면에 존재한다.

이와 같은 임파워먼트는 어머니에 대해 일과 육아의 양립이라는 사회적 과제를 이루고 성공을 돕는 것이기는 해도 아이를 낳고 기르는 일을 자기책임화하는 제도와 어머니에의 구조적인 폭력에 대한 '투쟁'을 돕는 것은 아니다. 말할 것도 없이 일과 육아의 양립지원 자체는 매우 중요한 일이다. 그러나 케어를 자기책임화하는 풍조에 대항하며 사회적으로 개척해나가기 위해서는 어머니가 사회적 · 정치적인 힘을 가지고 행사한다는 정치적인 임파워먼트[19]가 요구된다.

본 장에서는 케어 · 페미니즘 연구의 정리를 통해 모성의 자기책임화에 대항하기 위한 '모성주의'란 과연 어떠한 것일까. 이를 위해 어머니와 어머니가 행해온 행위는 어떻게 파악하는 것이 가능할까를 검토해왔다.

은 임파워먼트를 사회적, 정치적인 약자의 힘을 향상시키고 최종적으로는 사회 전체의 변혁으로 이어간다는 정치적인 개념으로 파악하고 있다. 게다가 개인이 권한을 부여받기 위해서는 타자에 의한 엔파워 작용이 불가결하므로 임파워먼트는 관계성의 개념으로 파악되고 있었다(스즈키, 2010). 그러나 1980년 이후 경영학과 교육학 분야에서 개인이 본래 가지고 있는 능력을 향상시켜간다는 개인적 · 심리적인 개념으로서 탈정치화되어가는 측면이 있다고 한다. 게다가 신자유주의 사회 속에서 개인을 경쟁에 뛰어들어가게 하고, 또한 그것을 위해 능력을 갖고 노력할 수 있는 개인을 의미하는 말로서 정책적으로 이용되는 것 등이 위구로서 예를 들고 있다(스즈키, 2010).

19 안드레아 오라일리(Andrea O'Reilly)는 가부장제 속의 모성을 변혁시키기 위해서는 어머니인 것에서 탈각하는 것이 아니라 '어머니의 임파워먼트'가 본질적으로 중요하다며 논의를 전개하고 있는 한사람이다. 집안에서의 활동이든 집 밖에서의 활동(일이나 사회활동)이든 임파워된 어머니에 의한 반성차별적인 가치관과 실천, 레이시즘(racism), 계급, 빈곤, 이성애 중심주의와의 투쟁, 정의와 공정 개념을 아이에게 가르치는 것 등을 '페미니스트 모친업(Feminist mothering)'이라 부르고 있다(오라일리, 2008).

케어 · 페미니즘에서 모친업 속에서 단련되고 배양된 사고와 판단력을 사회구상의 기반에 두고자 하는 모성관은 종래의 모성연구가 비판의 대상으로 삼아온 모성을 '본능'으로 행하는 것으로 자연화하고, 본질주의적인 구도에 밀어 넣을 수 있는 것가부장적인 모성관과도 다르다. 또는 자립하고 있는 것과 모성을 상반된 것이라고 파악하고 어머니를 사회 속에 열등한 위치로 자리해 두는 것근대 개인주의적인 모성관과도 다르다. 하물며 경제성장을 위해 효율화하고 개인의 자기 노력과 자기 책임의 범주에 있는 능력이나 과제로 파악하는 것과도 다르다. 그러므로 이 책에서는 이와 같은 케어 · 페미니즘에서 모성관에 의거하여 어머니의 정치적 임파워먼트를 중시하는 시좌를 전략적 모성주의라고 정의한다.

전략적 모성주의에서 '전략적'이란 포스트콜로니얼리즘 연구자이며 페미니스트인 가야트리 스피박Gayatri Spivak의 『전략적인 본질주의의 이용』스피박, 1993=1994에서 힌트를 얻고 있다. 전략적인 본질주의란 본질적이라고 되어 있는 카테고리를 특권화하는 것이지만 거기서 안주하는 것을 장려하는 것은 아니다. 목소리를 '들을 수 없는' 주연화된 사람들이 책에서는 모친업을 담당하는 사람들이 현실의 제諸 문제와의 투쟁을 위해 본질을 획득하여 활용하는 것을 의미한다.[20]

---

20 본서에서는 '전략적'이라는 말을 당사자들의 기회주의적인 운동 전략이라는 의미가 아니라 연구자가 피억압적인 입장에 있는 사람에 대해 어떤 저항을 찾아내려고 하거나 '목소리'를 들으려고 할 때의 시좌로서 의식해서 사용하고 있다. 스피박이 선진국 대학의 연구실에서 근무하는 인도 출신의 여성인 자신을 포함한 지식인에 대한 질문으로서 "서발턴은 말할 수 있는가. 끊임없이 서발턴 구축이 이루어지고 있는 것에 대해 경계를 게을리 하지 않기 위해서는 엘리트는 무엇을 해야만 하는가"(스피박, 1988=1998:72)라고 말하듯이 '전략적 본질주의'는 지식인이 자신도 역시 서발턴을 지속적으로 침묵시키는 것에 자각적일 것, '이론이 이론으로 파헤쳐지는 현장을 지속적으로 찾아내는 것, 중심 그 자체가 주연석임을 폭로하는 것'(모토하시 데쓰야本橋哲也, 2005:152)에 대한 시도를 위한 시좌로도 해석되고 있다.

전략적 모성주의란 모성과 정치를 여성들의 어려움 해결에 이바지하는 형태로 재접속해가는 회로를 제공해준다. 아이를 낳고 기르는 일과 케어에 관한 문제를 어머니의 자기 책임과 자조 노력의 문제로 되돌리는 것이 아니라, 어머니가 정치적 투쟁에 참가하는 것을 통한 사회적 · 정치적인 레벨에서의 해결을 요구한다. 이 책에서는 이 전략적 모성주의를 현대 일본에서의 모성 억압과 저항을 분석해가기 위한 시좌로 활용해간다.

제2부에서는 탈젠더화의 정치나 여성과 어머니의 분단으로의 대항이라는 시점에서 2000년대 이후 어머니에게는 무엇이 요구되어 왔는지, 또한 그것은 어떠한 논리에서 정당화되었고 어머니와 어머니가 아닌 여성들을 내면에서부터 어떻게 규정하고 아이를 낳고 기르는 일에 대한 자기 책임을 성립시켜온 것는지를, 또 이를 위해 미디어 담론과 사회구조의 관계를 통해 밝히기로 한다.

그리고 제3부에서는 어머니들의 정치적 임파워먼트란 어떠한 것이고 거기에는 어떠한 가능성이 있는지를 밝히기 위해 어머니들의 사회운동을 다룬다. 어머니에 의해 담당해온 운동은 수없이 많이 존재하지만 어머니에 의한 운동 속에는 모성의 가치를 강조하는 운동이 존재해왔다.

종래 모성연구에서 모성을 내세우는 운동은 전쟁협력의 역사를 반성하고 비판을 가해왔다.가노 미키요(加納実紀代), 1995a · 1995b · 1995c ; 스즈키, 2007 게다가 모성을 내세운 어머니들의 운동은 주부와 어머니 역할 그 자체에 대한 비판과 변혁이라는 시점이 없었던 점에서 페미니즘적 관점을 가지고 있지 않다고 평가되어왔다.우에노, 2006 이처럼 종래 페미니즘의 시점에서는 평가받지 못했던 어머니들의 정치적 실천에는 과연 어떠한 의미와 가능성이 있는 걸까. 이를 위해 전략적 모성주의의 관점에서 검토해보기로 한다.

제2부

자기책임화된 모성의 억압과 그 정당화

제2부에서는 제1부의 논의를 바탕으로 자기책임화된 모성의 억압이란 과연 어떠한 것인지 2000년대 이후 규범의 변화부터 실증적으로 밝힌다. 제3장에서는 어머니에 대한 바람직한 규범의 내용 변천을 모자건강수첩과 부독본의 분석을 통해 해독한다. 그와 동시에 2000년대 이후 젠더 중립적인 레토릭에 은폐되는 형태로 어머니에게 자기선택과 의사가 강조되고 자기 관리가 요구되어온 것을 밝히기로 한다. 제4장에서는 그와 같은 모성의 억압을 정당화하고 보다 교묘한 형태로 보강하는 듯한 현대적인 성 관리 양상을 여성들의 섹슈얼리티에 초점을 맞춰 논한다.

제3장

어머니 규범의 탈젠더화와 자기 매니지먼트의 요구

1. 근대적 어머니 규범의 동요

전후 고도경제성장기 속에서 대중화된 '가족의 전후체제'오치아이, 1997는 성별역할분업을 전제로 하고 있으며 여성의 주부화나 저출산 등을 특징으로 한다.

'가족의 전후체제'에서 바람직한 육아란 오로지 어머니만에 의한 육아이고 바람직한 어머니란 가정에서 육아에만 전념하는 어머니전업모(專業母)를 가리킨다. 고도경제성장기 이후 전업모가 파트타임 등 임금노동을 하는 것은 서서히 일반화되어가지만, 어디까지나 가계의 보조적인 역할로 여겨졌고 그 주된 역할은 가사와 육아였으며 혼자서 담당하는 것이 당연하다고 되어 있었다.

이노우에 기요미井上清美는 이와 같은 전업모를 정당화하는 규범을 '근대적 어머니 규범'이라 부른다.이노우에, 2013 그러나 근래에는 그 근대석 어머니 규범에 변화가 일어나고 있다. 예를 들면 1990년대 이후에 발표된 저출산 대책 또는 남녀공동참획 사회를 지향하는 시책을 살펴보면, 전업모 의 양상이 상대화되고 가정 밖에서 일을 갖는 워킹맘이 그 주된 모델로 되어 있다. 현대의 바람직한 어머니란 일도 가사와 육아도 모두 소화하여 양립할 수 있는 어머니인 것이다.

근대적 어머니 규범의 근거에 대해 지금까지 젠더, 페미니즘의 시점에 입각한 연구는 여성에 대한 억압으로 작동하는 모성 담론에 초점을 맞추어왔다. 근대적 어머니 규범의 근거가 된 것은 1910년대 무렵 서구에서 일본으로 이입되었고 여성은 본능적인 '모성애'를 가지고 자식에게 애정을 쏟는 것이 당연하다는 모성 본능론이었다.[1]

다른 한편으로 모성은 전후에는 본능이라기보다도 오히려 개인인 여성으로서 사회적 역할 속에 있다고 여겨져 왔다.오히나타, 2000; 다마, 2001 예를 들면 1960년대 후반부터는 어머니의 자식에 대한 책임이 강조되고 "3세까지는 어머니의 손으로"라는 의식이 여성들에게 내면화되어갔다.다마, 2001 : 17 이처럼 모성은 그 내용을 시대적 배경에 따라 변화하면서 여성들에게 어머니 역할에의 기대에 부응하는 규범으로 기능해왔다.

육아휴직 취득의 추진시책 등에서 볼 수 있는 것처럼 여성이나 남성도 육아와 임금노동 양쪽에 관계하는 것이 바람직하다고 여겨지는 오늘날, 전업모를 정당화한다는 의미에서 모성은 이념으로서의 정통성에 그림자가 드리워지고 있다.

그러나 한편으로 현대의 어머니는 가사·육아와 임금노동 양쪽을 완벽하게 양립하는 것이 바람직하다는 새로운 규범이 형성되고 있다. 예를 들면 결혼 경험이 있는 여성을 대상으로 한 「제6회 전국 가정 동향 조사」2018년에 따르면, "남편은 밖에서 일하고 아내는 주부업主婦業에 전념"이라

1 사와야마 미카코에 자세히 나와 있다.

는 항목에 대한 찬성비율은 지금까지 제4회부터 제6회에 걸쳐 감소하는 경향이며 38.1%였다.

더 나아가 어머니 역할에 관해 “아이가 3세 정도까지 어머니는 일을 갖지 말고 육아에 전념하는 쪽이 좋다”는 항목에 대한 찬성비율도 마찬가지로 감소하는 경향이며 71.2%를 차지하고 있다.국립사회보장인구문제연구소, 2018 : 51

그러나 그와 같은 의식 변화에 비해 실제 육아시간에 대해서는 「사회생활 기본조사」2016년에 따르면 1 주일간 가사 관련 시간‘가사’, ‘개호’, ‘간호’, ‘육아’ 및 ‘쇼핑’의 평균시간은 남성이 44분이고 여성이 3시간 28분으로 여전히 낙차가 크다. 특히 35~49세의 육아기에 해당하는 여성의 육아시간은 과거 20년간 20분밖에 감소하지 않았다.총무청(總務廳) 통계국, 2016 : 5

그렇다면 현대의 바람직한 어머니는 과연 어떤 것이라고 파악할 수 있을까. 본 장에서는 먼저 육아에 대해 바람직하다고 되어 있는 규범을 육아 규범, 특히 어머니에 대한 것을 어머니 규범이라 부른다. 이어서 1990년대 이후 아버지의 육아 참가를 장려하는 시책이 진전되는 가운데 그것들이 어떻게 변화해왔는가를 밝히기로 한다. 따라서 모성과 어린아이의 심신발달 교육 관리의 도구인 모자건강수첩을 단서로 하여 어떠한 이념이 정통성을 가지고 어머니에게 전달되어가는가를 미셸 푸코Michel Foucault의 ‘테크놀로지’의 개념과 연관시킴으로써 그 전모를 밝혀가고자 한다.

2. 육아 관련 미디어 연구에서 보는 현대의 육아 규범

1) 육아 지원정책에서 어머니상像의 변화

모자건강수첩의 검토에 들어가기 전에 선행연구의 정리를 통해 모자건강수첩을 데이터로 사용하는 것에 대한 의미와 의의를 확인하고 싶다. 육아와 관련 있는 미디어에는 백서와 답신이라는 정책에서 육아관을 표상하는 행정문서를 비롯하여 의학서와 전문과학서, 특히 가정과家庭科 교과서라는 공적 미디어와 육아 잡지, TV와 인터넷 등 어머니에게 친근하면서도 사적인 미디어가 있다.

이하에서는 행정문서와 육아 잡지를 대상으로 한 선행연구에서 각각의 미디어에서 규범과 부모상親像의 변화를 정리한다. 특히 어머니가 접촉하는 동시에 공적인 규범을 읽어내기 위해서는 그 중간에 위치하는 미디어로서 모자건강수첩과 모자건강수첩 부독본을 살펴볼 필요가 있다.

이노우에 기요미2013는 전후부터 현재에 걸쳐 발표된 행정문서후생노동백서, 국민생활백서, 중앙아동복지심의회답신, 인구문제심의회답신의 내용을 검토하며 '바람직한 어머니상'의 변화를 밝히고 있다. 1960년대부터 1970년대 '가족의 전후체제'라고 일컬어지는 이 시기에는 어머니의 바람직한 모습으로서 전업모가 상정되었고, 어머니의 취업은 규범으로부터의 일탈 행위로 간주되었다.이노우에, 2013 : 73 그러나 고도경제성장기의 사회변동과 함께 '일하는 어머니'는 육아 지원정책 속에서 차츰 용인되어 '일과 육아의 양립'은 새로운 정책과제가 되었다.

그리하여 1990년대 중반부터는 육아 지원시책에서 전업모는 반드시 가장 바람직한 어머니상은 아니지만, 다른 한편으로 1980년대부터 주목받고 있었던 전업모의 육아 불안과 육아 부담감에도 초점을 맞추게 된다.이노우에, 2013 : 74 특히 내각부의 「저출산 사회대책 회의」2006년에서 육아 지원은 '부모의 부담을 경감시키는 것만이 목적이 아니라, 부모와 자식의 관계를 원만하게 하고 육아의 기쁨을 실감할 수 있는 것'이라고 되어 있어 육아의 기쁨이 강조되었다.

이상을 정리하면 백서와 답신에서 육아 대책이 지향하는 '바람직한 어머니상'은 '전업모에서 일과 가정을 양립하는 어머니'로 변화하고 있다고 말할 수 있다. 이와 같은 백서와 답신은 행정을 추진한다는 의미에서 정통성을 갖는다고 말할 수 있지만, 어머니가 일상생활에서 실제로 마주하는 미디어라고는 말할 수 없다. 그러므로 여기서는 어머니에게 친근한 미디어인 육아 잡지를 대상으로 한 선행연구에 대해 정리하기로 한다.

2) 육아 잡지에서 아버지에 대한 기대와 한계

1990년대 이후 육아 잡지의 내용을 분석한 것으로서 텐도 무쓰코天童睦子에 의한 일련의 육아 잡지 연구가 있다. 그것에 따르면 육아 잡지가 1990년대에는 도시부의 핵가족 중에 육아의 책무를 주로 혼자서 담당하는 고립된 어머니를 전제로 하고 있는데, 2000년대 이후에는 대능하게 케어역할을 담당하는 주체적인 아버지상이 그려지게 된다.

텐도에 의하면 육아 잡지에서 주체적인 육아자로서 아버지상의 대두는 한편으로는 아버지의 육아 참가와 케어참가가 남녀평등의 육아로 향할 가능성을 내포하고 있지만, 가족책임을 강조함으로써 육아의 개인화를 강요하는 양의성을 가진다고 평가하고 있다.텐도, 2013 : 27

다른 한편 1990년대에 발행 부수를 늘린 『다마고쿠라부』와 『히요코쿠라부』 잡지 등 어머니 취향의 공감형 육아 잡지[2]는 협력에 그치는 아버지의 모습에서 육아에 더욱 적극적인 아버지상이나 부부 둘이서 케어역할을 대등하게 담당하는 육아상을 제시하는 한편, 이상대로는 되지 않는 현실의 '푸념'을 공유하는 매체로서의 역할을 완수하고 있다.텐도, 2004 : 36 텐도에 의하면 이 잡지들은 어머니가 스스로를 자명한 육아 담당자로서 지속적으로 떠맡고 있는 것으로 설정되어 있어 성별역할을 정당화하고 재생산하는 기능을 담당하고 있다고 지적한다.텐도, 2004 : 19 이처럼 육아 잡지에서는 주체적인 육아자로서 아버지가 클로즈업되면서도 실제로는 어머니가 전적으로 육아를 담당하는 것에 대한 기대가 유지되고 있음을 알 수 있다.

이상과 같이 1990년대 이후의 육아 잡지는 어머니에게 일종의 이상상과 이상대로는 되지 않는 현실에서의 '푸념'이라는 두 개의 공감 장소를 제공하고 있다. 이처럼 육아 잡지는 어머니에게 친근한 미디어이지만 상업적 성격을 띠며 어머니의 감각에 맞추는 것이었다고 말할 수 있다. 따라서 정통적인 육아 규범의 표상으로서는 너무 비근하다고 말할 수 있을 것이다.

다음으로 여기서는 어머니에게 친근하면서도 육아 규범을 표상하는 역할을 가지고 있어 육아의 '공적인 교과서'라고도 말할 수 있는 모자건강수첩 부독본을 검토한 선행연구자인 시나다 도모미品田知美와 고야나기 야스코小柳康子의 논고를 검토해보기로 한다.

---

2 1990년대 이후 발행 부수를 늘린 '공감형 육아 잡지'는 '임신부와 어머니들은 이래야만 한다'는 권위적 · 정통적인 메시지보다도 자신과 같은 '옆집 어머니'의 체험담, 실패담을 언급하고 감정을 공유하는 것이 어머니들의 수요로 이루어지고 있었다(텐도, 2004:34).

3) 부독본에서 육아법의 어린이 중심화

시나다 도모미는 모자건강수첩 본체가 아니라 모자건강수첩의 어머니 취향의 해설본이라고 되어 있는 모자건강수첩 부독본이하 부독본이라 약칭의 기술 변천을 가사노동론의 관점에서 분석하고 있다.시나다, 2004

시나다는 1964년부터 2001년까지 부독본의 기술 변천을 검토함으로써 1985년을 경계로 하여 어머니에게 요구되는 육아 수준이 상승한 것을 밝히고 있다. 구체적으로는 수유 방식, 곁잠, 예의범절을 가르치는 육아법에서 '접촉' · '스킨십'이 1985년 이후 강조되기 시작한다. 모유와 곁잠이 가진 정신적 요소가 강조되고, 종래에는 부모의 재량으로 결정할 수 있었던 단유斷乳와 졸유卒乳, 그리고 기저귀를 떼는 타이밍의 판단은 아이의 의지를 존중하는 쪽으로 변화하고 있다고 논한다.시나다, 2004 : 132

시나다는 육아라는 노동이 가사의 외부위탁과 시장의 확대로 인해 "옛날에 비해 수월해졌다"는 담론에 대해 오히려 어머니에게는 더욱 높은 수준이 요구되어 혹독한 노동이 되었음을 주장하고 있다.시나다, 2004, 2007 또한 예전에는 부모가 자신의 재량에 따라 행한 육아가 아이의 요구에 부응하는 것을 중시하는 '아이 중심'으로 변화되었음을 지적한다.

다른 한편으로 고야나기 야스코는 시나다가 지적한 1980년대의 육아법 전환의 요인을 설명하기 위해 일본에서 표준적인 육아법을 보급해온 모자건강수첩의 사회사적 측면을 대상으로 삼고 있다. 그리고 부독본의 육아법이 전환된 배경에는 모자건강수첩을 전제로 하는 육아법이 전환된 것과 그 당시 사회문제였던 가정 내 폭력 등의 아동 문제와 소아의학에 새로운 조류의 영향이 있었다고 지적한다.고야나기, 2011 : 25

이처럼 부독본 연구에서는 1985년 이후 부독본이 제시하는 표준적인 육아법이 변화함으로써 어머니에게 더욱 고도의 육아를 요구해온 것을 알 수 있다. 그러나 부독본의 내용은 모자건강수첩을 기준으로 하고 있음에도 불구하고 모자건강수첩 본체의 내용에 대한 검토는 지금까지 거의 이루어지지 않고 있다. 또한 시나다에 의한 부독본 분석에는 육아법의 변화에 초점이 맞춰져 있지만 육아 담당자로서 누가 상정되었는지 또한 그것은 육아법과 어떻게 관련되어 있는가에 대해서는 분명하지가 않다. 따라서 본 연구에서는 모자건강수첩 그 자체의 내용을 분석하기로 한다.

3. 모자건강수첩의 개요와 데이터 설명

1) 모자건강수첩의 개요

모자건강수첩은 임신 중부터 출산 시 젖먹이기현재는 6세까지에 걸쳐 이용할 수 있는 기록 매체이다. 일본에서는 임신한 자는 모자보건법 제15조에 의해 신속히 시정촌市丁村에 신고할 의무가 법률로 정해져 있다. 또한 같은 법 제16조에 의해 시정촌은 임신 신고를 한 자에게 모자건강수첩을 교부하는 것이 법률로 의무화되어 있다.

이때 임신부에게 건강검사 진찰권과 보조권도 교부되기 때문에 모자건강수첩의 교부 및 수령은 사회보장과 의료를 연결하는 데 중요한 역할을 담당하고 있다고 말할 수 있다. 어머니는 임신부 건강검사와 양친 학급, 어머니 학급, 출산 후의 젖먹이 유아 건강검사 시와 예방 접종 시 등 임신 중이거나 출산 후의 의료기관 진찰 시에는 반드시 모자건강수첩을 지참하여 기록하도록 하는 시스템이다.

모자건강수첩은 1942년에 국가의 인구정책의 일환으로서 창설된 임신부 수첩을 시작으로 한다. 그 경위를 살펴보면 전시체제가 이행 중인

1938년에 '국가총동원법'이 제정되고 국가의 시책으로서 '건병건민健兵健民'의 장려가 있었다. 위생행정 부문에서도 결핵 사망률, 유아 사망률 및 국민의 영양 상태의 개선 등 종래의 과제와 더불어 인구를 증가시켜 국민의 체력향상이 국방의 목적에 이바지한다고 생각하는 다양한 시책, 법률정비가 시행되었다.[3]

후생성은 1938년에 창설되었는데 같은 성省에 설치된 체력국體力局은 모자위생과 모자보호 시책에 중점을 두었다. 모자보호 시책의 담당자는 독일에서 막 귀국한 세키미쓰오瀬木三雄, 초대 모자위생 과장였다. 세키는 임신부 사망의 저감低減시책으로서 임신부 등록제도의 필요성을 설파하고 세계 최초의 임신부 등록세도를 발족한 것이다.후생성이동가정국모자위생과편, 1991 : 75 그 이후 임신 신고를 한 여성에게 수첩을 교부하는 시스템은 현재까지 변함없이 유지되어 오고 있다.

〈그림 4〉 1951년도 모자수첩 표지(상), 2012년도 모자건강수첩 표지(하)

모자건강수첩이 현재까지 지속적으로

3 국가총동원법에는 의료제도의 개혁, 국민에의 의료보급과 보장의 실현, 결핵, 유아 사망의 증가 등 국민 체력의 저하 문제에 대한 대책으로서 국민의 체력관리 강화가 도모되었다(후생성아동가정국모자위생과편, 1991 : 71). 1940년의 '국민체력법' · '국민우생법'을 거쳐 1941년의 '인구성책확립요상'에 따라 임신부, 유아 등 보호제도의 수립이 거론되었다.

유지되어온 요인으로서 '수첩'이라는 친해지기 쉬운 형태였던 점을 예로 들 수 있다. 임신부 수첩 모델은 독일인데 전시 중 산부인과 병원에서 배포되었던 무터파쓰Mutterpass라고 일컬어지는 '임신부 건강기록 자기 휴대 제도'이다.

일본에 도입된 임신부 수첩은 건강기록을 수첩에 기입하는 형식을 취함으로써 생활에 친근하게 뿌리를 내린 존재가 되었다.[4] 임신부 수첩 개시 당초에는 모든 임신부의 70%가 임신 신고를 하고 임신부 수첩을 교부받았다. 임신부 수첩은 그 후 시대와 함께 개정되어 모자 수첩,[5] 그리고 현재의 모자건강수첩[6]에 이르고 있다.

모자건강수첩의 내용은 각 시대의 육아를 둘러싼 법 제도와 과학적 추세를 반영하게 되었다. 일본의 모자위생 행정은 모자건강수첩을 통해 임신기부터 아이가 유아기에 이르기까지 일괄적으로 관리함으로써 의학적인 모성과 젖먹이 유아에 대한 보호의 철저함을 실현시키기 위함이다. 그리고 모자건강수첩을 통해 모체母體와 젖먹이 유아의 인구와 건강상태뿐만 아니라 발달과 육아의 질도 또한 관리대상이 되었던 것이다.

2) 데이터 설명

이상을 근거로 하여 다음으로는 모자건강수첩의 내용에 대해 년도별 흐름을 비교 분석한다. 모자건강수첩은 1942년당시는 '임신부 수첩'부터 2012

4 임신부 수첩이 현저하게 보급된 배경에는 신고를 한 임신부에 대해 임신부용 필수물자 및 식량의 특배(特配), 우선적 배급에 이 제도가 활용되고 있었다. 쌀의 증배(增配), 출산용 탈지면, 복대용 목면, 인부 영양비, 우유, 설탕 등 육아식의 배급이 이루어지고 있었다.

5 1947년에 아동복지법이 성립된 이후 모자위생 행정은 아동복지법 아래 전개된다. 임신부 수첩은 출생한 아이가 6세에 이르기까지의 소아기도 시야에 넣은 모자 수첩으로 개칭한다.

6 모자건강수첩이라는 명칭으로 바뀐 것은 1965년에 모자보건법이 성립된 것에 기인한다.

년 개정까지를 데이터로 사용해 보기로 한다.[7] 모자건강수첩은 1942년부터 17차례의 개정을 거듭했는데 그 사이 전면적인 개정이 이루어진 것은 1942년, 1948년, 1953년, 1966년, 1976년, 1987년, 1992년, 2002년, 2012년 각각의 연도판이다.

데이터는 이들 전면 개정이 있었던 해를 기준으로 하여 9권 9종류로 구분한다. 구분은 ① 1942~1947년, ② 1948~1952년, ③ 1953~1965년, ④ 1966~1975년, ⑤ 1976~1986년, ⑥ 1987~1991년, ⑦ 1992~2001년, ⑧ 2002~2011년, ⑨ 2012년~현재까지로 나눈다.

역시 부독본도 보조적으로 분석에 활용한다. 부독본은 재단법인 모자위생연구회[8]에 의해 1964년에 창간된 100페이지 분량의 책자이다. 부독본은 전국의 지방자치제에 의해 모자건강수첩과 세트로 어머니에게 배포되고 있다. 부독본의 현재까지의 개정년은 1964년 초판 이후 1974년, 1985년, 1995년, 1999년, 2001년, 2002년, 2007년이다.

본 장에서는 개정별로 내용을 망라하도록 1964년도판, 1974년도판, 1985년도판, 1995년도판, 2001년도판, 2012년도판 6권을 데이터로 사용한다.

다음으로는 선행연구에서 밝힌 모자母子 규범의 변화에 주목하여 모자

7 모자건강수첩에 대한 내용은 1992년 모자보건법 개정에 따라 모자수첩사업이 시정촌으로 이양됨으로써 법령 양식 제3호에 의해 정해진 장려방식과 시정촌에 의한 추가 등이 가능한 임의기재양식으로 나뉘게 되었다. 임의기재양식의 내용 및 형식은 각 시정촌과 모자건강수첩을 작성하는 조직과 단체에 따라 편차가 있다. 따라서 모자건강수첩의 흐름과 변화의 검토와 비교는 안이하게 할 수 없다. 또한 종래와 같이 모든 신고를 한 임신부가 받아보고 목격하는 것은 양식 제3호에 의해 정해진 장려방식 부분뿐이다.

8 재단법인 모자위생연구회는 1959년에 에이 아키라(江井晃)를 책임자로 하여 창립되었는데 당시 후생성 모자위생과, 도쿄도 애육연구소의 모성보건부회 · 소아보건부회의 지도, 협력하에 인가되었다. 국가가 추진하는 모자보건시책과 연대하고 있고 보건지도자의 계몽 · 교육, 임신부와 육아 중인 부모지원이 주요사업 내용으로 되어 있다.

건강수첩 및 부독본의 ① 육아자로서 누구를 상정하고 있는지 또는 그 호칭의 변화, ② 기대하는 육아의 질 변화, ③ 소유자에의 작용 방법(지식 전달의 형식)의 변화 이 세 개를 축으로 하여 분석한다. ①에서는 육아에서의 어머니 역할과 아버지 역할이 어떠한 것으로 등장하여 변화해왔는지를 밝힌다. ②에서는 육아자에 대해 어떠한 육아 행위가 어느 레벨로 요구되어왔는가를 밝히기로 한다.

그리고 ③에서는 모자건강수첩에서 특유한 형식에 주목하여 모자건강수첩이 그 소유자에게 읽고 기입하게 하는 행위를 어느 정도 요구하고, 또한 어떠한 내용을 기입할 것을 요구해왔는지 그 변화를 밝히기로 한다.

4. 모자건강수첩의 내용 변화

1) 부독본으로 보는 육아자 호칭의 중성화

모자건강수첩과 부독본에는 공통적으로 육아의 담당자와 관련된 기술에 두 개의 큰 전환기가 있었다고 말할 수 있다. 첫 번째 전환기인 1960대 중반에는 그때까지 특별히 언급되지 않았던 육아의 담당자가 '어머니'로 강조되어가는 변화를 엿볼 수 있다.

모자건강수첩에는 1965년 개정 이후 「육아의 마음가짐－좋은 어머니가 되기 위해」2002년 개정에서 삭제, 「임신부의 직업과 환경」, 「보호자의 기록」이라는 항목이 설정되고 「어머니로서」라는 명목 아래 마음가짐과 건강관리가 설파된다는 문맥을 전면에 내세우게 되었다.

두 번째 전환기인 1990년대 중반에는 반대로 '어머니의 역할' 강조가 자제되고 그 대신에 아버지의 육아 참가를 장려하게 된다. 먼저 2002년도 개정 이후 '육아휴직'에 대해 기재하는 란에 어머니뿐만 아니라 아버지에 대해서도 기재하도록 변화하고 있다. 그리고 아이의 발달 상황에 대해 체크를 하는 '보호자의 기록'란에 '어머니'라고만 표기되었던 것이 '어머니 · 아버지'로 변화했다. 다만 모자건강수첩에 아버지가 등장하는 것은 여기뿐이다. 모자건강수첩만을 본다면 거기서 아버지의 역할은 그만큼 클로즈업되었다고는 말할 수 없다.

다음으로는 부독본의 기술을 검토함으로써 담당자의 변화를 더욱 자세하게 검토해보기로 하자.

부독본에서 초판부터 1990년대까지 일괄적인 육아의 담당자는 어머니라고 간주되었고 아버지는 조연에 불과했다. "갓난아기가 가정의 중심이 되면 당신의 관심은 오로지 그쪽으로 향하기 쉽습니다. 그렇지만 또 한 명의 큰 아기를 잊지 말아 주세요. 어머니의 자리에 앉은 것입니다만 아내의 자리를 잊어서는 곤란합니다. 아내의 청결한 몸가짐, 고마움을 담은 상냥한 말 한마디, 그것이 남편의 만족감을 높이게 되면 그는 갑자기 부성애를 발휘하기 시작합니다."1974년도판 : 출산이 끝나면 어머니의 자리 · 아내의 자리라고 되어 있듯이 아버지로서가 아니라, 남편으로서의 존재가 최우선으로 표상되고 있다. 아내가 "남편의 만족감을 높이게 되면", 부성애를 발휘하기 시작한다는 육아에 관해 수동적이고 조연으로서의 아버지상이다.

1995년 개정에서는 완전히 바뀌어 '아버지의 육아 참가'가 전면에 등장하고 목차에는 '아버지의 육아 참가'라는 장章이 독립해서 마련된다. 여기서 아버지의 역할은 어머니를 돕는 존재이며 육아를 분담하는 존재이다. "자식의 뒷바라지는 주로 어머니가 하고(아이의 신변을 돌보는 일은 주로 어머니가 보고) 때로는 아버지가 자식에게 우유를 마시게 한다거나 목욕을 시키거나 기저귀를 갈아주거나"1995년도판 : 「아버지의 육아 참가」 하는 것 등은 어머니의 보조이기는 하지만, 아이와 직접 관계하는 모습이 표상되고 있다. 아이를 무릎에 앉히거나 "아이를 들어 올리며 높이 더 높이" 하면서 놀아주는 등 "아이와의 접촉으로 인해 아버지와 자식 간의 유대를 돈독히 하는" 것에 대한 소중함도 설명되어 있다.

2001년 개정 이후가 되면 아버지와 어머니의 구별이 억제되고 그 대신에 '부모'와 '두 명'이라는 표현으로 바뀐다. 목차에는 '아버지의 육아 참가'라는 장章이 없어지고 '둘이서 함께하는 육아'로 바뀐다. 그때까지의 어머니, 아버지에게는 각각 고유의 역할을 전제로 한 표현에서 '둘이서 키운다는 마음이 중요', '둘이서 키워간다는 의식을 갖는 것이 필요함'이라며 '두 명'을 강조한 표현으로 변화하고 있다.

이상으로 부독본에서 육아의 담당자가 1990년대에는 '어머니'에서 '어머니 · 아버지'로, 아버지의 육아 참가를 강조하는 형태로 변화했는데, 2000년대 이후에는 '두 명' · '부모'로, 즉 어머니 · 아버지라는 젠더에 의한 구별이 없는 '두 명' · '부모'라는 중성적인 표현으로 바뀌는 큰 변화가 있었다.

2) 육아 수준의 기대치 상승

다음으로 모자건강수첩에서 육아자에게 기대하는 육아의 내용에는 어떠한 변화가 있었는지를 고찰하기로 한다. 여기서는 모자건강수첩의 '기록'란의 변화에 주목하고 육아자에 대한 요구가 아이의 신체와 발육 · 발달에 관한 것뿐만 아니라, 더욱 광범위한 육아 행위로 확대해가는 것을 기술한다.

모자건강수첩의 '기록'란<그림 5>, <그림 6>은 모체와 아이의 심신에 관한 정보를 기록하는 페이지이고 모자건강수첩 구조의 중심이라고 말할 수 있

임신부 자신의 기록(2)

자신의 체조나 임신부건강검사 때 묻고 싶은 것, 갓난아기를 맞이하는 부모의 기분 등을 적어둡시다.

〈임신 5개월〉 임신 16주~임신 19주(　월　일 ~　월　일)
※일하는 여성남성을 위한 출산, 육아에 관한 제도를 확인하세요.
〈임신 5개월〉 임신 20주~임신 23주(　월　일 ~　월　일)
※태동을 느낄 때의 기분을 적으세요.

※ 임신부건강검진은 반드시 받으세요. 임신 중에는 걱정되는 일이 없어도 신체에는 여러 가지 변화가 일어납니다. 정확히 임신부건강검진을 받으세요.

※임신 중에 주의해야 할 증상

다음과 같은 증상은 모체와 태아에 중대한 영향을 미치는 병의 증상일지도 모르기 때문에 의사에게 상담을 받으세요.

[부종 · 성기 출혈 · 복부팽만 · 복통 · 발열 · 설사 · 고질적인 변비 · 평소와 다른 종기 · 심한 두통 · 현기증 · 구역질 · 구토]

또한 입덧으로 쇠약이 심할 때, 초조함이나 가슴이 두근거리고 불안감이 강할 때, 지금까지 있었던 태동을 느끼지 못하게 되었을 때는 즉시 의사에게 상담하세요.

〈그림 5〉 2014년도판 모자건강수첩 성령양식에서「임산부 자신의 기록(2)」

다. '기록'란은 1965년 개정에서 처음으로 설정되었는데 초기에는 의사와 보건사에 의한 기록만이 상정된 간소한 것이었다.

그것은 1970년대 중반에 대폭적으로 개정이 이루어져 내용이 확충되고 공간도 대폭적으로 확대되어 현재와 같은 '임신부의 기록' · '출산의 기록' · '보호자의 기록'이 만들어졌다. 특히 '보호자의 기록'에 대해서는

〈이 페이지는 3세아 건강검사까지 기입해주세요.〉

보호자의 기록 [3세 무렵]　　　(　년　월 일 기록)
년　월　일로 3세가 되었습니다.
양친으로부터 3세의 생일에 관한 메시지를 기입하세요.

○ 손을 사용하지 않고 혼자서 계단을 오를 수 있습니까?　예　아니오
○ 크레파스 등으로 원을 그립니까?　예　아니오
○ 의복의 착탈(着脫)을 혼자서 하고 싶어합니까?　예　아니오
○ 자신의 이름을 말할 수 있습니까?　예　아니오
○ 이닦기와 세수를 하고 있습니까?　예　아니오
○ 양치질을 해주고 있습니까?　예　아니오
○ 항상 손가락질을 하고 있습니까?　예　아니오
○ 잘 씹어서 먹는 습관이 있습니까?　예　아니오
○ 사시는 있습니까?　예　아니오
○ 물건을 볼 때 눈을 가늘게 뜨거나 극단적으로 접근해서 보거나 합니까?　예　아니오
○ 귀가 잘 안들리는 건 아닌지 걱정됩니까?　예　아니오
○ 맞물림이나 치열 중에 궁금한 것이 있습니까?　예　아니오
○ 치아에 불소의 도포나 불소가 들어간 칫솔을 사용하고 있습니까?　예　아니오
○ 소꿉놀이, 영웅놀이 등 놀이를 할 수 있습니까?　예　아니오
○ 놀이 친구가 있습니까?　예　아니오
○ 육아에 대해 부담 없이 상담할 수 있는 사람이 있습니까?　예　아니오
○ 육아에 대한 불안이나 어려움을 느끼는 적은 있습니까?
아니오　예　뭐라 말할 수 없다
○성장모습, 육아 걱정, 걸린 질병, 감상 등을 자유롭게 적어주세요

〈그림 6〉 2014년도판 모자건강수첩 성령양식에서 「보호자의 기록」[3세 무렵]

이 개정 이후 생후 4주간부터 1개월, 3~4개월, 6~7개월, 9~10개월, 만 1세, 1세 6개월, 만 2세, 만 3세, 만 4세, 만 5세, 그리고 만 6세까지 각각의 단계별 발달 · 발육에 대해 기록하는 양식이 마련되었다. 이 당시의 개정으로 인해 '기록'란에는 수첩의 소유자인 어머니가 기입하는 형식을 취하게 되었다.

1970년대의 개정에서 또 하나의 큰 변화는 임신부, 보호자, 젖먹이 유아에 대한 질문을 '예' · '아니오'라는 체크 항목으로 회답하는 형식이 도입된 점이다. 이 체크 항목은 기본적으로 수첩의 소유자가 스스로 '예' 또는 '아니오'라는 형태로 회답하고 검진 시에는 모자건강수첩을 반드시 지참해야만 한다. '기록란'의 질문 항목 수는 해마다 증가하고 있고 창설된 1970년대에는 91항목이었던 질문 수가 2012년 개정에서는 151항목으로 증가했다.

이 '예' 또는 '아니오'라는 식의 질문 항목의 추가와 삭제에 주목하면 질문 항목이 소아 과학의 발전과 사회적 정세의 변화에 영향을 받고 있음을 알 수 있다. 예를 들면 1976년 이후에는 보호자가 자식과 충분히 교류하고 아이에 대해 파악할 수 있는지를 확인하는 질문[9]이 추가되어 있는데, 이것은 1970년대 이후 육아에서 '접촉'이나 '부모와 자식의 유대'라는 정신적인 요소가 중요시되기 시작한 것에 대응하는 것이었다.

1987년 이후에는 식육과 치아의 건강에 관련되는 질문,[10] 정신적 발달에 관한 질문,[11] 그리고 2002년 이후에는 어머니의 육아 불안, 육아 곤란에 관한 질문[12]이 추가되어 있다.

---

9 "좋아하는 장남감은 무엇입니까"(만 1세), "좋아하는 놀이와 노래는 무엇입니까"(만 4세), "가족과 함께 식사를 하고 있습니까"(만 5세, 만 6세) 등이다.

10 "우유병을 사용하여 우유나 주스를 마시고 있습니까"(1년 6개월), "고기나 섬유가 있는 야채를 먹고 있습니까"(만 2세), "씹히는 맛이 있는 음식(고기 등)을 먹습니까"(만 3세) 등이다.

11 "부모의 눈을 가끔 빤히 쳐다봅니까"(1개월), "유아원, 어린이집 등 집단생활에 익숙해져 즐겁게 지내고 있습니까"(만 5세), "동물과 꽃을 좋아하거나 타인을 배려하는 마음은 있습니까"(만 5세) 등이다.

12 "육아에 관해 어려움을 느끼는 적은 있습니까"(1개월, 3~4개월, 9~10개월, 1년 6개월, 만 3세, 2012년 개정에서는 모든 월령 · 연령으로 추가된다), "육아에 관해 부담 없이 상담할 수 있는 사람은 있습니까"(1개월 이상의 모든 월령 · 연령) 등이다.

특히 아이의 성장을 다루는 '보호자의 기록'에서 1970년대부터 서서히 아이의 발달·발육에 관한 질문과 함께 어머니의 육아 행위 그 자체를 묻는 질문이 증가하고 있는 점에 주목해 보자. 예를 들면 1990년대부터 추가된 '과즙과 스프를 먹이고 있는가', '이 닦기 연습을 시작하고 있는가' 등의 질문은 '네네라고 대답을 합니까?', '(자다가) 몸을 뒤척입니까?' 등 아이의 객관적인 발육상태가 아니라, 부모가 바람직하다고 여겨지는 케어를 실시하고 있는지를 묻는 질문인 것이다.<표 1> 어머니는 아이에 대해서뿐만 아니라 스스로가 성실하고 근면하게 육아 행위에 힘쓰고 있는가라는 점도 추궁당하게 된다.

〈표 1〉 연대별 「보호자의 기록」에서 추가된 육아 행위에 관한 질문

1970년대 개정에 따라 추가	○ "외기욕이나 일광욕을 하고 있습니까?" ○ "이유식은 순조롭습니까?" ○ "치아의 청결에 주의하고 있습니까?"
1980년대 개정에 따라 추가	○ "좋아하는 장난감은 무엇입니까?" ○ "어떤 놀이를 좋아합니까?" ○ "기저귀를 떼는 연습을 하고 있습니까?"
1990년대 개정에 따라 추가	○ "과즙이나 스프를 먹이고 있습니까?" ○ "이유식은 시작했습니까?" ○ "식사를 3번 즐겁게 먹고 있습니까?" ○ "칫솔질 연습을 시작합니까?"
2000년대 개정에 따라 추가	○ "식사와 간식 시간에 대해" ○ "마무리 닦기를 하고 있습니까?"
2010년대 개정에 따라 추가	○ "칫솔질 연습을 시작하고 있습니까?" ○ "불소가 들어간 칫솔입니까?"

이상으로 모자건강수첩에는 '기록'란에 있는 질문 항목이 증가하고 어머니의 육아 행위가 더욱 구체적으로 추궁당하게 된 것부터 시나다 도모미2004가 지적한 부독본에서의 변화와 마찬가지로 어머니에게 더욱 높은 육아 수준을 요구하게 되었다는 것을 지적할 수 있다.

이처럼 어머니에게 더욱 높은 육아 수준이 요구된 배경에는 출산 · 육아의 의료화medicalizatoin가 있음을 언급해두고 싶다. 종래 조산사助産婦의 입회하에 이루어진 가정분만이 주류였던 출산은 1960년대에는 의료시설에서 의사의 입회분만으로 역전되었다.[기무라 료코(木村涼子), 2013]

또한 1960년대 '인재양성정책' 안에 3세아 검진이 자리매김되고 유아의 자질과 능력개발이라는 관점에서 '3세아 신화'가 정치적으로 형성되어갔다.[오자와 마키코(小沢牧子), 1989] 결국 1960년대를 통해 출산, 육아의 '올바름'이 의료보건 관계자에 의해 어머니의 지도라는 형태로 정책 주도적으로 형성되어갔던 것을 지적할 수 있다. 오자와가 지적하고 있듯이 의료 · 보건에 의한 임신 중 또는 출산 후의 불안을 품은 여성들에 관한 텍스트는 과학적 지식의 전달과 함께 '좋은 어머니란 무엇인가'라는 사상교육도 담당하고 있었다.

본 장에서 검토한 1970년대에 마련된 '기록'란의 변천에서 출산 · 육아의 의료화와 어머니에 대한 정책적으로 '좋은' 육아 행위에의 기대 상승을 읽어낼 수 있다.

육아 수준의 상승 원류라는 점에서 살펴보면 부독본은 1985년이 변화의 갈림길이었던 것에 반해[시나다, 2004] 본 장에서 주목하고 있는 모자건강수첩에는 1970년대부터 서서히 변화가 엿보인다. 또한 모자건강수첩 본체의 분석에서는 어머니에 대해 바람직하다고 여겨지는 육아 수준이 상승했을 뿐만 아니라, '기록'란에서 '예' 또는 '아니오'라는 체크를 통해 아이의 신체와 발달 · 발육과 더불어 자식과의 교류 관계나 육아에 대한 자각과 내성을 촉구하는 계기가 존재하는 것이 밝혀졌다.

3) 전달 방법의 변화 – '읽게 하다'에서 '기입하게 하다'로

마지막으로 모자건강수첩에서 지식전달의 형식 변화를 검토하고 모자건강수첩의 소유자에게 단순히 읽게만 하는 것에서 기입하게 함으로써 소유자에게 스스로 육아에 대한 내성을 촉구하는 것으로 변용하고 있음을 밝힌다.

먼저 모자건강수첩의 내용을 소유자에게 정보를 '읽게 하는' 항목과 '기입하게 하는' 항목으로 이분화하여 분석해볼 것이다. 전체 페이지 수에서 차지하는 비율을 살펴보면 '읽게 하는' 항목이 감소하는 경향인 것에 비해 '기입하게 하는' 항목은 증가하고 있다. '읽게 하는' 항목은 1980년대까지는 수첩의 전체 페이지 수 중 20% 정도를 차지하고 있었는데 1990년대 이후에는 10% 정도로 삭감된다. 이에 대해 소유자에게 어떠한 기입을 요구하는 페이지가 조금씩 증가하고 있었음을 알 수 있다.

'기입하게 하는' 항목의 증가란 앞 절에서 서술한 '기록'란의 질문 항목에서 2012년도 개정에서는 '목을 가눕니까?'라는 질문이 '목을 가누게 된 것은 언제입니까?'로, '몸을 뒤집습니까?'가 '몸을 뒤집은 것은 언제입니까?'라고 하듯이 구체적으로 몇 시인가라는 것을 뒤돌아보게 함으로써 발달단계를 확인하는 형식으로 변화하고 있음을 예로 들 수 있다.

다음으로는 '기입하게 하는' 내용을 '사실'과 '인식'으로 구별하여 검토해보자. '사실'이란 임신부 및 젖먹이 유아의 이름, 신장, 체중, 의학적으로 밝혀진 증상 등 객관적으로 분명한 내용을 기입하게 하는 것이다. 그리고 '인식'이란 자유 기술과 '예 · 아니오' 형식의 질문 등을 통해 아이의 성장과 육아 행위에 대한 소유자 자신의 인식을 기입하는 것이다.

'기입하게 하는' 페이지 중에서 차지하는 '사실'과 '인식' 각각을 요구하는 항목의 비율을 비교하면 당초에는 거의 없었던 '인식'이라는 항목은

1970년대부터 서서히 증가하고 있음을 알 수 있다. 특히 1990년대 이후에는 30%를 넘어서고 있다.<그림 7>

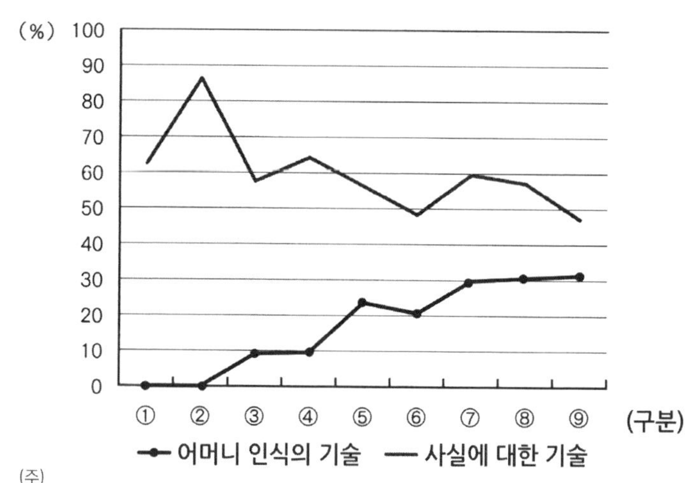

(주)
구분 : ①1942~47년 ②1948~52년 ③1953~65년 ④1966~75년 ⑤1976~86년 ⑥1987~91년 ⑦1992~2001년 ⑧2002~11년 ⑨2012년~

〈그림 7〉 '기입하게 하는' 항목 페이지 수에서 어머니 인식의 기술과 사실에 대한 기술의 비율 추이

이상으로 분명한 것으로 모자건강수첩은 근년이 될수록 아이의 상태를 수첩 소유자의 인식과 판단에 따라 기입하게 하는 계기를 늘려왔다는 점이다. 결국 그것은 건강검진 시에 휴대하고 모자의 건강관리에 대한 기록으로서 의사와 보건사가 사용하기 위한 것이므로 소유자가 스스로 기입하는 항목이 증가한다. 특히 소유자가 자신의 인식과 육아 행위에 대해 내성하는 형태로 기입하는 것으로 변화하고 있다.

'인식'을 '기입하게 하는' 항목의 증가는 모자건강수첩이 원래의 목적으로 여겨졌던 발달 · 발육의 건전성 확인과 이상異常이 있는 부분의 발견이라는 역할과 더불어 육아의 기념과 메모리얼memorial로서의 역할도 할 수 있게 된 점에도 관련되어 있다.

예를 들면 '기록'란에서 '자신의 체조와 임신부의 건강검사 시에 궁금한 점'1992년도 개정 「임신의 기록」, '갓난아기의 탄생을 맞이하는 부모의 기분을 기입하세요'1992년도 개정 「산후 4주간」, '태동을 느꼈을 때의 기분을 적으세요' 2012년도 개정 「임신의 기록」, '부모님으로부터의 생일 메시지를 기입하세요'2012년도 개정 「만 1세의 기록」·「만 2세의 기록」·「만 3세의 기록」·「만 4세의 기록」·「만 5세의 기록」·「만 6세의 기록」 등 20년 사이에 지속적으로 추가되었다. 이처럼 자식을 위한 메모리얼로서 기록을 하게 만드는 것은 동시에 소유자에게 자신의 육아를 되돌아보며 내성시킨다는 프로세스와도 연결되어 있다.

본 절에서는 모자건강수첩과 부독본을 ① 육아자 호칭의 변화, ② 육아 수준의 기대치 변화, ③ 소유자의 작용방식(지식전달의 형식)이라는 세 가지 축에서 검토해왔다. 그렇다면 이상과 같은 모자건강수첩에서의 변화는 육아자 규범의 어떠한 변화를 반영한 것이고 그것은 어머니에게 어떻게 작동한다고 생각할 수 있을까.

5. 현대의 어머니 규범

1) 탈젠더화

본 장에서는 모자건강수첩과 부독본의 분석을 통해 어머니는 보다 높은 수준의 육아 행위를 요구받게 되었다는 것을시나다, 2014 알 수 있었다. 그것은 1990년대부터 2000년대를 통해 육아자의 호칭이 '부모'와 '두 명'으로의 변화가 어머니에 대한 요구의 확대라는 문맥과 병행하고 있음을 밝혀왔다. 특히 시나다 도모미의 부독본 분석에서는 육아 수준의 상승이라는 전환기가 1985년이었던 반면, 본 장의 분석에서는 육아자 호칭의 변화와 어머니에 대한 요구의 확대로 변화하는 전환기가 1990년대였음을 알 수 있다.

부독본에서 '부모'와 '두 명'이라는 호칭의 변화는 남녀공동참획 시책의 재검토의 표시라고 생각된다. 육아는 어머니뿐만 아니라 아버지와 어머니 양성兩性의 협력을 필요로 하는 행위라는 새로운 규범이 형성되고 있다.

그러나 실태를 살펴보면 여전히 육아 행위의 대부분을 수행하고 있는 것은 어머니이다. 원래 모자건강수첩은 현대에 이르러서도 임신한 여성에게 그 이후의 어머니 역할도 기대하는 것으로서 배포되고 있다. 그리고 본 장의 분석에서는 그 모자건강수첩에서 아이의 발달 · 발육에 대한 예의 주시와 배려가 요구되고 있음을 밝혔다. 그 요구에 호응하기 위해서는 보다 밀착적인 육아 행위가 필요한데 그것을 담당하는 것은 어머니이다.

호칭의 변화는 그것 자체만으로는 근대적 어머니 규범의 극복인 것처럼 보인다. 그러나 실제로는 아버지와 어머니, 더 나아가 남성과 여성의 육아에 대한 관련에는 신체, 책임의 기대치 크기와 범위, 노동형태와 사회적 지위 등이라는 사회구조에 규정된 차이가 겹겹이 존재하고 있다.

따라서 호칭의 변화는 현실적인 육아의 문맥에서 괴리되어 형식적인 것에 머무른다. 게다가 어머니에의 육아 부담의 편중이라는 불평등을 은폐시키고 특히 농밀한 모자 관계와 육아 행위를 어머니에게 요구하게 된다. '어머니는 더욱 노력해라'라는 어머니에 대한 직접적인 메시지는 아니더라도, 결과적으로 어머니에게 응답하게 만들어버린다면 형식적인 평등화는 파인만1995=2003도 지적한 것처럼 케어의 탈젠더화 정치로서 작동하고 있음을 지적할 수 있다.

예를 들면 최근 가사노동연구의 동향으로 가사와 육아는 효율적으로 분담할 수 있는 것이 아니라, 원활하게 수행하기 위한 차별적 분배와 관리의 '매니지먼트라는 가사家事'가 존재하는 동시에 그것은 아내 · 어머니에게 지극히 편중되어 있음을 지적하고 있다.후지타 가요코(藤田嘉代子), 2010

'매니지먼트라는 가사'는 불가시화되어 있는데 남편의 가사분담이 진행되고 있는 요즘에도 아내 자신이 지속적으로 가사의 책임자인 한 부담감은 경감되지 않는다. 게다가 남편이 자신의 가사를 아내를 돕는 정도로만 생각하는 것은 아내의 부담감으로 연결된다고 고찰하고 있다.후지타 도모코(藤田朋子), 2014

육아에 대해서도 실질적인 책임과 아버지를 육아에 참가시키는 것도 포함한 매니지먼트의 역할이 여성에게 있는 한편, 육아는 '두 명'이 하는 행위로 규범화하는 것은 케어행위가 놓인 젠더화된 권력 관계가 보이지 않게 되는 것이고, 모친업에서 신체성의 사상이라고 지적할 수 있다. 어머니에게는 아버지가 육아를 서포트하게 할 책임, 육아를 둘이서 하게 만들어야 한다는 새로운 책임이 생긴다는 의미에서 더욱 부담이 가중되는 것도 우려된다.

특히 아버지가 어머니의 서포트 역할로서 일의적으로 표상되고 육아자가 '두 명'이라고 되어 있는 것은 육아의 사적 책임 · 가족책임이라는 의미부여를 강화시키는 점도 지적할 수 있다. 그리고 위에서 말해온 것처럼 실질적으로 그것은 어머니의 책임을 강화시키고 있고 새로운 형태로 모성의 억압으로서 작동하고 있는 것은 아닐까. 그것은 다음에서 서술하듯이 어머니의 의사와 선택이 강조된 점에서도 나타나고 있는 것은 아닐까.

2) 테크놀로지로서의 모자건강수첩

모자건강수첩은 한편으로는 육아를 둘러싼 사회문제와 과학발전에 의한 새로운 지식을 반영하여 그것을 육아자에게 전달하는 것인 반면, 다른 한편으로는 '수첩'이라는 특성을 갖춤으로써 그 소유자에게 '기입하게 하고' 건강검진 시 의사와 조산사의 체크를 통해 모자를 관리하는 도구로 사용되어왔다.

일반적으로 말하자면 '지속적으로 기입하는' 행위는 목적으로 일을 수행하는 근대적 주체를 형성하는 데 있어서 중요한 기능을 갖는다. 예를 들면 니시카와 유코西川祐子, 2009는 근대의 일기장을 하나의 국민교육 장치로 간주하고 일기론日記論[13]을 전개하고 있다.

니시카와 유코에 의하면 '가계부'와 '주부일기'는 가정에서 가사 · 육아를 매니지먼트하는 주체인 주부의 교육 장치로서 탄생하여 기능해왔다. 1990년대 이후의 생활 합리화 과정 중에 보급된 '가계부'와 '주부일기'[14]의 사용은 잡지에 의한 근대적이고 합리적인 생활모델의 제시와 그 수준을 목표로 하여 가계부 쓰기의 장려 과정 안에 머물게 했다. 따라서 주부들에게 "규율 바르고 합리적 생활"에 필요한 관념과 어울리는 행동, 스스로 자진해서 매일 노력한다는 규범을 형성시키는 것을 가능하게 한다.니시

13 여기서 '일기'의 본질이란 지속적인 서기 행위라는 것에 있다(니시카와, 2009:3). 니시카와에 의하면 일기를 사회적으로 고찰한다는 것은 일기라는 지속적인 서기 행위가 사회적인 관습으로 사회를 유지하는 장치로서 기능하고 있는 측면에 주목하는 점이다. 니시카와는 일기를 쓴다는 행위는 근대에서 공간의 생산과 관리이고 공간을 흐르는 시간의 관리라는 의미를 가진다고 말한다(니시카와, 2009:3).

14 최초의 실용적인 가계부와 주부일기는 부인의 벗사(婦人之友社)의 하니 모토코(羽仁もと子)에 의해 창설된 『하니 모토코 고안 가계부』(1904), 『하니 모토코 고안 주부일기』(1907)였다. 하니 모토코는 잡지 『주부의 벗(主婦之友)』에서 하니가 독자로부터 접수된 상담에 대한 회답이라는 '가정 문답'에서 가계부와 주부일기를 사용하고 가사를 합리화하는 것을 강력히 권장하고 있다(니시카와, 2009:110).

카와, 2009 : 119

이때 가계부와 일기는 우리들에게 지속적으로 언어화하고 기록해나가는 것을 통해 일을 합리적으로 파악하고 목적으로 수행해가는 주체를 형성하는 장치로서 기능하고 있다. 예를 들면 미셸 푸코는 우리들의 신체와 언어에 작용하고 그것들을 변형시키고 "사회체(사회적 신체)"를 생산－재생산하는 실천과 메커니즘에 '테크놀로지'라는 용어를 사용하고 있다.스기야마, 2004 : 66

이에 따르면 모자건강수첩도 또한 임신 시부터 자식이 유아기에 이르기까지 읽게 하고, 쓰게 하고, 보게 하고 참조한다는 행위를 통해 소유자의 신체에 작용하고 바람직한 육아자의 주체를 형성하는 교육 장치로 자리매김된다. 이런 의미에서 모자건강수첩은 바람직한 육아자를 생산하고 관리하는 테크놀로지인 것이다.

3) 육아자에게 요구된 자기 매니지먼트관리의 요구

테크놀로지로서 모자건강수첩은 보다 강한 자기통제를 육아자인 어머니에게 요구하게 되었다. 본 장의 분석에서 밝히고 있듯이 모자건강수첩은 우선 1970년대 중반부터 '기록'란에 수첩의 소유자에게도 기입하게 하는 것으로서 아이의 상태를 결정하는 역할을 부여하고, 그리고 소유자에게 체크를 하게 하는 항목을 늘리고 특히 1990년대 이후에는 자신의 생각과 심정을 기입하게 하는 여지를 증가시키고 있다.

자기 마음속의 움직임을 기록한다는 것은 관계성 속의 나를 드러내게 하는 역할을 한다.니시카와, 2009 : 300 결국 정해진 항목을 넘어 기록자의 재량이 증가한다는 것은 보다 강한 주체성이 동원된다고 생각된다. 모자건강수첩은 1990년대 이후 기록자의 내면을 자유롭게 쓰게 하는 형식을 가짐으로써 어머니의 주체성을 최대한으로 끌어내도록 변화하고 있는 것이다.

모자건강수첩은 소유자만 볼 수 있는 것이 아니라 자치체自治體에 의해 배포되고 건강검진 시 등에는 의사와 조산사에게 보이는 것이고, 아이의 성장기록으로서 후일에 걸쳐 보관하게 된다. 그렇다면 소유자는 과거의 '일기'처럼 자신의 본심本音을 쓴다기보다도 규범적이고 바람직한 육아자로서 자신의 방법을 모자건강수첩에 기입하고, 또한 스스로에게 묻게 된다. 결국 어머니에게는 아이의 발달 · 발육의 관리라는 과제와 더불어 육아자인 자기를 관리한다는 직무도 동시에 요구된다는 것이다.

육아자가 자기를 관리한다는 것은 육아 안에 자율적 · 주체적인가 그렇지 않은가라는 매니지먼트의 감각이 반입되는 것을 의미한다. 어떤 일에 대해 자율적 · 주체적이라는 것은 그것이 본인의 선택과 의지 아래에서 행해진다는 것과 일체의 관계에 있다.

근대적 어머니 규범에서 여성은 여성으로서의 신체를 가지고 있기 때문에 본능 또는 여성의 역할 · 아이덴티티로서 '모성애'가 갖추어져 있다고 되어 있어 자명한 육아사라고 여겨져 왔다. 그에 반해 오늘날의 육아 규범은 본능과 신체라기보다는 선택과 의지가 강조되어 있다. 모자건강수첩은 어머니에게 선택과 의지를 통해 육아 행위로 향하는 육아자로서 자각시키는 역할을 담당하고 있는 것은 아닐까.

이상으로 본 장에서는 근대적 어머니 규범의 정통성에 그림자가 드리워지고 있는 오늘날, 어머니에게 육아 책임을 정당화하고 어머니 역할로 향하게 하는 현대의 육아 규범은 과연 어떠한 것인가라는 의문 아래 모자건강수첩을 단서로 하여 그 일단을 밝혀왔다.

'남녀공동참획' 이념에 따라 탈젠더화되어온 현대의 육아 규범은 케어의 구체적 문맥과 모친업에서 신체성을 사상시키는 한편, 선택과 의사로 육아를 자기 매니지먼트하는 것으로 변화해오고 있다. 이와 같은 변용은 전략적 모성주의의 관점에서 보면 남녀평등이라는 본래의 이념이 표층적인 것에 머물러 있을 뿐만 아니라, 아이러니하게도 육아에서 어머니의 책임과 과제를 보다 강하게 요구하고 있다고 지적할 수 있다.

다음 장에서는 본 장에서 밝혀진 어머니 규범에 나타나는 선택과 의사에 의한 자기 매니지먼트의 요구에 대해 어머니가 되지 않았거나 혹은 아직 선택하지 않은 여성의 섹슈얼리티에도 나타나 보다 교묘한 형태로 여성을 종속적인 입장으로 향하게 만드는 것을 여성의 성 관념의 변용과 사회구조의 관계에서 분석하고 검토해간다.

제4장

모성 억압의 정당화

신자유주의적 섹슈얼리티

1. 섹슈얼리티와 모성

본 장에서는 모성의 억압을 정당화하고 자기선택과 자기 책임을 강조한 현대적인 성 관리 양상에 대해 논의해 나간다.

케어 · 페미니즘의 논의에서는 예를 들면 '이차적 의존'이라는 개념을 사용함으로써, 여성이 케어를 담당함으로써 사회적으로 취약한 상태에 놓이게 된 것을 설명해왔다. 그것은 케어의 담당자가 되는 것을 '예측'하는 곳에서도 발생한다. 예를 들어 수잔 오킨에 의하면 결혼은 지금부터 결혼하려는 사람에게도 큰 영향을 준다며 젊은 여성이 육아에 대한 책임과 남성에의 경제적 의존을 '예측'함으로써 취약한 상태에 놓이는 것을 논하고 있다.오킨, 1989=2013 : 232 그것은 여성이 결혼이라는 형태로 남성에게 경제적으로 의존해야만 실질적으로 아이를 낳고 기를 수밖에 없는 사회구조에 의해 야기된 취약성이다. 종래 모성은 주로 아이를 낳은 여성과 실제로 육아에 종사하고 있는 여성의 문제로 인식되어왔다. 그러나 '예측에 의한 취약성'이라는 시점을 활용하면 모성의 억압은 어머니가 아닌 여성에게도 영향을 주는 것임을 알 수 있다.

정책적으로도 여성은 장래를 선택할 수 있는 것임에도 불구하고 어릴 때부터 어머니가 되는 것을 예측하고 자기 관리해나가는 것이 요구되고 있다. 예를 들면 2015년에 문부과학성 작성의 고등학생 취향의 보건 체육의 계발교재인 『건강한 생활을 보내기 위해』2015년도판에 게재되어 있는 "임신하기 쉬운 여성의 연령에 따른 변화 그래프"가 젊은이의 출산이 건강에 좋은 것처럼 조작된 일이 발각되었듯이 고등학생 등 젊은 여성에게 빨리 결혼 · 임신 · 출산을 하도록 유도되어왔다.[1]

10대 여성도 대상으로 한 모자 수첩이 아닌 여성 수첩가칭을 작성할 계획의 제안은 1999년뿐만 아니라, 2013년에도 "생명과 여성의 수첩"이 만들어져 있다.오하시, 2017 이처럼 2000년대 이후 여성은 10대 때부터 모성을 내면화하고 자기 관리하는 것으로 주입하는 움직임이 존재해왔음이 분명해지고 있다.

이처럼 종래의 연구에서 모성은 어머니가 되는 선택을 할지 말지에 관계없이 여성의 삶에 영향을 미치고 사회적으로 취약한 상태에 두는 것이 지적되어왔다. 그렇지만 모성과 섹슈얼리티는 별개의 문제로 취급되는 경향이 뿌리 강하고 연구상으로도 사회통념상으로도 '분단'되어 있다.

같은 한 명의 여성의 성에 관련된 사항이면서 모성과는 다르고 여성이 자신의 성생활을 긍정적으로 말하는 것은 터부시되는 경향이 있다. 모자의 건강에 관련되는 문제는 과학적이고 생물학적이며 '자연'스러운 프로세스라고 이해되기 때문에 모든 사람이 찬동할 수 있는 공공적인 문제에 대한 관심이라고 인식된다.

그 한편으로 여성의 섹슈얼리티, 즉 섹스, 성폭력, 피임, 중절 등에 관련

1 니시야마 치에코西山千惠子 · 쓰게 아즈미柘植あづみ(2017)에 자세히 나와 있다.

되는 문제는 '정치적'인 젠더문제로서 기피된다.로빈슨, 2014 : 98 여성의 섹슈얼리티가 공적으로 논의되는 것은 터부시되고 사적인 문제이기 때문에 모두가 관심을 갖지 않아도 된다고 생각한다. 이와 같은 분단은 모성과 관련되는 문제가 '비정치적'인 문제로서 파악되고, 탈젠더화된 경제와 기술적인 시점에 의해서만 해결을 도모할 수 있는 문제를 낳는 동시에 여성의 섹슈얼리티 문제는 '정치적'이기 때문에 시야에서 배제되는 문제를 낳고 있다.

본 장에서는 모성과 섹슈얼리티의 분단에 대항하기 위해 예측에 의한 취약성이라는 시점을 수용하여 여성의 섹슈얼리티에서 현대적인 모성의 억압을 파악한다. 현대 일본 여성이 자식을 낳아 기를 뿐만 아니라 섹슈얼리티도 관리당하고 또한 그것을 스스로 받아들이는 구조가 있음을 밝히고자 한다.

그럼으로써 모성연구의 틀의 확장을 시도함과 동시에 모성 억압의 배후에 있는 케어의 자기 책임을 토대로 한 사회구조와 그 안에서 여성에게 요구되는 신자유주의적인 주체 양상 문제에 초점을 맞춘다.

제2절에서는 1970년대의 리브 운동여성해방운동 속에서 여성들은 여자 성기생식기를 비롯한 여성의 신체에 주목함으로써 어떠한 문제와 부딪히며 주제화되어 왔는지를 확인한다. 이어서 제3절에서는 우먼리브에 의한 자유주의적이라고 말할 수 있는 '성 해방'의 모색이 현대에는 신자유주의적인 섹슈얼리티의 관리 방식으로 접속해가는 것을 여성잡지 『안안*an · an*』에서 '섹스특집'의 담론 변용을 근거로 젊은 세대의 여성이 놓여 있는 사회적 상황을 단서로 하여 논한다. 그리고 제4절에서는 신자유주의적인 섹슈얼리티가 여성의 신체성을 방치해 온 점과 여성들에 의한 저항의 시도에 대해서도 논하면서 모성 관리 방식과의 공통성을 논의해나간다.

2. 터부시된 여성의 성과 여성해방운동에 의한 성의 정치화

서구나 일본에서 1960년대 후반부터 1970년대에 걸쳐 고조를 보인 우먼리브라 불리는 여성해방운동에서는 '성 해방'이 주된 테마였다. 리브 운동은 1960년대의 공민권운동과 학생운동을 거쳐 아직도 사회 전체에 남아 있고, 게다가 그 운동 내부에도 존재했던 여성멸시와 여성차별로부터의 해방을 요구하는 여성들에 의해 출범되었다.

리브의 큰 특징은 성의 정치화이고 당시의 리브 운동은 '성혁명'[2]이라 불리는 미국 사회 전체의 흐름으로도 이어져 커다란 파도가 되었다. 그리고 미국의 리브 모습은 일본에도 전해져 일본에서도 독자적인 운동이 전개되어왔다.

1970년 전반에는 제2파 페미니즘의 이론적 지주가 되는 책이 많이 출판되었는데 그 대표적인 것 중 하나가 케이트 밀렛Kate Millett의 『성의 정치학』1970이다. 밀렛은 1800년대 이후의 정치, 문학, 사상 분석에서 가부장적인 가족제도에 의한 남성의 여성지배를 설파했다. 사랑이라는 이름 아래 수행되는 가정생활과 성생활이라는 사적 영역에서 여성은 자신의 신체와 성으로부터 소외된다.

그 상징적인 예로서 언급되는 것은 이브 엔슬러Eve Ensler에 의한 여성의 독자형식을 띤 작품 『버자이너 모놀로그*The Vagina Monologues*』를 테마로 다룬 것처럼 여자 생식기에 대한 터부시가 있다. 버자이너 모놀로그는 종래 터부시되어온 버자이너라는 말을 여성 자신이 말하고 자신의 신체와 성에 대해 이야기하는 것이 주제이다.

---

2 미국의 '성혁명'에 대해서는 다치바나 다카시(立花隆)의 『미국 성혁명 보고』(1979), 가메이 슌스케(亀井俊介)의 『성혁명의 미국 - 유토피아는 어디에』(1989)를 참조하기 바란다.

현대 일본에서도 여자 생식기에 대해 이야기하는 것이 터부시되고 있는 것에는 변함이 없다. 남자 생식기의 호칭인 '남자 성기'가 농담이나 웃음으로써 입에 담기 쉬운 것에 반해, '여자 성기'는 입 밖에 내서는 안 된다고 여겨 기피당하게 된다.

특히 여성에게는 우선 성적인 것을 말하는 것 자체가 터부시되는 것과 더불어 원래 일본에서 여사 생식기는 호칭이기도 하지만 성행위 자체를 가리키는 것이었다. 게다가 외설스러운 뉘앙스를 포함하는 말[3]이었던 적도 있고 자신의 성기라 하더라도 그 호칭을 말하는 것은 터부시된다. 그러나 말할 것도 없이 여성에게 생식기는 성행위를 위한 것만이 아니라, 자신의 신체 일부이고 생명을 낳는 기관器官이며 건강과 자존심 등 생활 전반과 크게 관련이 있다.

그럼에도 불구하고 병원에 갔을 때와 성행위 때 등 여자가 자신의 생식기에 대해 언급할 필요가 있을 때조차 그것을 말하는 것은 가능한 한 회피해야만 하거나 '거기' 등이라며 여자 생식기 자체를 직접 가리키지 않고 언급되는 것은 현대에까지 이어지는 금기적인 상황이라고 말할 수 있는 것은 아닐까.

이와 같은 억압에서 눈을 돌리지 않고 그것들을 없애기 위해 여성의 신체나 성의 정치화는 운동의 지주였다. 리브에서 큰 역할을 수행한 것은 의식 고양consciousness raising, 이하 CR이라 약칭이라는 수법이었다. 여성들이 모여 제각각 안고 있는 고민을 서로 말하는 가운데 그것들은 개인적인 문제가 아니라, 사회구조에 규정되어 있는 문제임을 깨달아가는 프로세스를 의미

---

3 '여성의 성기'를 가리키는 호칭이 성행위를 가리키는 말이었던 것은 여자 성기와 성행위를 같은 것으로 간주하고, 즉 성행위 때에만 여자 성기를 필요로 하는 남성 중심적인 가치관이 반영되어 있다고 할 수 있다(나카야마 치나쓰中山千夏, 1977).

하고 있다.오기노 미호(荻野美穂), 2014 : 7 CR은 여성들의 자기해방의 방책으로서 후술하는 일본의 리브에서도 자연 발생적으로 시행되고 있었다.기무라, 2000

예를 들면 다음과 같은 여자 생식기에의 터부에 대한 CR에서의 실천적인 예는 유명하다. 당시 여성은 자신의 성에 대해 무지한 것이 바람직하다고 여겨 대부분이 남성이었던 의사의 가르침에 따르는 것이 당연하다고 되어 있었다. 미국에서는 1973년이 될 때까지 중절이 범죄로서 금지되었는데 여성의 건강을 자기 스스로 지키자는 건강 운동이 발전했다.오기노, 2014

1971년 그때까지 자신의 성기를 직시한 적조차 없었던 여성들이 로스앤젤레스에 있는 본실에 모여 자신의 자궁 입구를 들여다보는 실천이 시행된 것은 유명하다. 캘리포니아주의 주부인 캐롤 다우너Carol Downer가 이끈 것이다. 다우너는 30명 정도의 여성들 앞에서 속옷을 벗고 책상 위에 드러누워 자신의 질에 스페큘럼Speculums을 삽입하고 자신의 자궁을 들여다보는 실연을 시도했다.오기노, 2014 여성이 당당히 여성의 성기를 만지고 의료전문가의 도구를 내 물건처럼 사용하는 것은 당시의 터부를 타파하는 일이었다.

1970년대 이후의 페미니즘 표어의 하나로서 '나의 신체는 나의 것'이라는 말이 있다. 이 표어에는 여성의 신체에 대한 성적 침해를 문제화하고 여성의 신체는 소유자인 여성 자신의 것이라고 강조함으로써 여성에게 임파워먼트하는 의미가 있고 현재에도 반복해서 사용되고 있다. 예를 들면 이브 엔슬러는 『버자이너 모놀로그』의 '서두'에서 '여성의 성기pussy'도 '음부陰部'도 아니고, '버자이너'라고 입 밖으로 내어 발음하는 것이야말로 중요하다고 말하고 있다.

나는 '버자이너'라고 말한다. 왜냐하면 도처에서 여자들의 버자이너에 흉칙한 일이 벌어지고 있다고 숫자가 가르쳐주기 때문이다. (…중략…) 나는 '버자이너'라고 말한다. 왜냐하면 이런 흉칙한 일이 없어지기를 바란다고 생각하기 때문에 (…중략…) 그것을 가능케 하는 유일한 길은 여자들이 벌과 보복을 두려워하지 않고 당당히 말할 수 있게 되는 일이다. 엔슬러, 2002 : 8

이처럼 여성이 자신의 신체 그중에서 가장 터부시되어온 여자 생식기를 자기의 것으로 되찾는 일은 역사적으로 행해졌지만, 은폐되고 지금 현재도 실시되고 있는 여성에 대한 폭력을 똑바로 바라보고 계속해서 빼앗겨온 자신의 신체에 대한 결정권이나 컨트롤을 되찾는다는 의미도 가지고 있다.

특히 실제로 여성이 성적 쾌락과 만족을 얻는 것이 구체적으로 이야기되고 언급된 것도 바로 이 시기였다. 1976년 셰어 하이트Shere Hite의 『하이트 리포트*The Hite Report*』에는 질에서 오르가즘orgasm을 느끼지 않는 여성은 성숙하지 못하다고 한다. 종래 지배적이었던 프로이트의 모델에 대해 실제로는 여성들의 3분의 2가 페니스 삽입으로는 오르가즘을 느끼지 않는다는 여성들의 체험담을 제시했다.

앤 코트Anne Koedt는 에세이 『질 오르가즘의 신화』에서 종래 여성의 오르가즘은 질에서 느끼는 것이 정당하다고 여겨온 것에 반해, 질 오르가즘은 남성을 기쁘게 하고 만족시키는 쪽의 시각에 놓여 있다는 비판을 가했다.[4] 이처럼 1970년에는 클리토리스clitoris 오르가즘이야말로 여성의 쾌락이라고 주장하는 논의가 일어나는 등 여성에게도 성적 욕구와 성적 쾌락이 존

4 Koedt, Anne, "The Myth of the Vaginal Orgasm", 1970. http://www.feministezine.com/feminist/modern/The-Myth-ofthe-Vaginal-Orgasm.html(2018년 1월 9일 열람)

재함을 인정하고 그것들을 추구하는 것이 정면에서 이야기되었다.

일본의 리브 운동에서도 '나의 신체는 나의 것'이라는 표어를 가져와 섹슈얼리티의 논의가 전개되고 일본 독자적인 논의가 진행되어갔다. 1977년에 출판된 나카야마 치나쓰中山千夏의 『몸 노트』에는 자기 말로 자신의 신체를 말하는 것, 특히 여자 생식기를 '호칭하는' 것에 대해 언급하고 있다.나카야마, 1977 그것은 '더러움'·'외설'·'음성적인' 것이라고 여겨온 여자 생식기를 어떻게 긍정적인 것으로 다시 파악해나갈 것인가에 대한 문제 제기였다.

일본에서도 모인 여성들이 자신의 경험과 생각을 서로 말하는 CR을 실천하는 강좌가 많이 개최되었다. 특히 1960년대 미국에서는 여성들이 자신의 손으로 출판하여 베스트셀러가 된 『우리의 몸, 우리 자신*OUR BODIES OURSELVES*』의 번역 운동이 오기노 미호와 우에노 치즈코 등 교토京都의 페미니스트들에 의해 실시되었다.

그 결실로서 일본에서도 그 완전한 번역으로서 1988년에 여성문제전문서점위민스북스토어인 쇼카도松香堂 서점에서 『몸 · 우리들 자신』이 출판되었다.오기노, 2014 여기에는 여자 생식기의 호칭에 대해 바른 호칭을 부여할 뿐만 아니라 음순陰唇을 성순性唇으로, 내음 · 외음을 내성기 · 외성기로, 음모恥毛를 성모性毛로, 치골恥骨을 성골性骨로, 생리를 월경이라고 치환함으로써 '수치스러움'이나 '음성적'이라는 꼬리표가 붙거나 애매한 표현으로 대체되곤 했던 호칭을 바꾸는 것도 제기되었다.

한편으로 성적 해방에 대해 일본에서는 미국과는 달리 성적 욕망과 쾌락추구에는 일정한 제약이 있었다. 다나카 아이코田中亞以子는 일본 리브 운동의 특징으로서 성적인 섹스를 대신하는 것으로서 '커뮤니케이션으로서의 섹스'가 논의되고 있었다고 분석한다.

가부장제 아래에서 여성이 자식을 낳기 위한 '생식의 성'과 남성이 쾌락을 얻기 위한 '쾌락의 성'으로 이분화되어 여성의 성은 남성의 통제 하에 놓여 왔다. 리브의 여성들은 그 성의 이중기준을 고발했기 때문에 '생식의 성'과 '쾌락의 성' 모두를 부정하고, '성적인 쾌락'을 대신하는 것으로서 '상호성'과 '대등성'을 실현시킨다는 의미에서 '커뮤니케이션으로서의 섹스'가 전략적으로 추구되었던 것이다.다나카, 2007

그와 같은 리브의 전략 배경에는 미국에서 1965년에 경구피임약pill의 인가가 있었던 것과 달리 일본에서는 1999년이 되면서부터 가능했다고 한다. 여성이 임신에 대한 불안에서 어느 정도는 해방된다는 의미에서 성적 자유를 실제로 손에 거머쥐는 조건이 크게 제한된 적도 있다고 말할 수 있을 것이다.

경구피임약의 해금을 둘러싸고 일본에서는 '분홍색 헬멧을 쓰고'라며 경구피임약의 해금을 호소한 '중피련중절금지법에 반대하고 경구피임약의 해금을 요구하는 여성해방연합'이 '우먼리브'의 이미지로 언급되기 쉽다. 예를 들면 1970년대 초기에 결성된 그룹인 '울프Wolf 모임'의 기관지 『여자에서 여자들로』에는 일본의 리브가 경구피임약에 대해 회의적이었음을 엿볼 수 있다.

아키야마 요코秋山洋子는 「경구피임약은 정말로 좋은가」라는 글에서 경구피임약이 '꿈의 피임약'이라고 일컬어질 만큼 건강상 안전하지 않고, 상대방의 협력 없이 피임이 되어 버리기 때문에 "피임은 여성의 의무, 섹스는 남자의 권리"라는 논리로 바뀌어버릴 위험성이 있음을 지적하고 있다.미조구치 메이다이(溝口明大) · 사에키 요코(佐伯洋子) · 미키 소코(三木草子) 편, 1994 : 265~266

일본의 리브에서 경구피임약이 부정당한 이유에 대해 마쓰모토 아야코松本彩子는 ① 남자의 피임책임을 면죄하는 경구피임약의 성질상 여자에게만 피임책임을 지게 하는 것에 대한 거부, ② 우생보호법 개악改惡과 경구피임약의 인가를 트레이드하려는 국가, 특히 제약회사와 산부인과 의사에게 이익을 주기 위해 '경구피임약을 먹게 하는' 것에 대한 거부를 예로 들고 있다.마쓰모토, 2005 더 나아가 다나카 아이코는 일본의 리브는 미국의 리브 운동과 비교하여 여성의 생식기능을 긍정하는 자세가 강하고 '쾌락'을 위해 스스로 생식기능을 조작하는 것이 받아들여지지 않았다고 분석하고 있다.다나카, 2007

이상과 같이 일본에서는 미국의 리브 운동의 영향을 받으면서도 '쾌락'의 추구보다도 '커뮤니케이션'이라는 성적인 이미지를 피한 키워드에 의해 성적 해방이 논의되었다. 따라서 섹스에서 성적인 것은 중요시되기 어렵고 여자 생식기는 어디까지나 여성의 신체와 건강이라는 문맥에서 이야기되어온 경향이 있었다고 말할 수 있을 것이다.

다른 한편 일반화된 여성 취향의 잡지에서는 당시 미국의 성 해방과 풍속에 대해 전달되어 여성의 성 해방에 대해서도 긍정적으로 언급되는 적은 있었다. 『안안*an · an*』은 1970년에 창간된 20, 30대 취향의 여성잡지이다. 그 독자층은 1971년에 창간된 『논노*non-no*』와 나란히 '안논족an-non族'[5] 이라고 시대를 앞서간 존재로 불리었는데, 특히 『안안』은 당시까지의 여성잡지가 언급하지 않았던 섹스와 관련된 기사를 적극적으로 게재한 것으로도 잘 알려져 있다. 다음 절에서는 기타하라 미노리北原 みのり에 의해 『안안』에 담긴 섹스에 대한 담론의 변화를 확인하고, 2000년대 이후의 성 규범의 특징을 현대 여성들이 놓인 사회상황을 통해 밝히기로 한다.

5 일본에서 1977년경에 유행했던 말로서 여성잡지 『안안』과 『논노』를 애독하여 영향을 받은 젊은 여성들을 가리킨다(역자주).

3. 성 해방에서 성 관리로의 변화 – 신자유주의적 섹슈얼리티

1) 『안안an·an』에서 보이는 '사랑モテ' 기반의 성 추구

메이지기明治期 이후 그때까지 부정당해온 연애는 처음으로 긍정적으로 이야기하게 되고 '사랑'이라는 이름 아래 남녀는 대등하다는 규범을 형성하게 된다.

그러나 그것은 지금까지의 연구가 밝혀온 것처럼 실제로는 남녀의 비대칭성을 포함하는 것인데, 남성은 사랑받을 만하다고 판단되는 여성에게 은총을 주고 여성은 남성에게 '사랑받는' 것에 의존하지 않으면 안 된다는 규범을 형성해왔다.다나카, 2012 이러한 가운데 1970년에 창간된 여성잡지 『안안an · an』은 그와 같은 연애, 성애관을 타파하고 여성의 성적 주체성을 내세운 대표적인 잡지로 자리매김되었다. 그러나 기타하라 미노리北原みのり에 의하면 그 『안안』에서 섹스를 말하는 방식이 2000년대 이후 큰 변화가 일어나고 있다고 한다.

이하에서는 기타하라 미노리에 의한 『안안』의 성에 관계되는 담론의 변용을 감안하여 그와 같은 변화를 신자유주의적인 자기 책임을 토대로 한 사회구조와의 관계에서 분석해나간다.

기타하라 미노리는 『안안의 섹스로 예뻐졌다?』2011라는 저서에서 1970년대부터 2000년대까지 『안안』의 섹스특집의 내용을 비교하고 있다. 거기에는 『안안』의 '섹스특집'이 그려내는 섹스는 한 여성의 쾌락추구에서 연애와 '사랑' 기반의 테크닉 추구로 변화해가는 모습을 간파할 수 있다.

우선은 기타하라 미노리에 의한 『안안』에서 섹스특집의 경년經年변화를 개관해보도록 하자.

먼저 1970년대의 『안안』에 대해 기타하라는 ① 누드가 많은 점, ② 리브에 긍정적인 점, ③ 반체제라는 점 이 세 가지를 지적하고 있다. 특히 리브에 대해서는 뉴욕에서 밸러리 솔라나스Valerie Solanas에 의한 'SCUM–Society for Cutting Men–남자 때려죽이기 협회『안안』에 의한 번역를 최전선에서 소개하고 "슬립이여 안녕, 브래지어야 안녕(!) 남자의 눈을 즐겁게 하기 위한 야한 흔들거림이나 가슴 들어 올리는 기계 같은 건 필요 없어요(!!) 여성은 자유로워질 것이다! 프리섹스 만세(!!!)라는 것이 그녀들의 슬로건"이라고 소개하고 있다.기타하라, 2011 : 21

그 후 1980년대에도 "자신의 욕망에 대해 말한다", "철저하게 놀기", "엉망진창", "굉장히 야하고, 밝게"라는 기세가 있다고 평가하고 있다.기타하라, 2011 : 45

그리고 1990년대부터는 남성과 마찬가지로 섹스를 한다고 하는 모델이 아니라 어깨의 힘을 빼고 자신의 페이스로 섹스를 즐기려는 등신대 자세를 엿볼 수 있다고 한다. 1995년에는 「섹스 백서」에서 여성들이 어떻게 적극적으로 성행위를 할 것인가에 대한 리포터가 특집으로 꾸며졌다. 그 호에서 독자에게 '여자가 먼저 유인한다'는 것은 당연한 일로 취급되고 『안안』이 새로운 가치를 제안하는 것이 아니라, 『안안』은 독자가 주체적으로 섹스를 즐기는 모습을 소개하는 것으로 특집이 성립되어갔다고 말한다.기타하라, 2011 : 91

그러나 1990년대 후반에는 '사랑이 있는 섹스'가 전면에 등장하게 된다. 즉 다만 섹스를 하는 것뿐만 아니라 사랑이 없는 섹스는 좋지 않고 사랑이 있는 섹스야말로 좋다는 가치관이 내세워지기 시작한다. 1990년에는 '사랑이 있는 섹스만이 당신을 예쁘게 만듭니다'라는 표어가 사용된다. 그 해에는 섹스특집이 2회 편성되고 섹스에 대해 더욱 열심히 말할 수 있게 된다. 그와 더불어 섹스 테크닉이 잇달아 등장한다.

2000년대에는 그때까지는 나오지 않았던 남성 화자가 등장하여 독자인 여성들에게 테크닉을 설명하게 된다. 기타하라가 "섹스는 둘이서 하는 것이기 때문에 '기쁨도 반, 일도 반'이라는 그런 메시지가 『안안』의 한 페이지 한 페이지에서 느껴진다"기타하라, 2011 : 129라고 평가한 것처럼 그때까지는 여성 혼자서 당당하게 찍혀있었던 누드가 커플샷couple shot으로 바뀌어 두 사람의 만남과 연애의 역사가 소개되는 등 남성과 여성 두 사람이 함께일 것이 강조되었다.

2003년에는 '섹스로 예뻐진다'에서 '사랑에 효과가 있다'로 표어가 변경된다. '사랑モテ', 연애, 오직 한 명뿐인 남성이라는 표현이 섹스 앞에 등장하게 되었다. 연애 테크닉으로서 '공략법' · '승리자 쪽' · '패자 쪽'이라는 말과 함께 구체적인 테크닉이 제시된다. '요도구尿道口 마사지'와 '백 스타일back style로의 공격' 등 복잡한 기술과 함께 사정 후 남자 성기를 빠는 '펠라티오fellatio', 사정에 이르지 못한 남성을 위로하는 등 신체뿐만 아니라 '남성의 마음을 사로잡는' 테크닉이다.

게다가 너무 적극적이면 남성의 자존심을 상하게 만들기 때문에 "그에게서 '지도'를 받으면서" 이디까지나 기술보다도 '열심히' 하는 것이 중요하다고 되어 있다. 섹스의 계기 만들기부터 그런 마음이 들도록 '유도'하고 마지막까지 여성이 남성을 여성 마음대로 다루게 된다. 그것은 섹스란 혼자서 하는 것이 아니라, '커뮤니케이션'이고 '그와의 관계를 돈독히 하기 위한 기술'이라는 의미에서 테크닉으로 소개하고 있다.

이상과 같은 섹스특집의 변화에서 가장 눈에 띄는 것은 전에 없이 섹스의 기술을 열심히 추구하는 여성들의 모습이다. 그런 의미에서 여성들은 해방되었고 방대한 섹스에 관한 정보를 입수할 수 있었다고 말할 수 있다. 기타하라는 2000년대 후반 섹스특집의 변모에 대해 당혹감을 느껴 '비즈니스 서적書的 자기계발'이라고 비유했다.기타하라, 2011 : 162 즉 "고정관념이 당신의 섹스를 망친다", "보다 나은 삶을 위해서는 보다 나은 섹스가 필요"2006년 5월호 등 향상심을 부추기며 긍정적이라는 자세는 틀림없이 비즈니스 자기계발서 그 자체이다.

또한 2009년 특집 하우투how-to DVD에 대해서도 여성이 모든 테크닉을 구사하여 남성을 만족시키는 모습에서 '업무화'라고 표현하고 있다.기타하라, 2011 : 182 그렇다면 이와 같은 2000년대 이후 섹스특집의 변화는 젊은 세대의 여성이 놓여 있는 사회상황과 어떠한 관련이 있고 여성들에게 있어서 어떠한 의미를 가질 수 있을까.

1970, 80년대 『안안』에는 여성이 성적으로 분방한 것을 정면에서 긍정하고 섹스와 쾌락을 좋아하기 때문에 섹스를 말하는 것이라고 한다. 말하자면 자기실현의 연장으로서 섹스가 존재한다. 한편 2000년대의 그것은 남성과의 관계구축, 즉 '이성에게 사랑받고 인기를 얻는 것'이 중요한 것으로서 맨 앞에 나오고 그것을 위해 자신의 신체를 사용하여 남성을 기쁘게 만든다는 관계구축을 위한 투자의 수단으로서 섹스가 존재한다. 전자가 자기 욕망에 입각한 자유주의적인, 즉 자기 해방적인 섹슈얼리티 본연의 모습이라고 한다면 2000년대의 섹슈얼리티는 과연 어떠한 것으로 파악할 수 있을까.

2) 관리되는 성

1980년대 이후의 후기 근대론과 리스크 사회론에서는 현대사회에서 개인은 '스스로 기업가起業家가 되어 자기 자신의 인생을 형성'니콜라스 로즈(Nikolas Rose)하는 주체임이 요구되고 있다고 논의되어왔다. 고도의 소비 자본주의 사회에서 개인은 스스로를 상품으로서 가치가 있는 존재로 높여가는 것이 요구되며 학교 교육과 직업선택의 과정을 통해 이처럼 자기 형성해간다.

웬디 브라운Wendy Brown은 신자유주의를 경제정책으로서 뿐만 아니라 사회와 정치, 특히 인간 그 자체에 근본적 변화를 가져다주는 원리로 설명한다.브라운, 2015=2017 사람들은 점점 '투자가'와 '소비자' 등 경제적 관심으로 행동하는 '호모 에코노미쿠스homo economicus'[6]로 행동하지 않을 수 없게 되는 것이다.[7]

일본 사회에서는 전후 일본국 헌법 제14조에서 성별에 의한 차별이 부정된 이래 1985년의 남녀고용기회균등법, 그리고 1999년의 남녀공동참획사회기본법의 제정을 통해 제도적인 남녀평등에 대해 어느 정도는 진전되어왔다. 2012년 이후의 제2차 아베 신조安倍晋三 정권 아래에서도 '여성 활약'을 그 정책에서 가장 중요한 과제로 규정하고 있듯이 제도적인 남녀평등의 실현은 사회적 정당성을 획득해왔다고 말할 수 있을 것이다.

동시에 특히 젊은 세대에게 '남녀평등'은 이미 어느 정도 달성된 것으로 전제되어 있으며 요즘 시대의 여성은 남성과 대등하게 혹은 남성 이상으로 노력하고 경쟁에서 이기지 않으면 안 된다는 규범이 형성되어 있다고 말할 수 있다.

---

6 경제적 인간이라는 뜻으로 합리성, 영리성 및 계획성을 행동 원리로 하여 순전히 경제 원칙만을 따르며 행동하는 사람을 가리킨다(역자주).

7 "사람은 자신의 연애 생활에 대해 기업가와 투자가와 같은 방식으로 대응한다 해도 이 영역에서 화폐적 부를 생성한다거나 집적한다거나 투자하려고는 하지 않을 것이다"(브라운, 2015=2017 : 27), "오늘날 호모 에코노미쿠스는 이 기업가정신이라는 측면을 유지하고 있지만, 금융화된 인적자본으로서 상당한 부분에서 재형성되고 있다. 즉 그 프로젝트란 자신의 실제 혹은 비유적인 신용등급에 항상 주의를 기울임으로써 자신의 가치를 높이거나 투자를 유치하기 위해 자기 투자를 하는 것이고, 또한 이러한 것을 자기 존재의 모든 영역에서 행한다는 것이다"(브라운, 2015=2017 : 29).

그러나 실제로는 사회 속에서 여성이 주체적으로 활약할 수 있는 조건이 정비되어 있는가라는 것에는 많은 연구자가 의문을 드러내고 있다.[8] 그와 더불어 2005년 이후 고이즈미 준이치로小泉純一郎 정권 이후의 자민당 정권은 신자유주의적 이데올로기를 강하게 내포하고 있으며 글로벌 기업의 요구에 호응하기 위해 규제완화정책을 진행하는 한편 소득재분배, 즉 국가에 의한 가족의 지원과 보호는 부정하는 경향이 있다. 따라서 격차확대가 긍정되어 개인의 자기 책임이 강조된다.

특히 가족 내 케어에 대해 현실에서는 오로지 여성의 자기 책임으로 돌아온다. 여성들은 사회의 공적 영역에서 활약하는 것과 친밀한 영역인 가정에서 훌륭한 케어자가 되는 모든 것을 자신의 책임으로 떠안고, 특히 가치를 높이기 위해 노력하는 것이 요구되고 있다.

그렇지만 그와 같은 공적, 사적 영역 양쪽에서 책임을 다하려고 해도 현실에서는 비정규고용의 약 70%는 여성이고,[9] 반대로 정규직에 취업했다고 해도 보육 사정이 좋지 않기 때문에 캐리어를 손에서 놓지 않아도 되는 조건을 가지고 있는가는 개연성이 동반되어 좌우하는 경우가 많다.

게다가 혼외출산이 터부시되고 아이를 낳고 기르는 일과 결혼이 세트임을 전제로 하는 일본 사회에서는 결혼에 의한 가족 형성이 '현실적'이고 저低리스크라고 이해할 수 있다. 결국 이러한 결혼 및 가족 형성을 포함한 아이를 낳고 기르는 일과 캐리어 형성의 동시달성은 젊은 여성의

8 예를 들면 미우라 마리(2015)는 '여성 활약' 정책에서 여성의 취업 지원에는 ① 여성의 노동력과 소비력을 파악한 경제성장의 촉진, ② 워크 · 라이프 · 균형 정책으로 상징되듯이 어머니에게 취업과 육아를 양립시키는 저출산 정책, ③ 육아휴직에 따라 여성이 육아를 가정에서 행함으로써 사회보장비의 삭감이라는 세 개의 목표가 있지만 젠더 평등이 낮게 평가되고 있는 가운데 이 세 개는 실제로 서로 모순된다고 말한다(미우라, 2015:55).

9 총무성 통계국 홈페이지 '최근 정규 · 비정규 고용의 특징' http://www.stat.go.jp/info/today/097.htm(2018년 1월 3일 열람)

인생 매니지먼트에 절실한 과제가 된다. 남성과의 관계 모색에 대한 절실함은 느끼지 않고 중요한 과제로 자리매김되고 있음을 상상할 수 있다.

캐리어 형성과 가족 형성 양쪽을 성공시키고 싶은 여성들에게 섹스, 연애, 결혼, 그 후 아이를 낳고 기르는 일은 현대사회에서 '살아남기' 위해 자신의 가치를 높여가는 수단이고 경영적인 관점에서 매니지먼트해가는 대상이 된다. 거기서 섹스는 단순한 쾌락이 아니라 인생 설계 하나의 수단이라는 측면에서 '잘 해결해야만 하는 것'으로 나타난다.

바꾸어 말하면 현대사회를 사는 여성들은 "시장원리를 내면화한 자기관리self-management의 주체"사토 요시유키(佐藤嘉幸), 2009 : 50로서 섹슈얼리티를 형성할 수밖에 없다. 이것은 사토 요시유키가 서술한 것처럼 "법률, 제도에 개입하여 '효과적'인 경쟁을 창출하고 경쟁 원리에 의해 사회를 통합하려는 통치기법"사토, 2009 : 59인 신자유주의에 입각한 주체 형성 양상이다.

이렇게 본다면 섹스는 매니지먼트해야 할 대상이 되고, 비즈니스 자기계발로 다루어지는 2000년대의 경향은 다음에서 보는 1970년대와의 비교를 통해 명확해지는 '커뮤니케이션'의 변화를 보아도 '신자유주의적 섹슈얼리티'라고 명명해도 좋지 않을까.

3) 사회구조의 후경화와 불평등한 자기책임화

신자유주의적 섹슈얼리티는 여성들에게 있어서 어떤 의미를 가질 수 있을까. 여기서는 일본의 1970년대 리브 운동에서 '커뮤니케이션으로서의 섹스'가 추구된 것처럼 2000년대의 '섹스특집'에서도 섹스는 '커뮤니케이션'임이 전면에 나오는 것에 주목하고 싶다. 다만 이 2000년대의 '커뮤니케이션'은 리브가 본래 지향하고 있었던 '커뮤니케이션'과는 비슷하지만 다른 의미로 나타나고 있다.

다나카 아이코2000는 리브에서 쾌락보다도 '커뮤니케이션으로서의 섹스'가 지향된 것에 대해 상호성과 대등성, 그리고 여성의 능동성 획득을 목표로 하는 것이면서도 그것이야말로 '올바른' 섹스라는 규범에 여성을 가두게 되는 패러독스가 있다고 지적했다.

2000년대에는 위에서 살펴본 것처럼 사회적 불평등과 격차가 확대되는 가운데 여성이 '안정'을 확보하고 자신의 '가치'를 유지하며 높여가는 과정에서 파트너와의 관계유지는 중요한 관심사가 된다. 따라서 섹스에서 '커뮤니케이션'이 강조되고 규범화되는 것은 파트너의 기분을 상하게 하지 않는 것, 관계에 풍파를 일으키지 않는 것이 자신의 감각과 쾌락보다도 우선시되는 것으로 연결된다.

브라운은 미셸 푸코에 의한 강의[10]를 정리하고 자유주의에서 신자유주의로의 전환에 관한 특징을 다음과 같이 정리하고 있다.

> 신자유주의에서 경쟁은 자유주의경제가 강조하는 시장의 기본원칙과 역학으로서의 교환으로 바뀐다. 이것은 언뜻 보기에 사소한 것처럼 보이는 치환의 하나이지만 그것은 구조전환이고 다른 다양한 원리와 장소에 영향을 준다.브라운, 2015=2017 : 66

결국 시장원리가 모든 영역으로 확장되어 그 중심원리인 경쟁이 사회원리로 됨으로써 기존의 불평등이 정당화되어 규범화되어간다.브라운, 2015=2017 : 66 그리고 경쟁에서 필연적으로 생기는 '승자'와 '패자'라는 불평등

10 Foucault, Michel, ed.Michel Senellart, trans. Graham Burchell, *The Birth oh Biopolitics : Lectures at the College de France*, 1978~79, New York, 2004(신카이 야스유키愼改康之 역, 『생정치의 탄생 · 生政治の誕生』, 치쿠마서방 · 筑摩書房, 2008).

이야말로 사회원리로 되어가는 것이다. 마찬가지로 노동자 자신도 아무리 빈곤화되고 자원이 부족하더라도 스스로를 인적자본으로 간주하고 경쟁하는 기업가로 변용된다.브라운, 2015=2017 : 67

브라운의 논의를 부연 설명하면 1970년대와 2000년대 '커뮤니케이션'의 차이는 섹스에서 남녀의 평등을 원리로 삼는 자유주의에서 불평등이야말로 원리가 된 신자유주의로 변화했기 때문이라고 이해할 수 있다. 적어도 지금까지 살펴본 것 같은 『안안』의 '섹스특집'에서는 섹스에서 양측이 평등한지 아닌지라기보다도 자신의 성을 자본화하고 얼마나 잘하느냐가 관심 사항이라는 것을 알 수 있다.

이처럼 섹스가 매니지먼트의 대상으로서 전경화되는 것은 다른 사회구조의 문맥에서 분리되는 일이기도 하다. 브라운이 "마르크스가 생각한 것 같은 소외와 착취의 기반을 말소시켜 버린다"브라운, 2015=2017 : 67라고 서술한 것처럼 사회구조 문제가 후경화 · 불가시화되는 것이다. 결국 평등하지 않은 성관계 속에서 실제로 여성들이 경험하는 성적인 위협과 폭력, 그리고 그것에 대한 불안은 사회구조에 의한 문제가 아니라 개인이 처리해야만 하는 문제로 이해된다.

그러나 여성에게 있어서 '침대 안'에서의 불평등은 여성이 남성에 대해 상대적으로 사회적으로 불리한 입장에 놓여 있는 '침대 밖'에서의 불평등과 무관하지 않다. 예를 들면 나오미 울프Naomi Wolf가 신경과학의 지식을 바탕으로 논하듯이 여성의 오르가즘과 쾌락획득의 구조는 남성의 것과는 신경 구조적으로 완전히 다른 것과 동시에 "여성의 성욕을 증감시키는 신호의 대부분이 '여기는 안전한가'라는 뇌의 문의에 관여하고 있다", 즉 여성 자신이 존경과 안전을 획득하고 있는가와 큰 관련이 있다.울프, 2012=2014 : 228 울프의 논의에서는 남성의 쾌락을 중심으로 한 섹스에서 여성이 오르가즘과 쾌락을 획득하는 것은 기본적으로 어려움이 있음을 알 수 있다.

성행위를 경험한 여성 중에 남성인 상대방에게 피임기구를 착용하도록 만들기 위해 밀고 당기기를 경험한 적이 없는 여성, 혹은 관계가 악화되는 것을 두려워하여 '밀당'을 하는 것조차 포기할 수밖에 없는 상황, 그런 것을 개의치 않는 여성, 그리고 임신 가능성에 대해 공포를 느낀 적이 없는 여성이 과연 어느 정도 존재할까. 섹스가 단순히 개인의 문제로 치부됨으로써 남성과의 관계구축이 실패한 경우와 그뿐만 아니라, 발생한 불이익과 불안에 대해서는 자신이 어리석었기 때문이라며 자업자득이라고 치부하게 된다. 따라서 실제로 존재하는 불평등을 사회적인 문제로 파악하는 계기는 미리 사전에 제거되고, 반대로 불평등과 불안을 느끼는 적이 있었다고 해도 마치 평등한 것처럼 행동하는 남성을 기쁘게 하는 것이 섹스의 장면에서까지도 여성들에게 요구된다.

이상으로 본 절에서는 『안안』의 섹스특집을 단서로 하여 2000년대 이후에는 섹스를 매니지먼트하는 신자유주의적 섹슈얼리티가 대두되고 있는 점, 그것은 섹스에서 남녀의 불평등을 원리로 섹스한 결과 발생하는 문제를 여성의 자기 책임으로 규정함으로써 결과적으로 여성을 성적으로 종속적인 위치에 머물게 만드는 것에 대해 논의해왔다.

이처럼 여성을 성적인 주체에서 멀어지게 하는 과정이 신자유주의적 섹슈얼리티에서는 '안정', '평등', '친밀성', '커뮤니케이션'을 획득하고 싶은 여성의 선택성과 주체성에 의거하여 추진되어간다. 그것은 여성의 주체성에 의거하면서 종속과 책임을 강요하는 현대적인 성 관리 양상이 아닐까.

4. 성의 실질적인 자유와 평등을 위해

본 장에서는 여성의 성 해방에 대해 1970년대 미국의 리브에서는 여성의 성적인 쾌락과 자기주장을 토대로 한 논의가 전개된 것과 비교하여 일본에서는 상호성과 대등성, 커뮤니케이션이 강조되는 경향이 있었던 점제2절, 2000년대 이후에는 신자유주의적 섹슈얼리티라고 부를 만한 기존의 불평등을 전제로 한 후 리스크를 인수하여 매니지먼트하는 주체를 강조하는 듯한 모습이 대두되고 있음을 밝혀왔다제3절. 여성의 성 관념에서도 언뜻 보기에 자유와 대등성이 실현되고 있는 것 같지만, 실제로는 기존의 불평등적인 사회관계를 전제로 하여 자기 책임으로 노력하라는 규범이 강요되고 있다고 말할 수 있다.

게다가 최근에는 지금까지는 표면화되지 않았던 자식을 낳지 않는 여성의 삶과 체험을 기록한 출판물도 증가하고 있다.오쿠다이라 사미(奥平紗實), 2017; 요시다 우시오(吉田潮), 2017; 구도 미야코(くどうみやこ), 2018 이 문헌들에서는 지금까지는 그다지 주목받지 못했던 자식을 낳지 않는 선택을 한 여성들 또는 결과적으로 낳을 선택을 하지 않았던 여성들이 자신의 신체와 사회적 조건과의 사이에서 갈등과 조정, 불임 치료 등 매니지먼트의 다양한 노력이 부각되어 있다.

더 나아가 싱글로 임신한 대부분의 여성들이 고립과 빈곤 등 사회적으로 곤란한 상태에 놓이게 되는 것을 피하기 위해 낙태를 선택하지 않으면 안 되는 상황을 많이 볼 수 있는 임신 중에 생기는 갈등과 조정도 가시화되고 있다.나카지마 가오리(中島かおり), 2017 이와 같은 낳지 않을 선택을 한 여성과 원하지만 낳을 수 없었던 여성도 모성의 매니지먼트를 실시하고 있다고 말할 수 있을 것이다.

이와 같은 상황은 우리들에게 성의 자유와 평등 양상에 대한 재고를 촉구하고 있다. 본 장에서는 모성 관리가 실제로 어머니인 여성뿐만 아니라, 어머니가 되는 것을 예측하며 살아온 여성과 주위 사람들로부터 어머니가 될 것을 기대받아온 여성과도 관련이 있음에 주목했다. 여성의 이성애에 대한 섹스는 임신과 출산하는 신체를 가지고 있는 것으로 이해된다. 임신과 출산하는 것으로 빈곤과 고립의 리스크를 지게 되는 사회에서 실질적인 의미에서 여성의 섹스에서 자유와 평등을 실현하는 것은 매우 어려운 일이다. 물론 그것은 임신 · 출산하지 않는 것으로 문제가 있다고 간주하며 비난을 받는 등 억압을 받는 사회에서도 마찬가지이다.

본 장에서 검토해온 신자유주의적인 섹슈얼리티에서는 여성의 신체성을 방치하는 형태로 '커뮤니케이션' · '관계성'이라는 형식적인 평등을 추구하는 것은 오히려 여성을 더욱 가시화하기 어려운 형태로서 취약한 상태로 몰아넣는 구도가 있음을 확인했다. 성의 실질적인 자유와 평등을 위해 여성은 자기 책임이 아니라, 공적 · 사회적인 지원을 누리며 혼자서도 자식을 기를 수 있는 경제적 · 사회적 조건이 필요하다. 그러기 위해서는 역시 공적으로 케어를 부담하는 것에 대한 사회적인 합의가 두텁게 형성되는 것이 무엇보다도 중요하다. 그러므로 모성이 탈젠더화되지 않고 본질화되는 것도 아니고 여성들 자신에 의해 다시 파악하는 것은 하나의 가능성이 될 수 있다.

서구에서는 2008년 무렵부터 시작되었다고 일컬어지는 소셜미디어, 글로벌화, 상호교차성Intersectionality을 키워드로 하는 페미니즘의 새로운 조류가 주목받고 있다. 일본에서도 소셜미디어를 통해 2017년에 트럼프 정권과 그 성차별에 대한 대규모적인 항의로서 워싱턴 D.C.에서 실시한 여성행진곡Women's March, 1월 21일과 2018년에 등장한 성폭력에 대한 저항과 연대를 의도한 '#미투MeToo' 운동에 영향을 받아 현재진행형으로 여성들의 새로운 정치적 · 사회적인 운동이 전개되고 있다.

인권과 차별에 대한 문제의식을 지닌 20, 30대의 젊은 세대 여성들이 학교와 직장, 일상생활뿐만 아니라 다양한 사회운동에 관여해가는 과정에서도 여성이기 때문에 불이익과 차별을 받아온 경험을 공유함으로써 페미니즘을 의식하고 스스로 발신해나가는 상황이 생겨났다.

'성희롱'sexual harassment,[11] 치한, 성폭력, 섹스는 큰 관심사이다. 그렇지만 공공장소와 인터넷에서는 아직 발신하기 어렵기 때문에 예를 들면 미니코미mini · communication, 진ZINE[12]이라는 비공식 출판물의 작성을 통해 한정적이고 안전한 장소를 마련하여 자신의 성에 대해 다시 파악해나가는 여성들의 활동도 엿볼 수 있다.모토하시 리에(元橋利恵), 2018

여성들은 주체적으로 성관계를 갖고 대등한 관계성을 구축해가는 가운데 남성 중심적인 섹스 컬처Sex Culture와 성행위가 여전히 지배적이고, 현실에서는 비대칭성과 불평등이 존재하는 것을 통찰하고 있다. 그리고 자신의 성의 양상과 쾌락에 대해 "그것은 우리들에게 정말로 좋은가?"라며 자신의 신체성으로 되돌아가서 다시 파악해나감으로써 조심스러운

---

11 세쿠하라는 일본에서 성추행을 뜻하는 'sexual harassment'에서 파생된 말로서 여성들이 가정 내 폭력 · 강간 · 성희롱 등을 여성의 인권 침해로서 문제 삼기 시작했다(역자주).

12 진이란 미국 합중국의 얼터너티브 프레스(Alternative Press : 새로운 생활 양식을 창도하는 신문 또는 출판물 – 역자주)의 역사 속에서 만들어진 제작자 자신이 생산하고 출판하고 유통시키는 상업적이지도 전문적이지도 않은 소규모로 읽히는 종이 매체의 잡지를 가리킨다(던컴Duncombe, 2008). 미국에서 1990년 이후에 볼 수 있는 아카데미아(academia)도 아니고 기존단체에도 속하지 않는 젊은 여성에 의해 제작된 소책자는 '걸진(Girl Zine)'이라고 불린다. 본 장에서는 제작자가 스스로 미디어를 어떻게 표현하고 있는지에 따라 그에 맞추어 진 또는 미니코미(미니커뮤니케이션, 미니컴, 소수의 사람들 간의 정보전달을 의미함 – 역자주)라고 표현하고 있다.

일이긴 하지만, 저항을 시도하고 있음을 읽어낼 수 있다.[13] 이와 같은 여성들에 의한 신체성에 의거한 이의제기운동의 다양한 전개에 앞으로도 더욱 주목할 필요성이 있다.

제3부에서는 지금까지 검토해온 보다 '주체적'인 자기 책임으로서 육아를 완수하라는 규범이 형성되고 있는 상황 속에서 어머니들 자신은 자신의 모성에 대해 어떠한 발신을 하고 있었는지를 묻기 위해 어머니들의 사회운동에 주목한다. 이를 위해 다음 장에서는 먼저 어머니에 의한 사회운동에 관한 선행연구에서 어떻게 파악하고 있으며 어떠한 비판이 이루어져 왔는지, 그리고 그것은 케어 윤리의 시점에서 어떻게 극복 가능한지를 검토한다.

---

13 자세한 것은 모토하시(2018)를 참조하기 바란다. 예를 들면 2016년 이후에 도쿄에서 활동하는 여성들에 의해 작성된 『NEW ERA Ladies』·『NEW ERA Ladies』 #2, 간사이(関西)의 다양한 이슈 운동 속에서 연결된 여성들이 작성한 『Luv++』(Love Positive Plus), 간사이에서 젊은 연구자와 작가를 중심으로 만들어진 '화내고 싶은 여자모임'의 미니코미잡지 『코레아카(コレアカ)』·『코레아카』 vol.2·『코레아카』 vol.3를 참조하면 『NEW ERA Ladies』의 권두언 친애하는 숙녀분들에는 "고령자가 보수적인 것에는 '그런가'와 '아직 체념이 되지만' 패션잡지까지도 '요리를 잘 분배하는 요령'·'사랑받는 조건'·'사랑받는 메이크업'은 또한 '사랑받는 섹스'로서 '질 트레이닝'을 추대하거나 여성을 수동적으로 파악한 특집에 페이지를 할애하고 있는 것을 '흔한 광경'으로 만들면 안 되잖아?'라는 일절이 있는데 섹스 컬처의 변혁이 명확히 기도되고 있음을 알 수 있다. 이어서 『NEW ERA Ladies』 #2에서는 봉철(종이를 반으로 접어 접히지 않은 쪽을 철하는 동양식 제책법(製册法) – 역자주)이 마련되고 자위행위(Onanie), AV, 피임 용품 등도 포함한 자신에게 에로란 어떠한 것인지에 대해 이야기하고 있다. 『Luv++』에도 자신의 신체와 성욕을 타인 시점이 아니라 자기 시점으로 다시 파악하는 테마의 에세이가 많다. 화내고 싶은 여자 모임에 의한 『코레아카』에는 성 풍속이 주제로 크게 다루어지고 있다. 창간호에는 대여 비디오 가게의 성인 코너에의 '잠입'기와 AV의 시청 감상기, 『코레아카』 vol.2에는 성 풍속 이용 체험기를 엿볼 수 있다. 적어도 기존의 섹스산업과 섹스 컬처를 통해 자신의 욕망, 감각, 좋아하는 일에 마주하는 것에 대한 도전으로 자리매김할 수 있었을 것이다.

제3부

어머니들의 저항

—'어머니 운동'에 착목하여

제3부에서는 지금까지의 논의를 근거로 하여 자기책임화된 모성에 대항할 수 있는 어머니들의 정치적 임파워먼트란 과연 어떠한 것이고, 거기에는 어떠한 가능성이 내포되어 있는지를 전략적 모성주의의 관점에서 검토한다. 이를 위해 어머니들의 사회운동을 예로 든다. 우선 제6장에서는 '어머니 대회'와 '안보관련법에 반대하는 마마회'라는 두 개의 어머니 운동의 비교를 통해 모성에 담긴 전략의 차이를 논하기로 한다. 그리고 제7장에서는 '안보관련법에 반대하는 마마회'의 참가자에 대한 인터뷰를 통해 어머니들의 정치실천의 의미와 가능성을 탐색한다.

제5장

일본의 어머니 운동에 대한 시선

1. 어머니 사회운동의 포괄적 정리의 부족

역사적으로 세계 속의 많은 여성들은 '어머니로서' 목소리를 높이며 조직적으로 행동을 일으켜왔다. 『모성적 사유Maternal Thinking』1989의 저자인 사라 러딕은 전 세계에서 전개되어온 어머니들의 운동을 '모성적 정치maternal politics'로 개념화한다. 예를 들면 사회주의와 페미니즘이라는 다른 정치운동과 구별하는 형태로 어머니의 정치 활동을 파악하는 시점을 제공하고 있다.러딕, 1997

'어머니로서' 목소리를 높이며 전개된 정치 활동에는 예를 들면 KKK의 백인 지상주의운동 등의 어머니들, 나치 정권에 협력한 어머니들, 호모포비아Homophobia를 내걸며 동성애 배척 운동을 실시한 어머니들의 활동이 있다. 어머니의 정치 운동은 성적 편견을 지지하고 전체주의, 배외주의의 정치, 군국주의를 지지해온 역사를 갖고 있는 한편, 평화를 위한 여성 파업Women Strike for Peace, WSP,[1] 아르헨티나의 마요 광장Plaza de Mayo의 어

---

1 냉전기 1961년에 핵실험에 대한 반대로 조직된 미국 합중국의 단체. 1960년 1년에 5,000명의 여성이 핵실험 반대의 데모를 실시했다고 전해진다.

머니들,[2] 예루살렘의 검은 옷차림의 여성[3] 등으로 대표되는 반폭력의 평화운동처럼 평화와 환경보전, 폭력적인 정치에 대한 저항운동이 전개되어온 것도 또한 분명한 사실이다.

일본에서도 또한 어머니에 의한 운동이 전전戰前·전후戰後부터 현재에 이르기까지 파시즘에 영합하는 운동부터 평화운동, 환경운동, 반핵反核운동 등 입장을 막론하고 수없이 많이 존재해왔다. 그러나 사회운동사 속에서 어머니는 수없이 많은 운동의 담당자 중 하나로만 파악되어 어머니 운동을 대상화하며 논해왔다고는 말하기 어렵다.

어머니 운동에서 담당자가 어머니라는 의미와 여성이 스스로 모성을 내세우는 의미에 대해 가장 많이 언급해온 것은 페미니즘의 입장에서의 여성사연구이다. 그러나 그 연구들도 크게 두 가지 이유에서 어머니 운동의 평가에 대해 진중한 입장을 취해왔다.

그 이유로 예를 들 수 있는 것은 우선은 어머니들로 이루어지는 여성운동이 전시기戰時期에는 체제협력으로 기울어간 점이다. 전쟁의 가해국으로서 1980년대의 여성사연구는 전쟁의 피해자로서의 여성뿐만 아니라, 가해자로서의 여성이라는 시점을 가지고 반성적으로 역사연구를 발전시켜왔다.우에노, 1998

1991년 전시 중에 구舊 일본군에 의한 성노예제'위안부'가 되는 일를 강제당한 피해자인 김학순 할머니 등 3명의 한국인 여성이 일본 정부에 사죄와

2 1976년부터 1983년 독재정권하의 아르헨티나에서 발생한 아이를 잃은 어머니들에 의한 군사정권의 비도(非道) 행위에 대한 항의 행동. 정부에 유괴된 것으로 보이는 아이를 가진 어머니들이 마요 광장에 모여 매주 데모를 일으킨 것을 그 기원으로 삼고 있다.

3 1988년 이스라엘의 평화운동으로서 시작된 여성들에 의한 검은 옷과 침묵이라는 수법에 의한 항의 활동. 'WOMEN IN BLACK'이라 일컬어지는 이 스타일은 90년대의 구 유고슬라비아의 내전에서 내셔널리스트들의 폭력에 대한 페미니스트들의 항의에도 계속되고 있었다(모토야마 에이코本山英子, 2002).

배상을 요구하며 소송을 제기했다. 그 후 구 일본군과 세계의 전시 성폭력이 국제적인 테마로 부상하는 가운데 일본의 페미니즘들은 전시 성폭력의 문제를 미래에 어떻게 이어갈지를 고민하는 동시에 전시체제하 여성들의 과오에 대해서도 재문해왔다.

1995년 이후 우에노 치즈코의 『내셔널리즘과 젠더』1998, 오고시 아이코大越愛子의 『근대 일본의 젠더』1997, 와카쿠와 미도리若桑みどり의 『전쟁이 만드는 여성상』1995, 스즈키 유코鈴木裕子의 『페미니즘과 전쟁』1997이 잇달아 출판되었다. 모성주의는 여성의 운동지도자와 여성단체가 전쟁협력으로 향해갔다는 사실이 하나의 큰 요인이라고 지속적으로 지적해왔다.

다른 하나로 무릇 어머니 운동은 '어머니로서'를 전면에 등장시키는 그 성격에서 주부와 어머니 역할 그 자체에 대한 비판과 변혁이라는 목적을 갖지 않는 점에서 페미니즘의 시점을 갖고 있지 않다고 평가해왔다. 우에노는 무엇을 페미니즘이라고 부를 것인가라는 시점에 대해 어떤 운동이 페미니즘이 되기 위해서는 첫째, 여성의 자율적 운동autonomous women's movement일 것, 둘째 여성의 젠더Gender에 대한 문제의식이 있을 것problem-atization of gender이라며 이 양쪽이 필요하다고 발한다.우에노, 2006:140~142

예를 들면 전후 민주주의 속에서 발전된 어머니에 의한 반전 · 평화운동은 여성의 자율적 운동이기는 하지만, "남성과 남성 우월주의를 최대의 적이라고는 간주하지 않았던 점에서 후년의 페미니스트와는 달랐다".야마모토 마리(山本眞理), 2006 : 269 따라서 "개인적인 것은 정치적"을 슬로건으로 삼는 리브와 제2파 페미니즘 이후의 논의에서 살펴보면 모성을 내세우는 운동은 문제의식에서 불충분한 운동으로 파악하지 않으면 안 되는 측면이 있다.

그러나 현재에도 어머니라는 것과 모성을 내세운 여성들의 운동이 새롭게 생겨나서 전개되고 있다. 그리고 이들 운동의 담당자는 20, 30대의 젊은 세대의 어머니들인 것과 동시에 사회운동과 정치 활동에 처음으로 관계를 갖는다고 말하는 사람들이 대부분을 차지하고 있다. 운동 속에서 모성의 가치를 적극적으로 말하는 것과 모성을 상징으로 사용하며 2018년 현재에도 많은 여성들을 끌어들여 지지를 얻고 있는 것은 과연 무엇 때문일까.

지금까지의 연구는 어느 측면에서는 이와 같은 모성을 내세우는 운동의 적극적인 의미를 잘못 파악해온 것은 아닐까. 그리고 지금까지의 연구가 가진 한계점에 대해 케어 · 페미니즘의 논의에서 얻은 전략적 모성주의의 시점에서는 과연 어떠한 가능성을 얻을 수 있는 것일까.

본 장에서는 어머니로서의 아이덴티티와 모성을 전면에 내세운 여성에 의한 정치적 · 사회적 활동을 '어머니 운동'이라고 총칭한다. 그리하여 본 장에서는 어머니 운동을 유효하게 분석하는 새로운 시점을 획득하는 것을 목적으로 하고 있다. 또한 선행연구에서는 어머니 운동에 대해 어떻게 언급 및 평가가 이루어져 왔는지를 정리 · 검토한다. 어머니 운동에 대한 평가를 검토하기 위해서는 우선 전전 · 전후부터 현대에 걸친 어머니들의 주요 운동과 활동을 비교하며 언급되어온 것에 대해 종래의 연구에서는 어떻게 비판 · 검토되어왔는지를 개관하는 것으로 시작한다.

일본의 어머니 운동은 크게 두 가지가 주목받아왔다고 말할 수 있다. 하나는 전전과 전중戰中의 운동으로 모성을 강조한 전쟁찬미의 운동으로서 기억되고 있다. 다른 하나는 그 대표적인 것으로서 전후 이후의 반핵 · 반전운동으로 주로 전후의 핵병기 반대 운동과 1980년대 이후의 반원전운동을 예로 들 수 있다. 이 두 개는 정반대의 주장을 하고 있기 때문에 언뜻 보기에 기묘하게 생각되지만, 어머니 운동에 대한 평가의 큰 포인트는 이들 운동이 단절이 아니라 연속되고 있음을 지적한 점이고, 연속시킬 수 있는 것이기 때문에 모성을 내세운 운동에는 한계성이 있다고 지적한 점에 있다.

제2절에서는 ① 1930년대~패전까지의 전시기 여성운동, ② 1950년대 이후의 어머니 대회로 상징되는 평화운동, ③ 1980년대의 체르노빌 원전사고 이후의 반원전운동, ④ 2011년 이후의 반원전 · 반전운동 네 개의 시기로 나누어 각각의 운동 전개와 평가에 대해 어머니 운동에서 연속성이란 구체적으로 어떠한 것이었고, 또한 선행연구에서는 어머니 운동의 한계를 어떻게 극복해야만 한다고 생각해왔는지를 검토한다. 그리고 제3절에서는 지금까지의 어머니 운동에 대한 언급의 특징을 비판적으로 검토하고 어머니 운동의 재파악을 위한 시점을 제시한다.

2. 어머니 운동의 역사와 그 평가

1) 1930년대~ : 패전까지의 전시기 여성운동

전전에 유행하고 지금도 잘 알려진 「군국의 어머니」[4]는 명예의 죽음을 이룬 것처럼 아들을 훈계하여 전쟁터로 내보내는 어머니의 심정을 노래하여 당시 일세를 풍미했다. 이 노래에서 상징적이듯이 쇼와의 전시체제기에 국가주의에 어머니의 이미지가 동원되고 국가가 선도하여 전시정책과 침략전쟁 그 자체를 긍정하는 운동을 전개해나갔다.

여성사연구에서는 ① 전후, 그러한 역사가 없었던 것처럼 여성과 평화

4 쓰루타 고지(鶴田浩二)에 의한 가요곡을 말한다.

가 동일시된 운동이 전개되어온 것에 대한 비판으로서, ② 여성들이 일방적으로 강요당한 것이 아니라 오히려 주체적으로 그 운동에 가담해온 점, 그리고 ③ 다이쇼 데모크라시 속에서 고양된 여성해방운동과 부인참정권운동 속의 여성들이 '전향'해간 점이 주목되고 있다.

전쟁 중에 체제를 지지하고 일반 여성들을 전쟁의 후방지원으로 조직화해간 것은 네 개의 관제官製 여성단체였다. 육군성陸軍省 감독지도하의 대일본국방부인회, 후생성 감독지도하의 애국부인회, 문부성文部省 감독지도하의 대일본연합부인회[5] 등의 관제단체인데 그것들은 1942년에 통합되어 대일본부인회로 변경되었다.

이들 관제 여성단체는 만주사변 후에 확대 · 조직화되어갔다. 그리고 1938년~1945년 총력전 시기에는 그때까지 많이 존재했던 민간 여성단체를 축소시키고, 마을도시와 농촌의 부인회를 통합하여 일본의 거의 모든 여성을 포섭해간다.와카쿠와, 1995 하얀 소매가 달린 앞치마에 어깨띠たすき[6]가 그들 단체의 유니폼으로 기능하고 있었다.가노, 1995 선거권조차 없고 사회적 · 정치적으로 능력이 없다고 여겨지고 있었던 여성들은 '군국의 어머니'로서 활약하는 장소를 부여받게 되었다.

'군국의 어머니'로 일컬어지는 한 가정의 어머니의 역할을 국가에 대한 공헌과 직결시켜 여성들을 봉사하게 만드는 도덕이 '국가적 모성론'이라고 이야기되는 것이었다. 메이지기와 다이쇼기부터 쇼와 전시체제로

5 가정교육에서 어머니 역할의 중요성이 강조되고 가정교육의 진흥을 일으켰다. 기관지 『가정』이 유명하고 가정의 여성을 통합하는 역할을 담당하고 있었다고 전해진다(나가하라 가즈코永原和子), 1985). 구체적으로는 자식을 공산주의와 사회주의 사상 등 '위험 사상'에서 멀리하라는 등의 지도가 있었다.

6 양어깨에서 양 겨드랑이에 걸쳐 '십(十)'자 모양으로 엇매어 일본 옷의 옷소매를 걷어 매는 끈을 말한다(역자주).

의 이행기에 걸쳐 가정의 의의와 어머니의 역할은 다양한 담론에서 칭송되어왔다. 그것은 한편으로는 사회질서와 생활의 변화에 수도 없이 농락당하는 어머니들에게 기대는 것과 같으면서도 그 근저에는 가부장적인 집안에서의 생활방식과 그것을 통해 국가의 일원으로서 책임을 다하라는 것이었다.나가하라 가즈코(永原和子), 1985

일본이 근대화 이후 국민통합을 위해 형성해온 가족국가관은 일본의 전통적 국가제도의 원리를 기초로 하여 통합하는 측과 통합되는 측의 관계를 가족에 비유하는 것이다. 여기서 천황과 국민의 관계는 아버지와 자식 또는 본가와 분가의 아날로지로 여겨지는 조손일체祖孫一體, 조상숭배의 전통을 활용하여 천황제를 일본의 가족적 도덕 안에서 자리매김되었다.나가하라, 1985

메이지기~다이쇼기에 이 '가족'과 '국가'를 접합시킴으로써 천황과 국가에 대해 민중에게 충성을 동원하여 정통화하는 이데올로기가 형성되었고, 메이지 정부에 의해 학교 교육 등을 통해 보급되어간다. 특히 1911년의 국정 수신교과서 이후 가족국가관은 그 중핵으로서 자리매김되어간다.무타, 1996 이 제2기 국정 수신교과서에는 "여자의 어머니로서 아이를 기르는 일의 좋고 나쁨은 마침내 그 자식의 됨됨이에 영향을 주고, 더 나아가서는 국가의 성쇠에 관계되는 것이다"라며 가정 안의 어머니 역할은 국가의 성쇠와 결부되는 형태로 재검토되어간다.가노 마사나오(鹿野正直), 1983; 나가하라, 1985

1899년에 공포 시행된 '고등여학교령' 이후 양처현모주의를 내세운 여자교육이 시작되고 어머니로서 개인과 가정뿐만 아니라, 국가에 헌신을 다한다는 자각을 갖는 것이 교화되어왔다. 그중에서 국가, 가장, 그리고 아이에게 헌신을 다하는 자기희생적인 '어머니상'이 사람들의 도덕적 기반이 되는 일종의 이야기로 만들어져 침투되어갔다.호리코시, 2018

이처럼 자기희생적인 어머니야말로 아름답고 자연스러우며 바른 것이라는 '모성적 환상'은 메이지기부터 준비되어왔는데, 다이쇼 데모크라시라 일컬어지는 진보주의와 개인주의가 중시되던 시기에도 합리적이고 '발전된' 가정과 주부의 것으로서 기반을 잡아간다.사와야마, 2013 이처럼 학교 교육과 가정 안에서 애국심을 교육시키는 어머니로서, 그리고 그 이후인 전시기에는 국가가 필요로 하면 언제든지 남편과 아들을 전쟁터로 내보낸다는 봉사와 자기희생이 정당화되었다.[7]

그리고 많은 연구들이 지적하고 있는 것은 다이쇼 데모크라시 속에 고양되었던 여성해방운동과 부인참정권운동 속의 여성들이 전시기에는 대정익찬회大政翼贊會에 가담한 점이다. 그 대표적인 여성 운동지도자로서 언급되는 인물은 이치카와 후사에市川房枝, 히라쓰카 라이초平塚らいてう, 다카무레 이쓰에高群逸枝이다. 특히 『청탑』1911년 창간 안에서 전개된 모성보호논쟁에서 모성주의를 주장한 히라쓰카 라이초와 야마다 와카山田わか, 그리고 자칭 히라쓰카의 후계자라고 말하는 다카무레는 그 모성주의 사상의 계보로서 잘 알려져 있다.니시카와 유코, 1985

중일전쟁이 전면화된 1938년에는 국가총동원법이 제정되었다. 그리고 1940년에는 대정익찬회가 설립되었는데 그 사이에 훗날 제1파 페미니즘이라 불리는 운동의 담당자였던 이치카와 후사에, 야마다 와카, 하니 모토코, 마루오카 히데코丸岡秀子 등 저명한 여성들이 익찬체제의 의사결정 부문의 요직에 징용되어간다.

---

7 당시 주부 잡지는 '새로운 여성상'을 그리는 역할을 담당하고 있었는데 1917년 창간의 『주부의 벗(主婦之友)』에서는 유교 사상에 따른 양처현모적이고 모성환상에 합치하는 여성상을 그리고 있어 영향을 주는 역할을 완수한 것에 대해서도 많은 지적이 이루어지고 있다(사와야마, 2013; 와카쿠와, 1995; 기무라, 1989).

구체적으로는 이치카와 후사에가 1938년 이후 국민정신총동원 중앙연맹 조사위원회와 대정익찬회 조사위원회에 취임한 것과 다카라 도미高良とみ, 하니 모토코, 야마다카 시게리山高しげり 등 대정익찬회가 창립되었을 무렵에 부설되어 1940~1944년 사이에 개최된 중앙협력회의에 여성 대표로 참가한 것을 예로 들 수 있다.스즈키, 1986; 고(胡), 2018 히라쓰카 라이초도 사상적으로 익찬체제에 가담하여 그 천황 찬미와 우생사상이 신랄하게 비판받고 있다.스즈키, 1995

일본의 제1파 페미니즘이라고도 해야만 하는 여성운동의 담당자가 모성의 입장을 대변하는 것으로 대정익찬회에 참가한 점은 언뜻 보기에 모순이 있는 것처럼 보인다. 그러나 여성사연구에서는 오히려 그녀들의 일관성에 주목하는 경우가 많다. 1945년까지는 여성참정권도 없는 여성의 대표를 국회에 보내는 것조차 불가능했던 당시의 그녀들에게 익찬체제에의 가담은 여성들의 억압상황에 대한 필사의 방위였을 것이고, 틀림없이 근대적 주체가 되기 위함이었을 것이다.가노, 1989; 무타, 1996

엘시테인Jean Elshtain이 근대국가 아래에서 여성은 자식에게 애국심의 주입자와 교육자가 됨으로써 비로소 시민권을 얻었다고 서술한 것처럼엘시테인, 1987=1994 일본에서도 전쟁에의 협력이 '여성의 국민화'우에노, 1998가 된다는 아이러니한 상황이 있었다고 생각된다.

익찬체제로의 이행에 따라 당시의 부인참정권운동 등 여성들의 운동[8]

8 요사노 아키코(与謝野晶子)의 '모성보호논쟁' 안에 국가에 의한 모성보호를 주장한 히라쓰카 라이초는 모성보호법제의 제정추진 운동을 일으키고 있었다. 당시 1920년~1930년대에는 '여공애사(女工哀史)'로 상징되는 과혹한 부인운동과 다산, 낙태, 모자 중심의 문제가 많고 노동운동과 부인해방운동도 격렬한 저항운동을 일으키고 있었다. 또한 전시체제가 진행되는 가운데 여성의 노동이 강화되는 한편 모성보호가 문제시되어간다. 1934년 부인참정권운동을 벌여온 부선(婦選) 획득동맹 등 시민부인단체, 합법 무산정당의 사회대중부인동맹, 방적노동조합 등 부인단체가 통일하여 모성보호연맹을

은 완전히 정지하게 된다. 그러나 그 이전인 1930년대 초기 부인참정권에는 '어머니로서'의 입장에서 전쟁 반대를 주장하는 운동도 존재했다.고(胡), 2018 그렇지만 그와 같은 평화와 반전을 주장하는 운동은 체제에 의한 탄압 앞에 확대되지 못하고 전쟁을 인정하고 찬미하는 운동의 거대함 앞에 패배하고 말았다고 말할 수 있다.

2) 1950년대~ : '어머니 대회'로 상징되는 평화운동

전후 1950년대부터 1960년대는 전후체제의 기본원리를 둘러싸고 좌우 이데올로기가 대립되는 시대였다. 점령기 개혁의 반발로서 개헌을 진행하려는 보수파와 전후 민주주의로 일컬어지는 주로 평화헌법의 유지를 내세우는 진보파로 나뉘었다.

이 시기는 노동조합의 조직률이 급격히 상승된 시기이고 전후 민주주의가 가장 값지고 대중이 갖는 소박한 염전厭戰 감정, 즉 '전쟁은 이제 싫다'라는 감정과 평화의식을 자극받아 다양한 운동이 조직 · 확대되어간 시기이다. 전전의 탄압 입법의 폐지와 현행헌법 아래 시민적 제諸 권리의 보장이 실현되고 노동운동, 농민운동, 사회주의운동, 부락 해방운동 등의 인권운동, 민중운동, 학생운동, 서클운동이라 불리는 문화 · 정치 활동이라는 '주민운동'이라고 명명되는 운동이 생겨나서 전개되어간다.미치바 치카노부(道場親信), 2006 그러한 가운데 여성들에 의한 운동도 크게 확대되어간다.

모성을 강조한 운동으로서 일본에서 처음으로 여성에 의한 대중적인

결성, 이치카와 후사에, 가네코 시게리(金子しげり), 야마다 와카 등이 중심이 되어 모성보호법제의 제정촉진 운동을 일으킨다. 그 결과 1938년에 모자보호법이 성립된다. 그러나 모자보호의 절실한 바람의 한편으로 정부의 시책은 필요를 충족시키기에는 따라잡을 수 없고, 또한 1941년의 '인구정책확립요강'에는 '낳아라 번식하라'가 게재되어 있다(나가하라, 1985). 실제로 여성의 인권이 크게 훼손되는 정책이었다.

평화운동이라고 일컬어지는 것은 바로 어머니 대회라는 평화운동이다. 어머니 대회는 1954년에 비키니bikini 환초環礁에서 실시한 수소폭탄水爆 실험으로 인해 제5후쿠류마루第五福竜丸가 피폭된 사건을 계기로 확대되었다. 그 슬로건은 '생명을 낳은 어머니는 생명을 기르고 생명을 지키기 바랍니다'이며 현재에도 지속되고 있다.

어머니 대회의 전신은 여성 교사들에 의한 '제자를 다시 전쟁에 내보내지 못하게 한다'는 운동이다. 교직원조합에 의한 '제자를 다시 전쟁터에 내보내지 말라'라는 슬로건 아래 보호자인 어머니들에게 '같은 인간으로서 자유와 평등을 빼앗겨온 여자들끼리 아이를 사이에 두고 손을 맞잡고 스스로 개방과 평화를 목표로 일어선다'라며 어머니들의 의식 환기를 촉구한 것과 생활작문운동이 전국적으로 서클을 결성한 것이 지적되고 있다.야마시타 마사코(山下正子), 1995a · 1995b; 야마모토, 2006

어머니 대회는 그 후 60년 안보에서 고조를 보이고 '근평문제'라고 일컬어지는 교사에 대한 근무평정에 반대하는 운동과 교과서 무상화 운동 등 평화와 반핵뿐만 아니라, 생명과 자식 교육에 관계되는 다양한 문제를 다루는 조직으로 정착되어간다. 어머니 대회는 전국각지에 연합회를 두고 지역마다 어머니 대회를 개최하는 한편, 1년에 한 번 전국적으로 어머니 대회가 개최된다. 그런 경우에는 자신의 지역에 있는 연락회를 통해 참가하게 된다.[9]

---

9 어머니 대회에 대해서는 '어머니로서' 모인 여성들이 일치단결한 운동으로 평가되는 한편, 그 후 정당 간의 대립에 끌려가는 형태로 분열된 경위도 있다(야마시타, 1995b). 1961년에 사회당이 부인의 조직화를 일으키는 1962년 4월 '일본부인회의'가 결성되고 1962년 10월 '신일본부인회'가 결성되어 양자는 사회당계 일본부인회의, 공산당계 신일본부인이라는 듯이 대립적으로 여기게 되었다. 정당 간의 대립에서는 어머니 대회 실행위원회도 대립 관계의 예외는 아니며 1963년 미국 · 영국 · 소련 3개국 간의 부분적 핵실험 정지체결이 발표된 것에 대한 평가를 둘러싸고 정당 방침의 차이에 끌리는

어머니 대회에 대해 직접적으로 다룬 문헌은 어머니 대회의 사무국연락회에서 출판하고 있는 기록과 야마야 카즈코山家和子 · 가와사키 나쓰河崎なつ와 같은 활약을 한 인물에 관한 전기하야시 히카루(林光), 1974; 요네다 사요코(米田佐代子), 1981; 기무라 료코, 1999; 일본어머니대회실행위원회, 2004; 일본어머니대회연락회, 2009가 있는데, 학술적인 것은 적다고 말할 수 있다.

여성사연구에서는 어머니 대회에 대해 ① 전쟁 중에는 익찬체제에 협력한 여성 운동가들이 그 후 자기반성 없이 전후에는 평화운동으로 전환한 점, 그리고 ② 전쟁 중에는 전쟁협력의 상징이었던 모성이 전후에는 평화의 상징으로 이용되는 등 모성을 내세우는 문제성을 비판해왔다.

전자에 대해서는 히라쓰카 라이초 등 어머니 대회의 지도자에 초점을 맞춰 그 모성주의가 비판적으로 언급되어왔다. 히라쓰카는 전후 1950년 6월에 미국무성國務省 고문에게 건틀렛 쓰네코Gauntlett Tsuneko, 일본기독교교풍회 회장, 노가미 야요코野上彌生子, 가미요 다노上代たの, 훗날 일본여자대학장, 우에무라 다마키植村環, YWCA회장 등 5명의 연명으로 '비무장국 일본 여성의 강화에 대한 희망요강'을 제출하고 부인평화운동에 관여해간다. 이 희망요강의 멤버를 핵심으로 하여 1951년에 재군비반대부인위원회위원장은 히라쓰카, 부위원장에 가미요, 이치카와 후사에가 결성되었고 특히 1953년에는 전일본부인단체연합회婦團連가 결성되었는데회장은 히라쓰카, 부회장은 다카라 도미가 담당, 히라쓰카는 대중적 여성평화운동에 관여해가게 된다.

1955년의 제1회 어머니 대회는 1954년에 히라쓰카가 국제민주부인연맹에 제출한 '일본부인의 호소문'을 받아서 세계 어머니 대회의 개최가 결정되었는데 그 일본 대표를 뽑기 위한 집회라는 평가였다.스즈키, 2007 그

형태로 대립, 간부 문제 등도 추가되고 1966년 분열이 결정적으로 일본부인회의, 일교조(日敎組), 사회당 총평(總評)의 불참가라는 형태로 분열되어간다(야마시타, 1995b).

러므로 히라쓰카는 어머니 대회의 계기를 만든 인물로서 상징적 위치에 있다. 다만 실제로 히라쓰카는 어머니 대회와는 간접적인 관계에 머물러 있고 일반 참가자도 히라쓰카의 사상과 발언을 이해하고 있는 경우는 적었다고 전해진다.야마모토, 2006

이처럼 어머니 대회의 상징적 역할을 완수한 여성 운동가들은 전쟁 중에 체제협력에 대한 자기반성과 가해자로서의 자각이 없이 오히려 '어쩔 수 없었다'며 자기 정당화하고 있는 점을 지적해왔다.고(胡), 2018; 스즈키, 1986 어머니 대회 자체도 전쟁의 '피해자'로서 스스로를 정의하고 있는 한편, 가해자로서 자신들에 대한 언급이 없는 것에 문제가 있다고 당시부터 비판받고 있었다.우에노, 2006 : 168[10] 따라서 어머니 대회는 국가주의에 대한 무반성과 국민으로서 전쟁에 가담한 가해성을 봉인해버린다는 위험을 안고 있다고 평가받는다.스즈키, 1995 : 72

그리고 후자의 모성을 상징화하는 것에 대한 문제는 1980년대 이후에 모성이 사회 구축적인 개념인 것이 분명해지는 가운데 언급되어왔다. 모성은 전쟁 중의 전쟁협력과 군사적 동원뿐만 아니라, 전후에는 대기업이 참가하는 신생활운동이라고 일컬어지는 고도성장을 위한 성별역할분업을 기반으로 한 가족의 재편이라는 '국책'에의 동원에 이용되어왔다. 그와 같은 모성 개념에 어떻게 대항할까라는 시점에서 어머니 대회는 성별역할

10 당시 어머니 대회에서 전쟁 책임에 대한 문제의식이 없었음을 드러내는 사건으로서 1959년 제5회 대회에서 다니가와 간(谷川雁)으로부터 '어머니들이 한 일을 잊지 않고 있다'며 '아이'의 입장에서 격하게 항의가 있고 그것에 대해 회의장은 어수선하고 참가자들이 곤혹스러웠던 일이 오모리 가호루大森かほる(1997)에 의해 회고되고 있음이 언급되어 있다(우에노, 2007). 그 후에도 지식인층도 포함하여 어머니 대회 측으로부터 전쟁 책임에 관한 논의가 벌어진 적은 없었다(야마모토, 2006). 다니가와는 그 후 『부인공론』(1959년 10월호)에 「어머니 대회에의 직언」이라는 문장을 기고하고 있다(다니가와, 1959).

분업에 대한 언급이 없는 점에서 페미니즘운동이라고 간주하지 않았다.

제2파 페미니즘에서 획득된 시점에서는 전쟁 책임에 대한 자각과 더불어 슬로건으로서 개인적인 것은 정치적이라고 일컬어지듯이 '개인'으로서 '나'부터 시작하는 것이 가장 중요한 것 중 하나로 여겨져 왔다. 이 점을 감안하여 우에노는 나를 묻지 않고는 '전쟁'도 '평화'도 논할 수 없다고 말한다.우에노, 2006 : 178

그것은 결국 사람은 '나'에게 가해지는 억압과 폭력에 'NO아니오'라고 말함으로써 비로소 '나'의 타자에 대한 가해와 억압을 자각할 수 있다는 것이다. 사람은 일면적인 피해자 또는 가해자는 있을 수 없고 복잡한 사회구조 속에서 이중성을 가지고 살아가고 있다. 우에노는 '아내 · 어머니 · 주부'라는 지정석에서 내려와 여성으로서 '나'부터 시작함으로써 가해자로서의 여성을 재문하는 시점도 생겨난다고 논하고 있다. 이상의 논리로 보면 어머니 대회는 '내'가 될 수 없다는 의미에서 성별분업과 모성주의와의 대결 시점을 갖지 못하고, 그리고 전쟁과 평화에 대한 비평의 주체로서도 불충분한 것이라고 평가되어온 것이다.

한편으로 여성과 평화라는 테마에 대해 페미니즘으로서 어떠한 평가를 할 것인가에 대한 논의는 1980년대 반원전운동을 둘러싼 논의에서 시작되었기 때문에 어머니 대회에 대한 언급은 그 지도자층과 유명한 여성 운동가로 한정되는 경향이 있다. 어머니 대회를 가장 자세히 다루고 있는 연구는 대중적 평화운동사로 분석하고 있는 야마모토 마리2006를 예로 들 수 있다.

야마모토를 비롯하여 어머니 대회의 일반 참가자와 지속성에 초점을 맞춘 논의에는 제1회째 어머니 대회에서 빈곤 상태에 있어서 만족스럽게 육아가 불가능한 상황의 지방 어머니들이 눈물을 흘리면서 상황을 호소한다는 '우는 부모 대회'라고 불린 광경에서 상징되듯이 정치적 주체가 될 수 없었던 여성들이 모성을 앞세워 목소리를 높이는 것에 대한 의미를 적극적으로 평가해야만 한다는 의견도 엿볼 수 있다.야마모토, 2006; 이토 다카시(伊藤理史), 1985; 스즈키, 2007

3) 1980년대~ : 체르노빌 원전사고 이후 반원전운동

다음으로 모성을 내건 운동으로서 언급되는 것으로는 1980년대의 '뉴웨이브new wave'라고 일컬어지는 반원전운동이 있다. 그러나 이들 운동이 생긴 정치적 배경은 1950년대와는 전혀 다르다.

NHK가 1977년에 실시한 여론 조사를 토대로 한『현대 일본인의 의식구조』1979에는 1973년 석유 쇼크 후의 경제 불황을 계기로 1970년대가 사람들의 정치의식에 큰 전환점을 이루었음을 알 수 있다. 이 조사에서는 개인의 권리를 위협받았을 때 단결하여 요구를 내세우는 것을 '결사 · 투쟁성'이라는 항목으로 파악하고 있다.

이 결사 · 투쟁성의 침투율은 그 전의 조사1973년에서는 특징적으로 늘어나고 있었던 젊은 세대를 중심으로 전체적으로 약해져 있고 젊은 세대의 '정치 관심의 저하'를 보고하고 있다.NHK방송여론조사소, 1979 : 177

이 1960~1970년대는 사회운동사 중에서도 사회운동관이 크게 변화된 시기라고 파악되고 있다. 소위 혁신정당이라고 일컬어지는 일본사회당과 일본공산당, 민사당 등의 정당과 노동조합을 중심에 두고 이들과 연대하면서 사회운동을 전개하는 각종 대중단체가 개개인의 시민이 자발적으로 문제에 대처하는 비노동조합형의 '시민운동'에 의해 상대화되어 온 시기이다.미치바, 2006

이처럼 고도성장기 이후의 경제 불황으로 경제발전 중시의 사회의식이 고양됨과 동시에 노동운동과 같은 계급의식에 입각한 물질주의적인 정치의식은 후퇴되어간다.[11] 그 한편으로 경제발전의 부작용인 환경문제와 공해, 오염 등의 사회문제에 대해 '시민'에 의한 '새로운 운동'이 주목받게 되었다.안도 다케마사(安藤丈將), 2013

그 하나의 예로 들 수 있는 것은 원전에 반대하는 제諸 운동이다. 1960~1970년대에는 원전 유치에 지역주민이 반대하는 '원전차단운동'이 지역에서 실시되고 있었다.히라바야시 히로코(平林裕子), 2013 그러나 여성의 참가는 대부분이 없었다고 전해진다. '자식을 지키는 모성'의 강조가 반원전운동에서 고조되어간 것은 1986년 4월 체르노빌 대사고 이후 1988년의 시코쿠 전력四國電力의 이카타伊方 원전의 출력조정 실험에 반대하는 여성들의 운동이었다.

그 기세는 크게 실험반대 서명이 전국적으로 퍼져나가 2개월 만에 100만을 넘었다.곤도 가즈코(近藤和子), 1989 특히 활동가도 아닌 무명의 여성들이 불안감에서 벌인 행동이 주목받게 되어 1년 전에는 체르노빌조차 몰랐다는 아마샤 슈케이코甘遮珠惠子의 『아직 늦지 않았다면』1987이 입소문을 타고 퍼지면서 30만 부가 넘는 베스트셀러를 기록했다.

> 동물의 세계에서도 아이를 낳은 어머니는 뱀이라도 곰이라도 돼지라도 너무 신경이 예민하니까 가까이 가면 위험하다고 합니다만, 낳은 자식의 생명을 지키려는 어머니로서의 본능입니다. 나는 어쨌든 자식을 지키자, 태어난 지 얼마 안 되는 생명을 지키려는 귀중한 생물의 본능입니다. 저도 역시 생물입니다. 그리고 어머니입니다.아마샤, 1987 : 52

11 노동정책연구 · 연수기구에 따르면 노동조합조직률은 1960~1975년에는 보합상태였던 것이 1970년대 후반부터는 급락해가는 경향에 있다(노동정책연구 · 연수기구, 2003).

이와 같은 모성 찬미와 어머니라는 것을 '본능'으로 환원시키는 듯한 본질주의적인 문언에 대해 가노 미키요加納実紀代는 어머니 대회와의 연속성을 가지고 '어머니로서의 본능'이 얼마나 공허한 것인가라는 비판이 이루어지고 있다.가노, 1995b 그리고 이시즈카 도모코石塚友子는 ① '어머니로서'라는 발상은 자식이라는 타자의 생명에 의거하고 있어 대변자의 입장에 계속해서 서게 된다. ② 모성의 절대화 · 초자연화 · 신성화를 강화해버리는 것은 아닌가. 여성의 존재 의의를 어머니에게만 인정한다는 발상을 강화하는 역할을 하는 것은 아닐까. 그리고 ③ 어머니는 늘 피해자이고 스스로 주체적으로 악을 만들어내는 일은 없을 것이라는 발상을 숨기고 있는 것은 아닐까라는 이 세 가지가 지적되어 있다. 그리고 이러한 점들을 끝까지 파고들면 "나라는 주체는 없다"고 말한다.이시즈카, 1991 : 250~251 즉 여기서도 '개인'으로서의 확립이 비판의 논점이 되고 있는 것이다.

한편으로 전쟁 중의 국방부인회와 어머니 대회를 연속적으로 파악하는 것은 단락적이라며 1980년대 운동의 다양함을 강조하는 견해도 있다.곤도, 1991; 후카에 세이코(深江誠子), 1991 후카에 세이코가 반원전운동은 '모성'을 '부모성親性'으로 대체해나갈 것, 그리고 곤도 가즈코近藤和子가 영국 '여자들'의 반기지反基地운동[12] 등 세계적 규모의 운동을 참조하여 논했듯이 1980년대에는 좀 더 보편적인 사상으로서 여성과 평화, 그리고 모성 관계가 논의되었다.

문화인류학자인 아오키 야요이青木やよひ가 에코페미니즘을 소개하고아

12 1980년대에 영국의 그린햄(Greenham) 미군기지에 대한 반대 운동이다. 1979년에 북대서양조약기구(NATO)에 의한 유럽에의 미국 신형 핵병기 배치 결정에서 비롯된 반핵운동으로 자리매김되었다(곤도, 1991). 그린 햄 기지를 '인간사슬'로 에워싸고 평화캠프를 설치하여 매일같이 비폭력에 의한 항의 행동을 벌였다.

오키, 1983 우에노와 에하라에 의한 비판이 이루어지는 등 '에코페미전쟁'이 전개되었다.[13]

이상과 같이 1980년대의 반원전운동을 계기로 전개된 논의를 개관하면 이 시기의 모성주의는 '반근대적 유토피아'니시카와, 1985를 그린 것으로서 비판적으로 언급되어왔음을 알 수 있다. 니시카와 유코가 "모성주의는 대항사상으로서 생명의 재생산 입장에서 산업사회를 비판할 때에는 날카롭고 유효했다. 그렇지만 근대사회 속에서 개인으로서 살 수 없는 자들을 위해 반근대적 유토피아를 조급하게, 특히 시적으로 아름답게 그리기 시작할 때 시대에 역행하는 전체주의에 빠지는 양면성을 지니고 있었다"니시카와, 1985 : 181고 지적하듯이 모성은 '개인'과 대립되는 사상으로서 '개인으로서 살아가는 것'이 사회적으로 곤란한 상황에 놓여 있는 사람들의 몫이 되는 원리가 된다. 그러나 그 한편으로 '모성'이라는 도구에는 사회적 과제에 대한 입장성을 애매하게 만드는 효과도 있고 평화를 위해서도 전쟁협력을 위해서도 동원된다. 따라서 사회를 근본적으로 변혁시키는 것 같은 상징과 주체는 될 수 없다는 평가였다고 말할 수 있다.

그러나 최근에는 이 체르노빌 이후 여성들의 운동은 모성 본질주의와

---

13 에코페미니즘은 1970년대 말부터 1980년대 초두에 걸쳐 반원전운동과 평화운동에서 싹튼 사상과 운동이고 제2파 페미니즘과 에코로지(ecology)운동의 틈새에서 태어났다고 일컬어진다(후쿠나가 마유미福永眞弓, 2016). 근대과학, 자본주의, 가부장제의 복합체를 비판적으로 극복하고 대안사회 · 경제의 맹아를 이미 있는 생활 실천과 운동에서 발견해내고 연대와 이론적 지주를 구축하려는 입장이다(후쿠나가, 2016). 아오키 야요이와 우에노 치즈코의 논의를 받아들여 1985년 5월 일본여성학연구회 심포지엄 「페미니즘은 어디로 가는가–여성원리 에코로지」를 개최했는데 여기서 에코페미니즘은 ① 근대비판의 안이함과 전근대 찬양주의, ② 여성원리와 모성주의 주로 이 두 가지에 대해 강력한 비판을 받는다. 후쿠나가는 이와 같은 논의를 통해 근대주의와 전근대주의라는 대립 축이 더욱 명확하게 되었다고 논한다. 에코로지와 에코페미니즘을 좋다고 하는 것은 전근대주의라는 견해와 평가가 결정되어 피할 수 있게 되었다(후쿠나가, 2016).

는 다른 계기를 가지고 있다는 논의도 나오고 있다. 요코야마 미치후미横山道史는 독일의 페미니스트인 클라우디아 폰 벨호프Claudia von Werlhof와 마리아 미스Maria Mies 등이 체르노빌사건 직후 서독 여성들의 목소리를 모은 『체르노빌은 여성들을 바꾸었다』1989＝1989에서 그녀들의 모성이란 '관념으로서의 모성'이 아니라, '어머니로서의 경험'에 근거한 것으로서 출발하고 있다고 평가하고 있다.

"자식을 진보의 희생물로 삼는 것은 용인할 수 없다"라는 논리로 벨호프는 '새로운 어머니'의 입장에서 제3세계에 대한 언급과 원전 없는 사회로 가는 길에 대해 다음과 같이 말한다.

> 내가 타자를 위해 일으킨 행동은 자신에 반하는 것도 자신의 몸이 아무렇게나 되어도 좋다는 것도 아니다. 그것은 나 자신을 위해 일으킨 행동과 조금도 모순되지 않는 것이다.벨호프, 1989＝1989 : 28

여기서 벨호프가 제시하고 있는 것은 자식의 생명에 대한 책임을 떠맡는 자신의 '어머니로서의 경험'에 근거를 둔 운동이라는 점이다. 요코야마는 이 '새로운 어머니'에 의거한 운동을 가부장제에 의해 만들어진 관념적인 모성의 재현이 아니라, '어머니로서의 경험'에 기초한 '여성문화'의 재생 · 창조로 파악해야만 한다고 말한다.요코야마, 2012 : 147

요코야마는 이 벨호프 등의 텍스트의 시점으로 이카타伊方 출력조정出力調整시험 반대 운동에 대한 호소의 중심이 되었을 당시 40세였던 오하라 료코小原良子의 텍스트를 분석했는데, 자식에 대한 문제에서 시작된 자기 성찰이 '자신'을 키워드로 전개되고 원전문제에 어떻게 대치해나갈 것인가라는 자기 결정에 가치를 두고 있음을 밝히고 있다.요코야마, 2012 : 151

원전문제를 '자식'을 매개로 파악하는 것에서 시작된 운동이 '자기 결정'으로 향할 것인가 아니면 '모성 본질주의'로 향할 것인가로서 운동의 의미는 크게 다르지만, 포스트 체르노빌의 탈원전운동이 제시한 것은 그 양자가 혼재하고 있다는 사실이었다. '모성 본질주의'라는 꼬리표를 붙인 탈원전운동이 그 내실에서는 다양한 주체를 떠안고 있었던 점, 즉 가치 지향성의 벡터가 '모성 본질주의'의 일방향은 아니었다는 점이다.요코야마, 2012 : 152

이처럼 포스트 체르노빌의 반원전운동은 지금까지의 어머니 운동에서는 볼 수 없는 특징으로서 모성 본질주의만은 아니라는 평가가 이루어져 오고 있는데, 그것은 어머니들이 자기 결정에 가치를 둠으로써 성립되어 왔다. 요코야마는 "무엇을 계기로 '자기 결정'과 '모성 본질주의'로 향하는 벡터가 규정되는 것일까라는 구조가 문제시되어야만 한다"와 '모성 본질주의'에 빠지지 않는 '자기'에 가치를 두는 어머니 운동의 가능성에 대한 전망을 논한다.요코야마, 2012 : 153 그러나 여기서도 모성과 개인은 상반되는 대립적인 것으로 파악하고 있는 점에 유의할 필요가 있다.

4) 2011년 이후의 반원전·반전운동

2011년 3 · 11 동일본대지진과 후쿠시마福島 원전사고는 새로운 사회운동의 파동을 가져왔다. 지금까지는 없던 층이 데모나 항의집회에 참여하고 있다며 미디어에 다루어진 것은 학생 등 젊은이와 아이를 동반한 젊은 어머니들이었다.

실제 후쿠시마 원전사고 후에 발 빠르게 목소리를 높여 행동을 일으킨 것은 여성들이었다. 정부와 도쿄전력電力이 '건강에 직접적인 영향은 없습니다'라고 되풀이하던 중 스스로 계측기를 구매하여 교육기관이나 행정과 교섭하는 어머니들, 방사성 물질로부터 조금이라도 벗어나기 위해 자식을 데리고 피난하는 '피난 마마' 등 어머니들의 자주적인 행동이 거론되었다. 특히 '원전 필요 없는 후쿠시마의 여자들'이 2011년 10월, 경제산업성經産省 앞에서 3일간 농성 활동을 벌이고, 원전 지진 1주년 현민縣民 대집회 전날인 3월 10일에 '원전 필요 없는 지구(생명)의 모임'을 실시하는 등 원전 재가동 반대를 내건 정치 운동을 전개해나가기에 이르렀다.

곤도 가즈코 · 오하시 유미코大橋由美子 편저 『후쿠시마 원전사고와 여자들』2012에는 각각의 입장에서 발 빠르게 행동을 일으킨 경험이 다른 다양한 여성들의 체험이 담겨 있다. 오하시는 '어머니로서'의 탈원전운동에 대해, 페미니즘연구에서는 1980년대에 실시한 비판 이상의 언급은 이루어지지 않은 한편, 페미니즘이 탈원전에 적극적인 메시지를 내놓지 않은 것을 문제 제기했다.오하시 2012

2012년에는 일본여성학회 심포지엄 '재고 · 페미니즘과 어머니 – 이성애주의와 여자의 분단'이 개최되었는데 페널리스트는 가노 미키요, 마쓰모토 마리松本麻里, 미즈시마 노조미水島希가 맡았다. 가노로부터는 자기해방과 당사자성을 떼어놓지 않는 형태로 미래를 열어갈 모성의 가능성에 대해, 마쓰모토로부터는 '모성이데올로기'와는 선을 긋는 실천적인 의의가 있는 점이 각각 제기되었다.일본여성학회, 2012 그 한편으로 플로어에서는 '메타포로서도 왜 어머니에게 집착하는가', '열린 어머니란 무엇인가'라는 질문이 쏟아졌다.일본여성학회, 2012 그러나 이처럼 2011년 이후에 새롭게 일어선 어머니들의 운동은 적극적으로 파악하려고 하면서도 충분히 검토되어오고 있다고는 말할 수 없다.

그리고 2015년에는 국회에서 심의되고 있었던 안전보장관련법안에 반대하기 위한 운동이 일어나 '안보관련법에 반대하는 마마회'가 일어설 수 있었다. '누구의 자식도 죽게 하지 않는다'를 슬로건으로 삼아 SNS에 의한 호소를 중심으로 한 탈원전운동과 같은 수법을 이어받은 운동은 반전, 반핵, '자식을 지키는' 것을 이슈로 하여 어머니들이 이어가는 광경으로서 사회에 또다시 출현하게 되었다.

3. 전략적 모성주의 시각에서 보는 어머니 운동

제2절에서는 ① 1930년대~패전까지의 전시기 여성운동, ② 1950년대 이후의 어머니 대회로 상징되는 평화운동, ③ 1980년대의 체르노빌 원전사고 이후의 반원전운동, ④ 2011년 이후의 반원전 · 반전운동이라는 각각의 시기마다 어머니 운동과 그것들이 어떻게 언급되고 평가되어 왔는지를 개관해보았다.

각각의 시대마다 어머니 운동은 모성 본질주의와 성별역할분업이라는 관점에서 비판적으로 다루어져 온 한편, 1980년대 이후 반원전운동 이후의 어머니 운동에서는 자기 결정과 개인임을 중심에 두는 어머니의 모습이 발견되어 평가받게 되었다. 그러나 그것은 1950년대까지의 어머니 대회와는 다른 새로운 것으로서 단절을 강조하는 형태로 언급되어왔다고 말할 수 있다.

선행연구에서는 어머니 운동 안에서 자기 결정과 개인이 되는 계기를 발견함으로써 모성 본질주의와는 다른 것으로 평가하는 시도가 이루어지고 있다. 이와 같은 평가는 거론되는 제 운동의 형태가 변화하기 때문이라고 지적할 수 있다.

1950, 1960년대에 확대된 조직적인 정당과 노동조합의 영향 아래에

서 대중운동부터 1970, 1980년대의 싱글 이슈 네트워크single issue network형의 '시민'에 의한 운동이 주목받아왔다. 운동을 바라보는 자의 시점도 조직과 상징, 이데올로기의 역할을 수행한 인물보다 개개인에게 초점이 옮겨진다. 따라서 개개인의 여성들이 스스로 사고하고 판단하여 참가하고 있다는 어떤 의미에서는 당연한 일상과의 연속성이 보인다.

그러나 이와 같은 모성과 개인을 대립하는 것으로 파악했는데, 어머니 운동에서도 개인임을 발견함으로써 적극적인 위치를 설정하는 틀은 1950년대의 어머니 대회와 전전·전중의 운동을 포함하여 어머니 운동의 참가자인 여성들·어머니들이 모성을 내걸고 정치 운동을 전개해 간 것을 지나치게 과소평가하고 있다.

우에노 치즈코2006가 서술한 것처럼 모성은 종래 여성들에게 주어진 유일한 '지정석'이면서 여성들이 사회적으로 승인을 받아 정치에 참가하기 위한 실마리였다. 그러므로 모성을 내건 정치참가에 대해 질과 사회적 과제에 관한 입장을 엄하게 물어야만 하는 것은 지당한 일이다. 그러나 정치참가의 질과 입장은 '개인'으로서도 혹은 '여성'으로서도 지속적으로 물어야만 한다. 정치참가가 형식적으로는 담보된 현대에도 여전히 모성이라는 메타포에 대한 집착이 큰 것은 과연 무엇 때문일까. 여성들이 모성을 내세우는 의미부터 재고되어야만 할 것이다.

2015년 이후의 운동에는 새롭게 생겨난 운동이 그 자체만으로 독립적으로 활동할 뿐만 아니라, 정당과 노동조합에 의해 지속되어 온 조직적인 기반이 있는 운동과 네트워크적인 개인 참가에 의한 운동이 목적을 위해 한정적으로 서로 협력하는 상황이 존재한다.나카노 고이치, 2016

어머니 운동에서도 그것과 마찬가지로 예를 들면 1980년대부터 반원전운동에 관여하고 있었던 사람이 2011년 이후의 운동에도 참가하는 경우, 어머니 대회에 참가하고 있는 사람이 '안보관련법에 반대하는 마마회'의 플래카드를 들고 반원전 데모에 참가하는 경우, '안보관련법에 반대하는 마마회' 주최의 데모와 가두선전에 어머니 대회를 오랜 세월 지지해온 사람이 참가하는 경우, '안보관련법에 반대하는 마마회'의 멤버가 어머니 대회에 참가하는 경우 등 동시에 장場을 형성하고 혼재함으로써 운동이 형성되는 측면이 있다. 각각 자율적으로 활동하고 다른 발판을 가지면서도 '어머니로서' 평화와 유대를 주장함으로써 서로 공명하고 있다.

종래의 어머니 운동에 대한 시선은 정치적 주체로서 '개인'임을 가장 중요한 것으로 간주하고 '개인'이라는 벡터를 가짐으로써 어머니 운동이 진화해간다는 방식이라고도 바꾸어 말할 수 있다.그러나 이미 지적한 것처럼 이와 같은 방법으로는 현대 어머니 운동의 대두와 그 의미를 파악할 수가 없다.

이 책의 제1부에서 검토해온 것처럼 이 책의 시좌인 전략적 모성주의는 '개인'과 모성을 상반되는 것이라고 파악하며 어머니를 사회 안에서 열위에 두는 근대 개인주의적인 모성관에 대해 모친업 속에서 단련되고 길러진 사고와 판단력을 사회구상의 기반에 두려고 한다. 그렇다고 해서 전략적 모성주의의 시점에서 어머니의 활동이 개인으로서의 존재를 억압하는 것은 아니다.

오히려 개인으로서만 주체임을 인정하는 종래의 틀을 비판하고 어머니라는 '나'로부터 시작된다는 시점을 가지고 있는 것이다. 케어 · 페미니즘의 논의를 바탕으로 한 모성의 자리매김에 대한 시점의 전환은 어머니 운동을 볼 때 모성은 정치적 주체로서의 개인이라는 기준에서 적절한가라는 관점에서 모성 그 자체가 새로운 정치와 사회관계를 구축할 가능성을 가지고 있다는 시점에의 이행을 가능하게 한다.

어머니라는 여성의 사회적 포지션에 뿌리를 둔 활동은 그것들이 의지하며 서 있는 기반을 뒤흔들고 무너뜨리는 잠재력을 가지고 있다는 시점을 가짐으로써 우리들은 어머니 운동에 대해 모성이라는 메타포를 이용한다거나 어머니 역할을 강조한다거나 함으로써 여성들은 무엇을 주장하고 있는 것인가. 그리고 그와 같은 어머니들의 활동은 종래의 정치와 사회에 대해 어떠한 영향력을 가져다주는가 라는 적극적인 시점을 가질 수 있다.

일본에서 케어 · 페미니즘연구의 제1인자인 오카노 야요는 현대 일본사회, 더 나아가서는 세계정세의 정치관으로서 지배적인 안전보장의 논리에 대한 대항으로서 케어 윤리를 평가하고 있다.오카노, 2015b '안전보장'의 윤리란 근대 정치사상 또는 철학이 전쟁이라는 것을 '공격하는 자'의 측에서 파악하고 있고, 그 전쟁관에서 평화를 구축하려고 해온 것이라고 설명할 수 있다.

그 근저에 있는 것은 토마스 홉스Thomas Hobbes의 주저 『레비아단*Leviathan*』으로 대표되는데, 인간은 경쟁심에서 사람을 지배하고 폭력에 호소하며 또한 그러한 인간에게 둘러싸여 있음으로써 보다 더욱 더 안전 확보를 위해 폭력에 호소하는 것이라는 철학, 인간관이다. 따라서 '안전보장'의 윤리는 결국 평화라는 이름 아래 폭력의 연쇄를 낳는 것으로 여겨진다.

오카노는 이와 같은 폭력의 연쇄를 끊을 가능성으로서 케어 윤리를 제기한다. 그것은 케어의 실천이란 케어하는 사람과 케어 받는 사람의 알력이고, 실천자에게는 "힘을 가진 자가 무력 혹은 자신보다 약한 타자에게 얼마나 폭력에 호소하지 않도록 행동하는가"라는 논리가 요구되기 때문이다.

결국 모친업으로 대표되는 듯한 의존 노동을 담당하는 사람들의 인간관과 세계관에는 상처받기 쉬운 타자의 케어가 없으면 생존할 수 없는 사람과의 관계성이 존재한다. 이 인간관과 세계관은 타자의 상처 받기 쉬움이 있어서는 안 되는 위해에 대해 민감함과 배려를 보이며 응답하는 윤리를 요구하는 것이다.오카노, 2015b : 214

이 책에서는 지금까지 참조해온 러딕과 오카노의 논의를 답습하고 케어 실천이 가진 평화구축에의 잠재적 가능성을 어머니들의 정치적 임파워먼트에 이바지하는 것으로 조치해왔다. 제2장에서도 서술한 것처럼 케어하는 사람과 어머니들이 반드시 평화주의자가 되는 것은 아니다. 그러나 본 장에서 살펴본 어머니들의 사회운동은 어머니들이 놓인 사회적 제 요소와 개별적 사정으로 규정되면서도 그녀들의 케어 실천으로 길러진 평화에 대한 관심과 사고가 사회적으로 현상된 것으로 추정할 수는 없는 것일까. 그리고 그것을 밝히기 위해서는 개별 어머니들의 운동을 분석하고 그 내재논리의 해명에 의해 밝힐 필요가 있다.

다음 장에서는 실제로 어머니 운동에서 어머니들의 실천을 중심으로 분석하고 여성들이 모성을 내세우는 것에 대한 실천적인 의미를 고찰한다. 제6장에서는 1950, 1960년대의 일본 어머니 대회와 2015년의 안보 관련법에 반대하는 마마회를 다룬다. 각각의 운동에서 '어머니'나 '마마'라는 표현법을 통한 모성의 강조에는 어떠한 전략이 담겨 있는지 당사자와 신문 보도의 담론에서 동일성과 구별을 의식하면서 분석해나간다. 그리고 제7장에서는 두 지역의 '마마회' 멤버의 인터뷰를 토대로 하여 그녀들이 정치 활동에 참여해가는 과정 분석을 통해 어머니라는 것과 모친업의 경험이 어떠한 의미를 지니고 있는지를 밝히기로 한다.

제6장

어머니의 사회운동에서 모성 전략의 변화

어머니 대회와 마마회의 비교

1. 어머니 대회와 마마회를 다루는 이유

전장에서는 전전부터 현재까지의 어머니 운동에 대해 개관하고 지금까지의 연구에서 모성과 개인을 대립적으로 파악해온 것에 의한 한계성을 지적했다. 그리고 케어 윤리의 근거로 함으로써 어머니 운동에 대해 모성을 왜 내세우는가 하고 묻는 것이 아니라, 모성을 내세움으로써 무엇을 주장하는가라는 물음으로 시점을 전환할 필요가 있음을 논했다. 본 장에서는 실제로 어머니 운동의 분석을 통해 여성들이 보성을 내세우는 것에 대한 현실적인 의미를 고찰해가기로 한다.

분석대상으로서 먼저 1955년에 시작된 일본 어머니 대회에 모인 여성들과 어머니들의 운동을 다룬다. 일본 어머니 대회란 전장에서 서술한 것처럼 1년에 1회 개최되는 대회의 명칭이고 운영은 각 단체와 노동조합이 모인 일본 어머니 대회 연락회에서 담당하고 있다. 이하에서는 이 전후 초기부터 지속되고 있는 어머니들의 운동을 '어머니 대회'라고 부른다. 그리고 다음으로는 2015년 7월에 안보관련법에 대한 반대를 목적으로 설립된 '안보관련법에 반대하는 마마회'이하 '마마회'라고 약칭를 다룬다.

어머니에 의해 담당된 운동이 수없이 많은 가운데 어머니 대회와 마마회를 대상으로 삼은 이유는 ① 어머니와 '마마'라는 것을 강조하고 슬로건으로 모성을 내세운다는 특징을 가진 운동이라는 점, ② 어머니의 반전 · 평화운동 중에서도 규모와 사회적 영향이 상대적으로 크다는 점, 그리고 ③ 둘 다 전후의 안전보장문제에 대한 어머니들의 운동으로서 주목받고 있다는 점에 있다. 전후 최초 대중적인 반전 · 평화운동은 어머니 대회이고, 또한 2015년의 안보관련법과 헌법 개정에서 논의가 비등했을 당시 발 빠르게 행동을 일으킨 것이 마마회였던 것처럼 역사적으로 평화운동에서 솔선하여 목소리를 높여 행동해온 것도 어머니들이었다.

본 장에서는 케어 · 페미니즘의 시점을 활용함으로써 어머니 대회와 마마회 각각의 운동이 조직화와 집단화 또는 스스로를 정치화하기 위해 모성을 어떻게 이용하고 있는가라는 질문을 던지면서 검토해나간다. 이를 위해 본 장에서는 먼저 어머니 대회와 마마회에서 각각의 어머니와 마마라는 표현법에 관한 분석을 통해 모성 강조를 할 때의 특징을 밝혀간다. 어머니 대회와 마마회 각각의 당사자들의 담론과 당시 신문 보도에서 이들이 사회적으로 어떻게 수용되고 있었는가라는 두 개의 측면에서 두 시대의 어머니 운동에 있어서 어떠한 모성 전략의 차이점이 있는지를 파악한다.

2. '어머니 대회'의 모성

1) '어머니 대회'의 고조

'생명을 낳는 어머니는 생명을 기르고 생명을 지키기 바랍니다'라는 슬로건을 내세우기 시작한 일본 어머니 대회는 1955년 7월에 제1회가 개최되어 그 후 현재까지 60년 이상 지속되고 있다. 대회에서는 분과회와 메인이 되는 강연회, 어필 행동 등이 실시된다. 어머니 대회 그 전단계前段階에는 1954년 3월 1일 마셜Marshall제도의 비키니 환초에서 미국의 대규모적인 수소폭탄 실험으로 인해 일본의 참치 어선이 휩쓸리는 제5후쿠류마루 사건을 당한 것을 계기로 개최된 세계 어머니 대회가 존재한다.

그 대표자 선출도 겸하여 일본 어머니 대회의 개최가 결정되었는데, '일본 어머니 대회에 모입시다'라는 호소가 전국적으로 발발하여 수건과 부채 등의 기념품과 조직적인 대중투쟁kampaniya에 의한 자금모금이 실시되었다. 일본교직원조합, PTA 등 전국에 조직을 가진 단체에서는 각 지역에 서로 권유하고 각 도도부현都道府縣에 어머니 대회의 실행위원회가 설립되어 조직화되어갔다.<표 2> 참조

〈표 2〉 어머니 대회 관련 연표(1954~1960년)

1954. 3	제5후쿠류마루사건	
1954. 9	히라쓰카 라이초 등 5명에 의한 국제민주부인연맹에 '원자폭탄과 수소폭탄 금지를 위한 호소'	
1954. 11	세계 어머니 대회 개최 결정	
1955.6.7~9	제1회 일본 어머니 대회 개최	도쿄 참가자 2,000명.
1955.7.7~10	세계 어머니 대회 개최	스위스 로잔(Lausanne)에 68개국에서 1,060명 참가.
1956	제2회 어머니 대회 개최	도쿄 4,000명 참가.
1957	제3회 어머니 대회 개최	6,000명 참가. 앙케이트를 바탕으로 분과회의 원형을 만들어 '대화에서 행동으로'의 방침.
1958	제4회 어머니 대회 개최	15,000명 참가. 교사의 근무평정 반대로 어머니 대회가 활성화. 정부 비판의 입장에 서다.
1959	제5회 어머니 대회 개최	12,000명 참가. 전체의 분과회에서 미일안전보장조약개정에 대해 토의. 처음으로 어머니 행진을 한다.
1960	제6회 어머니 대회 개최	29,500명 참가.

어머니 대회는 제1회 대회의 성공을 바탕으로 이듬해 제2회 대회가 개최되었고 제3회 대회에서는 앙케이트를 토대로 ① 자식을 행복하게 키웁시다, ② 모두 함께 행복해집시다, ③ 평화를 지킵시다, ④ 어머니 운동을 특히 발전시킵시다－운동을 진행하기 위해 4개의 안이 결정되었고 "대화에서 행동으로"라는 방침을 내세운다.일본어머니대회연락회, 2009 : 44

이듬해 제4회 대회에서는 교원에 대한 정기적인 성적평가근평문제에 처음으로 정부 정책에 반대의 입장을 표명한다. 그리고 1960년의 안보 반대 투쟁 때에는 특히 운동이 확산되어 제5회 대회 이후 '안보개정 저지 어머니 대집회'가 개최되었는데 세계의 어머니에게 호소하는 '어머니 어필'을 발표한다. 또한 같은 해에는 소아마비의 백신 도입과 예방문제도 대회에서 크게 다루어지고 서명과 탄원 등의 요구 행동과 학습회, 각지에서의 조직 만들기가 전개되어갔다.

어머니 대회 참가자의 추이를 살펴보면 개시 이후 전체적으로 증가하고 안보투쟁 시기에는 특히 고조된 분위기를 자아내고 있다. 또한 당시 어머니 대회를 보도한 『아사히신문朝日新聞』과 『요미우리신문読売新聞』 양쪽 신문의 데이터베이스를 이용하여 어머니 대회라는 단어가 포함된 기사를 추출하여 양쪽 신문의 매년 기사 건수를 살펴보면, 기사 건수가 늘어난 해와 시기가 있음을 알 수 있다.<그림 8> 상대적으로 기사수가 많은 시기는 개시 직후인 1955년과 1959년 무렵이다.

다음으로는 이 개시부터 수년간 참가인 수를 확대하여 안보투쟁과의 관계에서 어머니 대회가 미디어에서 가장 주목받은 시기로 한정하여 어머니 대회에서 어떻게 어머니를 강조했는지를 검토한다.

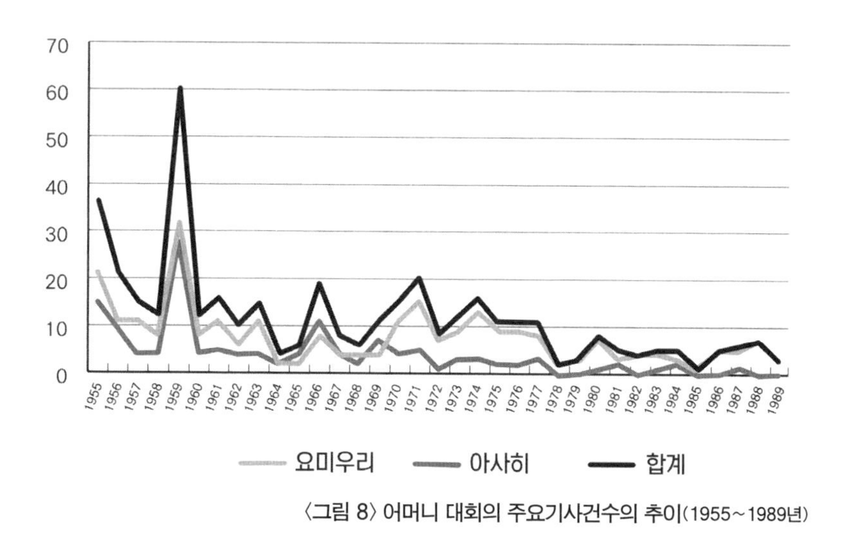

〈그림 8〉 어머니 대회의 주요기사건수의 추이(1955~1989년)

2) '어머니 대회'에서 '어머니'의 역할

어머니 대회에서 '어머니'에 관한 강조에는 ① 자식의 생명을 지키고 기르는 일의 상징, ② 자식을 중심으로 손을 맞잡자고 하는 여성에의 호소라는 두 개의 측면이 있다. 우선 전자에 대해 살펴보면 어머니 대회에서는 그 슬로건에서 상징되고 있듯이 자식을 지킨다는 것과 평화를 호소하는 것이 직결되어 있다.

제1회 어머니 대회의 호소문인 '일본 어머니들에의 어필'에는 "어머니 대회의 호소가 어째서 이처럼 사람들의 감격과 지지를 불러일으키고 있는 것일까. 자식의 생명과 행복을 위협받는 일만큼 어머니의 마음을 도려내는 것은 없기 때문입니다"일본어머니대회연락회, 2009 : 257라고 쓰여 있다.

또한 마찬가지로 제1회 일본 어머니 대회의 기록으로서 마루야마 히데코丸山秀子의 문장 "새로운 '어머니의 역사'가 시작된다"에의 서두에는 "어머니는 생활 속에서 목숨을 잃은 자식이 가장 걱정스럽고 소중합니다. 얼굴을 숙이고 목소리를 죽여 온 그 어머니가 도쿄 한복판에 속속 모였습니다"일본어머니대회연락회, 2009 : 238라고 적혀 있다. 어머니가 가장 걱정스러운 것은 목숨을 걸고 낳고 길러온 자식의 생명이 위협받는 일이고, 생명을 지키는 것과 평화를 위해 행동하는 것은 어머니 안에서 공유되고 지지를 받는 일로 이해되고 있음을 알 수 있다.

다음으로 후자에 대해 살펴보면 그와 같은 어머니에 대한 표현법은 어머니에게 단결을 호소하는 것으로 기능하고 있었다. 일본 어머니 대회의 준비가 진행되는 가운데 일본교직원조합과 국철國鐵의 부인부, 탄광주부협의회, 전일본부인단체연합회, 일본 어린이를 지키는 모임, 부인민주구락부 등의 전국조직을 가진 단체부터 도내都內의 PTA, 아타고愛宕 어머니회母の会 등 지역 부인서클 60개 단체에서 '일본부인에의 어필'이라는 호소문이 발표되었다.<자료 1> 참조

또한 세계 어머니 대회에서 채택된 '세계 어머니 대회 선언'에는 "인류의 반은 여성입니다. 우리들은 어린이들과 세계의 민중에게 짐지우고 있는 위대한 책임을 충분히 자각하지 않으면 안 됩니다. 모든 모성, 모든 어머니에게 호소하여 평화를 위한 소망에 모두를 참여시킵시다. 지금까지 대화할 수 없었던 모든 사람들의 마음과 이성에 말을 걸읍시다. 자기 자식을 사랑하는 것만으로는 불충분함을 깨닫지 못한 모든 사람들에게 아이들을 전쟁으로부터 구하지 않으면 안 된다는 것을 호소합시다"라고 쓰여 있다.

'어머니가 변하면 사회가 바뀐다'는 표현은 국회의원을 거쳐 어머니 운동에 관여한 가와사키 나쓰가 제12회 대회의 연설에서 남긴 말인데, 이 말에서 상징되듯이 어머니끼리 손을 맞잡고 연대하여 '어머니의 힘을 하나로 합치면' 나라를 움직이게 한다는 것과 어머니와 자식을 둘러싼 상황도 좋게 해나가자는 것을 강력히 호소했던 것이다.하야시, 1948

내일의 생활을 하기 위해 고민하는 어머니. 집안에서 사회의 관습 속에서 괴로워하는 어머니. 아이의 성장에 모든 신경을 쓰고 일하는 어머니 등, 일본의 어머니들은 너무나 불행한 길을 걷고 있습니다. (…중략…) 여성은 인류의 절반을 차지하고 있습니다. 우리가 일체의 위협으로부터 아이를 지키기 위해 인류의 이름으로 모든 것이 어머니를 하나로 만드는 데 성공한다면 우리의 힘은 헤아릴 수 없는 큰 힘이 될 것입니다.

세계 어머니 대회는 7월 초에 열립니다. 멀리 있는 나라들로부터 온갖 입장의 어머니들이 많이 모입니다. 전쟁의 공포를 잊을 수 없는 어머니, 집과 재산도 잃은 어머니, 아들을 전쟁의 희생양으로 삼은 어머니, 아이를 학교에 못 보내는 어머니, 아이에게 병원도 식사도 만족스럽게 제공하지 못하는 어머니, 실직하고 있는 젊은 어머니, 일하는 직장을 갖지 못하는 어머니, 그리고 나는 행복하지만 다른 많은 어머니들의 행복을 바라고 있는 어머니, 그런 모든 어머니들이 모인 것입니다. 원자병기의 제조라든지 수소폭탄 실험이라든가, 또 전쟁이 일어나는 것은 아닐까라는 불안이 우리를 두렵게 합니다. 모든 것이 아이의 행복을 지키기 위해 세계의 어머니들과 이야기합시다. 부인의 권리를 쟁취하기 위해 다 같이 이야기합시다. 어머니와 아이가 안심하고 살 수 있는 세상을 만들기 위해 어머니의 힘을 모아봅시다. 일본 어머니 대회에 모입시다.

〈자료 1〉 일본부인에의 어필

또한 이것은 어머니 역할을 실제로 담당하고 있는 자에 국한되지 않고 여성 일반에 대한 호소이기도 했다. 1957년 제3회 일본 어머니 대회에서는 어머니라는 해석에 대해 "어머니라는 이름은 가장 아름답고 그리우며 모든 인간에게 애정을 품게 하는 것으로, 현재 어머니인 사람은 물론 어머니가 되어야 할 사람, 젊은 사람도 노인도 모두 대상으로 합시다"라고 논의되었다.일본어머니대회연락회, 2009 : 42

이상과 같이 어머니 대회에서 어머니는 아이의 생명을 지키고 기르는 일의 상징으로서 여성과 어머니에 대한 의식의 환기와 결단의 호소로서 사용되었다. 제1회 일본 어머니 대회는 전국에서 모인 어머니들이 빈곤, 전쟁 체험과 궁상에 대해 울면서 말하는 모습이 상징적이었던 점에서 '우는 부모 대회'라고 일컬어진다.일본어머니대회연락회, 2009 이처럼 어머니 대회는 '어머니들의 대화 광장'·'본심으로 이야기할 수 있다'라고 일컬어지듯이 어머니들이 자신들의 문제를 스스로 이야기하고 해결하는 장소로 자리매김되고 있었다.

3) 신문 보도로 보는 '어머니 대회'

그렇다면 그와 같은 당사자에 의한 모성 강조는 당시의 사회에서는 어떻게 받아들여진 것일까. 1955년의 제1회 당시 신문 보도에서는 세계 어머니 대회와 일본 어머니 대회에 대한 관심이 고조되어 개최 결정의 단계부터 보도되었다. 그 대표자 선발에 대해 유명한 사람만이 선출되는 것이 아닌 '풀뿌리' 운동임이 강조되고 종래와는 다른 운동이라는 기대를 읽어낼 수 있다.『아사히신문』, 1955년 2월 24일 석간

제1회 일본 어머니 대회의 모습에 대해서도 '지역 사람들이 1엔씩 내줘서 겨우 올 수 있었습니다'라는 '아마미오시마奄美大島에서 아기를 업고 달려온 어머니'『아사히신문』, 1955년 6월 9일 석간 등 전국에서 어머니들이 모여 '일본 어머니의 고민이 쇄도한다'『요미우리신문』, 1955년 6월 11일 석간라고 보도되었다.

또한 눈물을 흘리면서 남편의 죽음을 말하는 구보야마 스즈久保山すず와

'전쟁 중과 전후에 걸쳐 모인 눈물이 한없이 흐른다'라고 말하듯이 눈물과 웃음을 뒤섞으면서 어머니들이 본심을 서로 이야기하는 모습을 담은 마루오카 히데코의 인상기印象記도 게재된다.『아사히신문』, 1955년 6월 10일 석간

그러나 신문 보도에서 제1회 개최 다음으로 어머니 대회가 크게 다루어진 것은 1959년으로, 어머니 대회에 의한 안보개정에 대한 반대와 정당조직과의 관계라는 문맥이었다. 제3회 어머니 대회에서 '안보조약개정저지'를 결의한 것에 대해 자민당自民黨의 가와시마 쇼지로川島正次郎 간사장이 '조사한 후 적당한 처리를 취한다'고 판단한 것이 보도되었다.『아사히신문』, 1959년 7월 24일 석간

이에 대해 후쿠시마현福島県에 사는 무직 남성으로부터 투서 형식으로 "나는 이러한 경우의 결의에 대해 의문이 든다. 모든 어머니가 이 결의내용을 충분히 알고 진정으로 바라는 바인가 아닌가라는 점이다. 이러한 정치적 내용이 부주의하게 결의된 것은 문제의 중요성에 비추어 볼 때 경솔하다는 비난을 면치 못한다. 어머니 대회 자체는 아무런 색깔도 냄새도 없지만, 대회의 의제도 아무것도 아닌 것을 어느새 바꿔치기하여 결의된 것은 어느 정당의 정치 슬로건을 대변하게 된다"『요미우리신문』, 1959년 7월 17일 석간 등 어머니 대회의 정치 행동에 대한 우려가 보도되었다.

게다가 가와시마 간사장은 기자회견에서 '다음은 어머니 대회를 추격한다'와 보조금의 중단을 이야기하고, 특히 어머니 대회는 국제공산주의 조직의 일환이고 대회의 운영과 조직이란 일본 공산당에게 장악되어 정치적으로 편향되어 있다는 민주당의 의견이 게재된다.『아사히신문』, 1959년 7월 25일 석간

이러한 자민당에 의한 비판에 대한 반론이 어머니 대회의 '소박함', '순수함'을 강조하는 형태로 행해지고 있는 것도 특징이다. 사회당의 "어머니 대회는 자식의 행복을 바라는 어머니들의 대화 장소이며 특정한 정치

색을 갖지 않는 것은 주지의 사실이다. 소박한 어머니들이 대화 속에서 우리나라의 평화를 어지럽힐 우려가 많은 안보개정 문제와 대처하고, 이에 반대하며 정부의 정책을 비판하는 것은 당연하다"『요미우리신문』, 1959년 8월 13일 조간는 반론과 어머니 대회 초대위원장인 가와사키 나쓰에 의한 "자민당과 다투는 일 없이 착실하게 학습을 지속하겠습니다"라는 성명이 게재된다.『아사히신문』, 1959년 7월 25일 조간

1959년 제5회 대회는 참가자가 특히 늘어 성황리에 끝난다. 신문 보도에서 이 소동은 결국 어머니 대회가 순수한 소원이라는 것과 '어머니의 이토바타카이기井戸端會議'[1]이기 때문에 평가할 수 있는 것이라는 방향성으로 수습된다.

> 문제는 어머니 대회의 그와 같은 경과 안에 있다. 어머니의 일상생활과 동떨어진 관념론과 자민당의 비난으로 인해 감정에 치우친 히스테리적 의견에 선동되어 '대화의 광장'으로부터 일탈하고 결과에 있어서 자민당의 비난을 뒷받침하는 일이 되지 않도록 (…중략…) 기대한다.『요미우리신문』, 1959년 8월 13일 조간

이상과 같이 신문 보도에서는 '어머니의 모임' 그 자체에는 긍정적인 평가를 부여하지만, '어머니의 모임'과 정치 활동을 분리하여 어머니는 정당정치와 국정國政에 간섭해서는 안 되며 소박하고 순수해야만 한다는 자세를 읽어낼 수 있다. 어머니 대회에서 아이의 생명에 대한 상징이며 대내적인 계몽과 호소로서의 '어머니'는 그 소박함 때문에 받아들인 한편, 그렇기 때문에 일상에서 벗어나 국정에 관여해서는 안 된다는 논리로

1 이토바타카이기란 여성들이 공동 우물가에 모여서, 물을 깃거나 세탁을 하면서 세상에 대해 나누는 이야기나 소문들을 주고받는 것을 의미한다(역자주).

도 접속하고 있었음을 알 수 있다.

3. '마마회'의 모성

1) '마마회'의 네트워크 확대

마마회는 '누구의 자식도 죽게 하지 않는다'는 캐치 카피catch copy 아래 통칭 '안보관련법'[2] 성립에의 반대를 목적으로 2015년 7월에 설립되었다. 그 시작은 교토시에 거주 중인 한 어머니의 인터넷 서명에 대한 호소에서 출발했다. 마마회는 조직과 명부를 갖지 않은 SNS를 활용한 네트워크형 운동이고 '누구의 자식도 죽게 하지 않는다'는 슬로건에 공감한다면 누구라도 멤버가 될 수 있다.

디자인성이 있는 플래카드 데이터placard data를 SNS상에서 확산시키고 있고 멤버인지 비멤버인지에 상관없이 개인적으로 인쇄하고 어디서든 이용할 수 있다. '마마회@◯◯(지역명)'처럼 누구의 허락도 받지 않고 혼자라도 만들 수 있고 어딘가를 중심으로 활동을 보고해야만 하는 규정도 없다. 따라서 우선 각 마마회에는 멤버십이 존재하지만 실제로는 누가 멤버이고 누가 멤버가 아닌지의 경계선이 애매하다. 마마회는 한 달도 안 되는 사이에 운동movement으로서 전국으로 확대되었고 결과적으로 무당파無黨派의 여성, 특히 아이를 가진 어머니의 정치참가에 대한 회로를 만들어가게 되었다.[3]

---

2 정식명칭은 평화안전법제이다.

3 2018년 현재 마마회는 전국에서 107개 존재하는 것으로 확인되고 있다(마마회 공식 홈페이지 http://mothers-no-war.com/about/ 2018년 12월 11일 열람).

2015년 7월 13일 참의원회관에서 발기인인 사이고 난카이코西郷南海子와 유지有志의 멤버로 기자회견을 하고 출범을 선언했다. 이어서 7월 26일에는 '7 · 26전쟁 입법 반대! 마마의 시부야渋谷 점령jack'을 실시하고 주최자 발표에서는 2,000명을 동원했다. 그 후 구체적인 활동내용은 각지의 마마회에 따라 다르지만 가두선전활동, 리플릿leaflet 배포, 학습회 개최, 데모, 정치가에의 진정 등 많이 있다. 다만 마마회는 어디까지나 안보관련법에 반대한다는 일치점에서 성립된 모임이고 마마회로서 특정한 지지 정당이나 후보자를 추천하지는 않겠다는 방침을 2016년 3월에 결정했다.

다음으로는 마마회에서 마마는 누구를 위해 어떻게 강조되어온 것인지 활동실태와 당사자 운동에 관해서는 어느 지역에 있는 도시의 마마회에 대한 2015년 7월부터의 참여 관찰과 인터뷰 조사, 마마회가 페이스북 상에 공개하고 있는 연설 내용을 통해 기술한다. 또한 마마회의 활동이 사회에 미친 영향과 수용을 어머니 대회와 마찬가지로 신문 보도[4]의 담론을 통해 분석한다.

2) '마마회'에서 '마마'의 역할

마마회에서 마마와 어머니가 강조되는 문맥은 ① 아이의 안전을 지키고 기르는 일의 상징, ② 사회를 위해 자신이 정치적 주장과 행동을 할 때의 동기부여 두 가지가 있다.

마마회의 슬로건은 '누구의 자식도 죽게 하지 않는다'이지만 슬로건 그

4 주요 5개 신문잡지의 데이터베이스를 이용하여 마마회가 결성된 2015년 7월부터 2016년 8월에 이르기까지의 기간, '안보관련법안에 반대하는 마마회' 혹은 '마마회'라는 키워드로 검색한 결과 『아사히신문』이 213건, 『마이니치신문(毎日新聞)』이 12건, 『요미우리신문』이 17건이었다.

자체에는 주어가 없고 참가자격으로 어머니라는 것을 묻지 않는다. 실제 마마회는 어머니가 아닌 사람의 참가도 많고 마마회라는 명칭을 중간에 '마마와 파파회' 등으로 바꾸는 지역도 있다.

그러나 '누구의 자식도 죽게 하지 않는다'라는 슬로건은 어머니가 '자기 자식을 지킨다'는 메시지가 전제로 되어 있다. 누구에게나 반드시 어머니가 있고 누구든지 어머니의 자식이다. 그러므로 마마는 자기 자식뿐만 아니라 '누구의 자식도 죽게 하지 않는다'또한 죽이지도 못하게 한다라고 주장하는 것이 가능하다는 메시지이다. 따라서 마마라는 주어를 굳이 붙이지 않음으로써 어머니가 아닌 사람에게도 열린 슬로건이라고 되어 있다.

그러나 실제로 마마회에서 중심적으로 활동을 하고 있는 것은 자식을 가진 어머니들이다. 그리고 멤버들은 활동에서 스스로가 '마마인 것'을 중요시하고 있다. 그것은 멤버가 가두선전과 연설에서 자신의 마음을 이야기할 때 마마회로서 목소리를 높여 활동하는 이유와 동기가 아이를 지키고 기르는 행위와 관련지어 언급되는 것으로 나타난다.

> 3·11 이후 정부가 내놓는 정보가 이상한 것은 아닐까 하는 생각이 들어 방사능과 먹거리 안전에 관해서도 스스로 생각하고 행동해야겠다고 생각하게 되었습니다. 당시 아이들은 고등학생과 중학생이었기 때문에 자식을 지키기 위해 시민 활동을 하게 되었습니다. (…중략…) 나는 단지 주부입니다. 그렇지만 나는 두 명의 자식에게 할 수 있는 모든 애정을 쏟아부어 제대로 키워온 자부심이 있습니다. 그런 소중한 자식이 실제로 전쟁에 가담하는 장면을 상상하는 것만으로도 가슴이 답답해집니다.
>
> —마마회@사이타마(埼玉) A 씨의 연설, 2016년 4월 20일 결기 집회에서

2살짜리 남자아이가 가짱[5]하고 부르고 있습니다. 빨간색 모자를 쓰고 아장아장 걸어 다니고 있는데 저 아이가 아들입니다. (…중략…) 시리아공습으로 인해 잔해 속에 누워 있는 갓난아기의 사진을 보았습니다. 언젠가 어머니가 잿빛 그 볼에 사랑스럽게 키스한 감촉을 아들을 통해 나는 알고 있습니다. 가자Gaza지구에서 눈의 빛을 잃고 무너진 건물에 끼어 있는 소년의 사진도 보았습니다. 언젠가 어머니가 피로 물든 그 머리를 사랑스럽게 쓰다듬은 감촉을 아들을 통해 나는 알고 있습니다. 자살로 내몰리는 미국 귀환병도, 멍한 눈을 한 자폭테러 실행범도 모두 모두 언젠가 꼭 안겼던 어머니의 자식들입니다. 이제 이런 짓은 그만두고 싶습니다. 그만두게 합시다.

—마마회 도쿄 B 씨의 연설, 2016년 5월 5일 마마의 신주쿠(新宿) 점령에서

'마마라는 것'과 주장 내용에 대한 결합방식은 다양한데, 마마회 연설에서는 매일 하고 있는 육아에 관한 경험이 구체적으로 이야기되고 안보관련법에 대한 반대와 반전의 주장 근거가 되고 있다. 일상적으로 자식의 생명을 지키면서 키우는 것에 대한 고생이나 기쁨이 이야기될 때의 주어는 '나'이다. '마마라는 것'은 멤버가 '어머니인 나'의 경험을 통해 획득된 발상과 주장이라는 문맥으로 이야기된다.

마마회는 어머니라는 층을 단결시키는 것과 어머니의 힘을 하나로 합치는 것을 목적으로 하는 것이 아니라 그 일치점은 안보관련법에 대한 반대라는 점에 집중되었다. 따라서 이상과 같은 '마마라는 것'에 관한 이야기는 다른 어머니와 여성들을 위해서라기보다도 데모와 가두선전활동에서의 연설과 개개인의 SNS에서의 발언 등을 통해 마마회 이외의 사람

5 가짱은 일본어로 '엄마'라는 호칭이다(역자주).

과 사회 일반을 위한 동기부여로 나타난다. 자신이 왜 이 활동에 참가하게 되었고 목소리를 높이게 되었는지 그 동기를 어머니로서의 경험에서 이야기된다.

3) 신문 보도로 보는 '마마회'

어머니 대회는 신문 보도에서 크게 주목받고 있었던 것을 밝혔는데 그렇다면 마마회에서는 어떠했을까. 신문 보도에서 마마회에 대해 언급되는 경우 '왜 지금까지 정치에 관심이 없던 일반인의 어머니가 목소리를 높이게 되었을까'라는 취지로 소개되는 일이 종종 있다.

예를 들면 "'안보관련법안에 반대하는 마마회@히로시마広島'의 우치노치에内野知恵 씨(29, 히로시마시広島市 니시구西區)는 '나는 보통普通 마마입니다'라고 말을 꺼내며……"『아사히신문』, 2015년 9월 15일 조간, "하쿠산시白山市의 주부(48)는 이날 처음으로 농성에 참여했다. (…중략…) 지금까지 정치에 관심도 없었고 활동을 한 적도 없었는데 위기감을 가졌다고 한다"『아사히신문』, 2015년 9월 19일 조간라는 것처럼 데모와 스탠딩standing과 어필 행동에 처음으로 참여한 어머니의 코멘트가 게재되는 경우가 많다.

그리고 ① 정치에 관계가 없었던 보통의 어머니였는데 ② 전쟁과 안보법칙에 대한 불안이 가중되고 있었지만 행동을 취하지 못하고 있던 중, ③ 자식과의 관계와 육아를 통해 얻은 경험 속에서 행동을 일으킬 결의에 이르러 마마회에서 목소리를 높이기 시작하여 활동을 확대해나갔다는 시점에서 언급되고 있다. ①~③에 대해 각각 예를 들면 다음과 같은 마마회 참가자의 이야기가 기사로 인용되고 있다.

① "여러분, 저는 단지 한 명의 어머니입니다. 지금까지 이런 가두에 서서 큰

소리로 호소한 적은 없습니다. 솔직히 무섭습니다"『아사히신문』, 2015년 9월 28일 조간, "일과 육아로 몹시 바빠서 정치는 '평소에 열심히 공부하는 사람이 하는 것일까'하고 생각하고 있었다."『아사히신문』, 2015년 9월 20일 조간

② "장남을 임신 중이었던 작년 7월 안보법안에 대한 논의가 국회에서 열을 띠었다. '배 속의 아이도 전쟁터로 가게 된다'며 불안에 휩싸였다"『아사히신문』, 2016년 6월 20일, "안보법안으로 '전쟁에 점점 가까워지고 있는 것은 아닐까'라는 불안을 느끼고 있었다"『아사히신문』, 2015년 9월 28일 도쿄 주간

③ "자기 자식은 물론 다른 사람의 자식도 지키고 싶다고 강렬하게 생각하게 되었다"『아사히신문』, 2016년 6월 20일 조간, "아들을 대신해서 목소리를 높일 수 있는 사람은 자신밖에 없다는 것을 깨달았다"『아사히신문』, 2015년 9월 28일 도쿄 주간, "마마이기 때문에 움직여야만 한다고 생각하고 있다"『아사히신문』, 2015년 9월 20일 주간, "자식이 '그 당시 마마는 어떻게 생각하셨어요?'라고 물었을 때 대답할 수 있도록 행동한다."『아사히신문』, 2016년 1월 21일 도쿄 주간

이처럼 안보관련법에 대한 관심과 항의의 고조가 보도되는 가운데 마마회는 지금까지 정치에 관심이 없었던 보통의 어머니가 목소리를 높이게 되었다며 주목을 받아 평가되고 있었다. 거기서는 목소리를 높이게 된 동기로서 '자식을 위한' 것이 강조되지만, 자기희생적인 모습이라기보다는 어머니들이 목소리를 높이기 시작한 것 그 자체에 초점이 맞추어져 있음을 확인할 수 있다.

4. 모성에 담긴 전략

본 장에서는 어머니 대회와 마마회라는 두 시대 어머니의 반전·평화 운동 각각의 '어머니'와 '마마'라는 표현법을 통한 모성 강조의 내실을 당사자와 신문 보도의 담론을 통해 검토해왔다. 어머니 대회와 마마회에서는 모성을 강조함으로써 운동의 동원과 어필로 연결된다는 공통점을 가지면서도 무엇을 어떻게 강조할지는 각각의 시대와 조건 속에서 과제와 전략에 따라 구분되고 있었다.

어머니 대회에서 모성은 생명을 낳는 일의 상징이고 주로 어머니인 여성들이 연대하기 위한 대회에의 참가의 대내적인 호소로서 기능했다. 여기서의 모성은 여성에게 공통된다고 여겨지는 '생명을 낳는다'라는 속성 그 자체이다. 그 속성으로서 어머니가 호소한다는 의미가 담겨 있음을 알 수 있다.

어머니 대회는 당연히 어머니로서 자신의 경험에 뿌리를 둔 활동이지만 모성의 전략으로서는 모친업보다도 속성이 전면에 나와 있었다. 1950, 1960년대에는 어머니와 여성이 획일적으로 단결하는 것이 정치적으로 힘을 갖기 때문에 오히려 추상적인 속성으로서의 모성 강조가 유효했다고 생각할 수 있다. 거꾸로 말하면 당시는 모친업이 가리키는 케어의 자체는 오히려 '자연시'되어 불가시화되고 있었고, 다른 한편으로는 '어머니라는 것'의 추상적인 가치가 현대에 비해 높았음을 엿볼 수 있다. 신문 도보에는 어머니들이 국정에 개입하는 것을 비난받은 것처럼 한정적이긴 하지만, 어머니들이 말하는 것에 일단은 귀가 솔깃해진다는 상황이 있었던 것은 아닐까. 그것은 어머니가 '근대국가가 마련한 특등석'(우에노, 2006)이었다고 하여 비판받아온 점이기도 하다.

한편으로 2015년부터 마마회에서 모성은 자식을 기르는 구체적인 행위로서 강조된다. 모성의 표현법은 왜 자신이 목소리를 높이는가와 왜 안보관련법에 반대하는가라는 동기와 관련되어 기능하고 있었다. 당사자들은 자신의 정치성을 속성이라기보다는 '마마'인 자신의 육아와 매일 하는 경험을 재인식하는 형태로 표명하고 있었다. 즉 여기서의 모성은 모친업에 대한 자신의 이야기로서 나타나고 있었다.

마마회에서는 획일적인 단결이 아니라 네트워크적인 개인과 개인의 유대가 목적으로 되어 있고 모친업을 통해 선동되어 정치적 행동에 이르렀다는 개인적인 경험 이야기가 당사자들의 운동으로서 그대로 발신된다. 따라서 속성보다도 모친업에 관한 이야기가 전면에 나오도록 되어 있다.

다음 장에서 자세히 논하겠지만, 오늘날에도 여성이 주체적으로 발신하고 정치 참여할 수 있는 조건은 매우 한정되어 있는 가운데 여성이 개인으로서 정치적 주체가 되는 것은 결코 전제가 아니다. 따라서 정치적 주체가 되는 과정 그 자체가 이야기되고 공유되는 것 자체가 임파워먼트가 된다. 그리고 그 과정에 대한 이야기가 모친업의 경험에서 정치 양상 그 자체를 다시 되짚어본다는 것은 그녀들 활동의 강점이 되기도 한다.

그러나 마마회에서는 모친업에 비해 '마마'인 속성 그 자체가 거의 강조되어 있지 않기 때문에 어머니라는 것만으로는 당장에 연결될 수 없는 현대 운동의 어려움도 엿볼 수 있다. 이 책의 전반부에서 검토해왔듯이 현대에는 어머니가 되는 것은 개인의 자기선택과 자기 책임의 일로 여겨져 어머니라는 것의 추상적인 가치가 높다고는 말할 수 없다. 현대 일본의 어머니는 육아 수준과 매니지먼트로서 부과되고 있는 과제가 가혹한데다가 고립되어 있다.

최근 어머니의 실질적인 육아 보조자로서 동거 혹은 근거리에 거주하는 조모의 중요도가 늘어나고 있다.니시무라 준코(西村純子) · 마쓰이 신이치(松井眞一), 2016 그러나 수도권 등 부모와의 동거 혹은 근거리에서의 거주가 비교적 적은 도시부에서는 지원받기가 어려워 더욱 고립되기 쉬운 상황이 있는 것도 종래부터 지적되고 있다.마쓰다 시게키(松田茂樹), 2010

육아의 요구수준이 비교적 낮고 친족과 형제 등의 도움을 받는 것이 당연했던 어머니 대회의 시대에 비해 현대의 어머니는 고립적으로 육아를 담당하고 있기 때문에 평상시 생활 속에서 젖먹이 유아를 동반하여 공공공간에 나가지 않으면 안 된다.

2010년대가 되어 전차 내에서의 유모차 사용에 대해 어머니에의 비난bashing과 유모차 배제의 목소리가 또다시 고조되어 '유모차 논쟁'이 일어난 것도 그 상징의 하나라고 생각할 수 있다. 이처럼 모친업의 내용 자체도 변화되어가는 가운데 어머니들은 자신의 모친업에 대해 설명하고, 주위 사람들의 이해를 얻는 것도 필요에 의해 강요당하고 있는 것은 아닐까. 마마회의 참가자들이 어머니라는 속성의 공유가 아니라 한 사람 한 사람의 어머니로서의 경험을 이야기함으로써 유대관계를 맺고, 정치를 만들어내려는 배경에는 이와 같은 어머니들에게 모친업이야말로 온 힘을 다해 호소할 가치가 있다고 의식하고 있거나 또는 하지 않을 수 없는 것을 예로 들 수 있지 않을까.

모성은 종래 여성들이 주체적으로 내세운 것이었다고 해도 그것은 공소한 관념이고 반근대적인 유토피아 사상이라고 해서 위험시되어왔다.니시카와, 1985 그러나 본 장에서는 각각의 운동에서 담당자들이 목소리를 높이고 정치적 주체로 되어가는 과정에서 스스로 목적과 과제에 어머니의 경험을 평가하여 강점으로 이용해가는 어머니 운동의 측면을 밝혀왔다. 어머니 대회도 마마회도 어머니로서의 경험에서 사회를 다시 파악하는 것이며 거기에는 케어 윤리가 내재하고 있다. 그런데 이것들을 운동 속의 모성 전략이라는 시각에서 검토하면, 어머니 대회는 어머니라는 속성에 의해 정치적 주체가 되려고 한 것에 반해 마마회는 불가시화되어 개별적으로 경험되고 있는 모친업을 정치적 주제의 근간에 있는 것으로 두려고 하고 있음을 알 수 있다. 케어 · 페미니즘의 지식을 이용함으로써 이와 같은 어머니 대회와 마마회 전략의 차이도 명확히 밝힐 수 있었다. 다음 장에서는 '마마회' 활동에 초점을 맞춰 현대사회에서 어머니들이 정치적 활동에 참가하고 정치의 '당사자'가 되어가는 것에 대한 의의에 주목한다. 어머니들이 운동 속에서 모친업의 경험을 토대로 하여 구체적으로 어떻게 임파워먼트를 받고 또한 어떻게 정치 양태를 변용시키고 있는지를 밝히고자 한다.

제7장

'어머니인 나'로 정치에 참여한다는 것

'마마회' 참석자의 인터뷰

1. 여성의 정치 참여의 곤란함

1) 1990년대 여성의원의 붐과 주부의 딜레마

제6장에서는 1955년부터 시작된 어머니 대회와 2015년부터의 '마마회' 각각의 어머니의 정치 운동 속에서 활용되는 '어머니'와 '마마'라는 모성의 표현법을 비교 분석하여 모성 전략을 찾아냈다. 분석결과 '일본 어머니 대회'에서 '어머니'는 속성을 나타내는 것으로 기능하고 있었던 것에 반해 '마마회'에서는 '마마'를 자신의 육아와 매일 하는 경험, 즉 모친업의 이야기로 이용하고 있음을 밝혔다.

본 장에서는 '마마회'의 활동에 초점을 맞춰 현대사회에서 어머니들이 정치 활동에 참여하고 '당사자'가 되어가는 것에 대한 의의에 주목한다. 어머니들이 운동 속에서 모친업의 경험을 토대로 구체적으로 어떻게 임파워먼트를 받고 기존의 정치상을 어떻게 다시 파악해나갔는지를 밝힌다.

제2장에서도 서술한 것처럼 여성이 정치 활동에 관여하고 활동의 주체가 되어가는 것은 현대에도 변함없이 곤란한 상황에 놓여 있다고 말할 수 있다. 정치가 일상에서 먼 것으로 이해되고 있는 풍조가 강한 가운데

'보통의 어머니'가 정치 활동을 하는 것은 일반적인 것이 아니라고 간주되기 때문에 앞 장에서도 살펴본 것처럼 마마회에서는 전략으로서 담당자들은 '보통의 어머니'라는 것이 강조되어왔다.

본 장에서는 어머니의 정치참가에 주목하여 마마회의 참가자에 대한 인터뷰를 통해 개개의 어머니들은 어떻게 해서 활동에 참여하게 되었고, 그것은 어머니라는 것과 어떠한 관계와 의미를 가지고 있는지를 구체적으로 밝힌다. 그 어머니들의 대처를 지금까지 검토해온 것 같은 어머니에 대한 육아 수준의 기대 상승과 자기 책임, 특히 어머니이기 때문에 정치 활동이 제한되는 현대 모성 억압의 구조에 대한 하나의 저항으로서 정치 실천을 읽어내는 것이 본 장의 목적이다. 이를 위해 다음으로는 우선 여성과 정치참가에 관여하는 선행연구의 동향을 개관하고 분석에 대한 시각을 갖는다.

일본 여성의 정치 참여는 많이 뒤처져 있는데 2020년 오늘날에도 국정에서도 지방의회에서도 여성의원의 비율은 세계 최하위 수준이고 여전히 정치는 가장 젠더 불평등한 영역이라고 말할 수 있다.[1] 정치학 분야에서 여성의 정치 참여란 우선 의회의 여성 참여를 가리키는데 여성의원의 당선과 입후보에 불리한 단기제와 소·중선거구제라는 선거제도와 정당 시스템, 정치문화에 주목한다.오야마 나나오(大山七穗), 2004a · 2004b 최근에는 적극적인 행동으로서 젠더 쿼터Gender Quota의 도입이 논의되었고,미우라 마리 ·

---

1 세계경제포럼이 2006년 이후에 발표하고 있는 경제, 정치, 교육, 건강 분야에서 남녀 차이를 보이는 젠더 갭 지수(The Global Gender Gap Index＝GGGI)에는 일본에서 여성의 정치참가의 뒤처짐이 여실히 드러나고 있다. 2019년의 결과에서는 정치 분야에서 일본의 순위는 144위(153개국)이다. 게다가 열국의회동맹(IPU)에 따른 2019년도 보고서에서 일본은 여성의원의 비율도 세계 중 낮은 수준이고 중의원 9.9%, 참의원 22.9%이고 191개국 중 165위로 되고 있다(2020년 1월 시점).

에토 미키코, 2014 2018년에는 '정치 분야에서 남녀공동참획추진법'이 제정 · 시행되었다.

다른 한편으로 여성과 정치라는 테마에서 반드시 묻게 되는 것처럼 단순히 여성의원이 비율로서 많아지는 것뿐만 아니라, 여성들의 다양한 니즈를 의회에 반영해주는 사람들이 많아 의회에 참가해갈 수 있게 되는 것을 보다 본질적으로 지향해야만 하는 것이다. 그러기 위해서는 여성의원 탄생의 토양이 되고 또한 버팀목이 되는 여성들에 의한 운동이 층으로서 넓고 두터워지는 것이 무엇보다도 중요하다. 그러한 점에서 본 연구에서 여성의 정치참가란 의회로의 참가라기보다 그 밑받침이 되는 층으로서 형성되는 여성들의 정치 운동에의 참여를 가리킨다.

여성과 정치라는 주제가 사회학에서도 거론되기 시작한 것은 1990년대 초두이다. 그 배경에는 1989년 여름 참의원 선거에서 자민당이 다수파의 지위를 잃고 그 후 기록적인 수의 여성의원을 배출한 '마돈나Madonna 선'이라 불리는 현상에 대한 주목을 예로 들 수 있다. 지금까지 왜 여성이 정치에 참여하지 않았는지, 그리고 왜 정치가 여성에게 문호를 개방하지 않았는가 의문을 제기했다. 그 속에 선거와 의장만을 정치로 하는 것이 아니라, 매일 하는 생활 자체가 '정치 아레나'로서 정치의 장이라는 정치개념의 틀 그 자체도 묻게 되었다.오야마 · 구니히로 요코(國廣陽子), 2010

이 1980, 90년대 여성의 정치 붐을 지탱하고 일상의 '정치 아레나'의 담당자로서 주목받은 것은 당시 '전일제 시민'시노하라 하지메(篠原一), 1968과 '활동적 전업주부'라는 명칭으로 주목받은 주부들이었다. 시간이 많고 직업인에게는 없는 '생활자'의 감성이 있다고 해서 주부는 시민운동의 담당자와 정치를 변혁시키는 주체로서 가치가 발견되었다.이와모토 미사코(岩本美砂子), 2003

실제로 1983년의 통일 지방선거에서는 교육 · 복지 · 환경문제 등의

NPO 출신자와 '생활 클럽 생협生協'을 모체로 한 '시민 네트'가 설립한 여성 후보자 등 시민운동 출신의 무당파 여성 후보 · 의원이 배출되었다. 그와 같은 후보자와 선거운동의 담당자로서 나타난 '활동적 전업주부'는 1960, 1970년대에 일본형 고용 아래 성별역할분업이 철저해지면서 전업주부가 대중적이게 된 일본의 특수한 모습이라고 평가하고 있다.히메오카 도시코(姫岡とし子), 1992

1980, 1990년대 여성의원의 약진은 의원의 비율을 조금이라도 향상시키고, 또한 종래 '비생산적'이어서 가치가 없다고 여겨온 주부에 대한 평가를 전환시키는 듯한 의의를 가지고 있었던 한편, 여성의원=주부라는 이미지를 만들어냈다.이와모토, 2003

주부라는 아이덴티티[2]로서의 정치참가는 남편의 돈벌이에 의존한 아래에서의 정치 활동인 것과 정치에 진출했다고 해도 육아 정책 등에만 동원된다거나, 여성 참여의 수를 합산하는 '여성의 영역'에 가두는 딜레마를 안은 것이었다. 1980, 1990년대 '여성의 정치참가의 뉴웨이브'라고 일컬어지는 가나가와현神奈川県 주부들의 네트워크 운동과 도쿄도의 생활 클럽 생협의 선거 활동이라는 도시부의 신중간층 주부들에 의한 정치 활동의 질적 연구도 이와 같은 딜레마를 파악한 것이다.야자와 스미코(矢澤澄子) · 구니히로, 1996; 야자와 · 구니히로 · 이토 마치코(伊藤眞知子), 1992; 로빈 르블랑, 2012

예를 들면 로빈 르블랑Robin Leblanc은 주부라는 아이덴티티에 근거한 정

2 로빈 르블랑(Robin Leblanc)에 의하면 '주부'는 르블랑이 조사한 여성들에게 있어 "통계조사의 '상기의 어느 쪽도 아니다'라는 란에 체크하도록 뽑은 아이덴티티"라고 한다(르블랑, 2012 : 48). 즉 주부라는 것을 일을 하지 않거나 또는 아무것도 아니라는 것과 같은 것으로 파악하고 있고 그 때문에 '주부는 정치에 관심이 없다'는 인식이 당사자들 중에도 강하게 존재한다. 그것은 주부라는 아이덴티티를 가진 것이고 정치에의 연결고리를 얻고 있는 한편, 주부는 정치에 적합하지 않다고 보는 당사자들이 안고 있는 모순으로 연결되었다.

치참가가 가진 특징을 엘리트 정치가들의 상징적인 교통수단인 택시와 대비시켜 '자전거의 시티즌십Citizenship'이라는 개념으로 내놓고 있다. 로빈 르블랑은 '자전거의 시티즌십'이라는 개념에 의해 "주부라는 것이 일종의 공적 참가에 도달하기 위한 고유의 탈것을 제공함과 동시에 역설적으로 일본 여성에게 그 밖의 많은 중요한 공적 영역으로 확대되는 것을 제한하고 있다"라고 강조한다. 또한 '여성의 영역'에 갇히는 것에 자학적이면서도 강점으로 삼은 주부들의 정치 활동을 그려내고 있다.르블랑, 2012 : 35

2) 정치 당사자라는 것의 어려움

2010년대에도 여성이 정치에 참여해가기 위해서는 '여성의 영역'에 갇히는 딜레마가 항상 따라다닌다. 마마회의 경우에도 당초부터 '어머니의 시점에서 정치에 의문을 제기한다'는 성격을 띠고 있는 점에서 1980, 1990년대 주부들의 운동과 마찬가지로 남성 주도의 정치에 대해 생활권에서의 시점에서 새로운 바람을 불어넣는 성격을 띠고 있다고 말할 수 있다. 또한 전 장에서는 마마회가 남성 주도의 정치변혁의 시점을 가지면서도 마마를 내세움으로써 보도와 일반적인 평가로서 '정치에서 소외된 어머니'라는 틀에 갇히게 되는 것도 확인해왔다.

게다가 2010년대에는 사회적으로 억눌러두어야만 하는 상황의 변화도 생기고 있다. 우선 어머니들 대부분은 전업주부가 아니라 워킹맘working mother인 것이다. 후술하겠지만 마마회에 참가하는 20~40대 멤버 전원 대부분이 임금을 받는 직업을 가지고 있으며 '주부'라는 아이덴티티를 가진 사람은 없었다. 그녀들은 자신들을 주부가 아니라 마마, '보통의 어머니'라고 표현한다. 특히 전 장에서 검토한 것처럼 '마마회'의 참가자는 어머니라는 속성보다도 일상에서 행하고 있는 모친업(케어)에 가치를 두는 경향이 있다.

다음으로 2011년 이후 젊은 세대의 사회운동을 둘러싸고 언급되는 것 중 하나는 개인화된 개인의 상황과 정치적 관심을 주위 사람들과 공유하는 것에 대한 어려움이다. 예를 들면 도미나가 교코富永京子는 학생을 중심으로 하는 사회운동에 참여하는 젊은이들에 대한 인터뷰에서 그들에게 공통되는 것은 주위 사람들과 정치적인 관심을 공유할 수 없음을 밝히고 있다.도미나가, 2017[3]

3 · 11 이후의 사회운동에 대해서는 조직과 단체의 망라적인 조사연구 마치무라 다카시(町村敬志) · 사토 게이이치(佐藤圭一), 2016와 더불어 참가하는 개인이 어떠한 이야기를 가지고 운동에 관여해왔는지에 주목하고 있다.다무라 다카시(田村貴) · 다무라 다이(田村大), 2016; 도미나가, 2017 거기에는 다양하고 다른 전제를 가진 사람들이 공통되는 전제와 이해利害를 구축하고 정치를 만들어내는 현상이 파악되어왔다. 그러나 이와 같은 개인의 정치참여에 대한 실증적 연구의 지식을 참고로 하여 마마회 등 모친업을 담당하는 사람의 정치참가에 포커스를 맞춰 파악해보았을 때 어떠한 분석을 얻을 수 있을까.

마마회를 구성하는 멤버는 20대 후반~30대가 많고 학생들과는 12살 정도 차이가 나지만 사회적으로는 '젊은이'에 속한다. 그녀들도 학생들과

---

3 사회운동에 참여하는 젊은이들은 부모와 학교에 의해 문제의식이 전달되고 정치적으로 사회화된 '상자 속 사회파' 타입과 친밀한 사회를 통해 정치에 의문을 품고 항의하려고 생각하면서도 할 수 없는 '고독한 반역아' 타입, 그리고 대학교까지 정치에 무관심한 타입으로 구별된다(도미나가, 2017 : 176). 젊은이들은 대학의 장에서 그 세 개의 타입을 만나 교류하는 체험을 계기로 사회운동에 관여해간다(도미나가, 2017 : 237). 그들은 주위 사람들과 정치적인 관심을 공유할 수 없는 것에 자각적이기 때문에 웹이나 디자인성이 있는 플래카드와 배포물 등을 이용하여 무관심한 층에게 작용하려는 그들의 운동 스타일에도 드러나 있다.

마찬가지로 주위 사람들과 정치적인 관심을 공유하기 어렵다는 생각을 성장 과정에서부터 경험해오고 있다고 추측할 수 있다. 본 연구에서는 마마회의 멤버가 '젊은이'라는 것과 동시에 어머니라는 것에 주목하고, 모친업의 경험이 그녀들의 정치참가에 어떠한 의미를 가져왔는가도 밝히기로 한다.

1990년대 주부들의 정치 활동에서도 볼 수 있었던 딜레마에 비해 2010년대 젊은 세대의 사회운동 참가자가 경험적으로 말하는 '주위 사람들과의 정치적인 관심 공유의 어려움'은 정치참가에 있어서 생기는 초보적인 난점이라고 말할 수 있다.

밀브래스Lester Milbrath는 『정치참가의 심리와 행동』1976에서 정치참가의 제 형태를 ① 무관심, ② 투표를 중심으로 하는 방관자적 활동, ③ 정치가에의 접촉 등을 포함하는 이행적 활동, ④ 정당에 대한 적극적 참가 등을 포함하는 경기자적 활동 이 네 가지로 정리하고 있다.밀브래스, 1965=1976

밀브래스에 따르면 1990년대 주부들의 '딜레마'에 대해 언급한 연구에서는 ③~④의 위상에 초점이 맞추어져 있었다. 이에 반해 2010년대 젊은 세대의 사회운동 연구에서는 ①~②의 위상에 대해 말하자면 정치의 당사자가 되는 것 자체의 어려움도 주목되어오고 있다고 말할 수 있다.

일본에서 여성의 정치참가 지연에 관한 선행연구에서는 전적으로 선거응원과 의원입후보 등 ③~④의 위상에 초점이 맞추어져 왔다. 일반적으로도 정책과정의 주요한 행위자actor로서 정당, 관료, 각종 이익단체를 예로 들 수 있다. 반면 시민운동과 데모 등은 '정치'라기보다는 '사회'에서의 사건이라고 여겨져 왔다. 이것들은 일본 사회에서 시민운동이 정책과징에서 실질적인 힘을 얻어왔다고는 할 수 없었던 것과 이 책의 제5장 제2절에서 살펴본 바와 같이 사회운동의 구조적인 변화와도 관계가 있다고 생각할 수 있다.

그러나 특정한 이익단체를 갖지 않은 여성들의 이익과 손해가 정책과정에 반영되기 위해서라도 여성들의 운동을 정치 참여의 일부로 파악하는 것은 매우 중요한 일이다. 무관심층이었던 젊은 세대의 어머니들이 어떻게 정치적 주장을 가진 운동에 관여하고 정치의 당사자가 되는지 그와 더불어 기존의 운동체와 조직에 개인으로서 참여하는 것뿐만 아니라, 모친업을 담당하는 자로서 집단성을 어떻게 형성해가는지는 여성의 정치참가 회로의 하나로서 주목할 만한 가치가 있다. 본 연구와 연결해보면 마마회의 참가자들이 개인으로서뿐만 아니라, 집단으로서 어떻게 임파워먼트되는지 또한 그 당시 그녀들이 정치를 어떠한 것으로 재인식하는지를 고찰하는 것에 현대적인 의의가 있다고 말할 수 있다.

2. 인터뷰 조사의 개요

마마회는 전국각지에서 전개되고 있고 중심과 명확한 멤버십이 존재하지 않는다는 점에서 그 총수總數도 파악되어 있지 않다. 본 연구에서는 어떤 지방 도시 A와 B에서 '자식의 미래를 지키는 마마회@A시'와 '안보관련법에 반대하는 마마와 모두의 모임@B시'에 참가하는 어머니들 13명에게 2016년부터 2017년에 걸쳐 인터뷰를 실시했다.

마마회는 명확한 멤버십은 없지만 LINE 그룹에 등록하고 있는 사람의 수는 '자식의 미래를 지키는 마마회@A시'에는 약 40명, '안보관련법에 반대하는 마마와 모두의 모임@B시'에도 페이스북의 등록자는 150명 정도 존재한다. 양쪽 실질적인 활동 멤버의 수는 수십 명에 달한다. 인터뷰 대상자는 모두 각각의 마마회에서 미팅과 이벤트에 참가하는 등 비교적 중심적으로 활동하고 있는 멤버들이다. 필자가 마마회의 활동 장소에서 알게 된 사람들에게 직접 의뢰하여 승낙을 받은 후에 인터뷰 조사를 실시했다. 역시 대상자의 이름은 가명이다.<표 3> 참조

〈표 3〉 인터뷰 대상자 일람

기호	이름(가명)	활동 장소	연령	자식 인원수와 연령	직업	인터뷰 실시
A 씨	치카코 씨	B시(市)	50대	1명(대학생)	주부	2016년 7월
B 씨	마리 씨	B시	30대	2명(5세, 1세)	공무원	2016년 7월
C 씨	하나 씨	B시	30대	1명(중학생)	사무원	2016년 7월
D 씨	이쿠미(郁美) 씨	B시	40대	1명(4세)	단체직원	2016년 7월
E 씨	유카 씨	A시	40대	2명 (고등학생과 대학생)	작업요법사 (作業療法士)	2017년 4월
F 씨	도모코(智子) 씨	A시	30대	2명(9세, 1세)	사무원	2017년 4월
G 씨	쓰구미(亞美) 씨	A시	30대	2명(4세, 2세)	공무원	2017년 4월
H 씨	사키(紗季) 씨	A시	30대 전반	1명(2세)과 임신 중	없음	2017년 8월
I 씨	가나(香奈) 씨	A시	30대	2명(초등학생)	크리에이터	2017년 9월
J 씨	나나 씨	A시	20대	1명(2세)	급식조리사	2017년 8월
K 씨	아리사 씨	A시	30대	2명(5세, 2세)	교원	2017년 8월
L 씨	마야 씨	A시	30대	1명(6세)	이학요법사 (理學療法士)(휴직중)	2017년 7월
M 씨	유키(有希) 씨	A시	30대 전반	1명(4세)	음악치료사	2017년 4월

A지역 B지역 모두 멤버는 20대, 특히 30대가 가장 많고 인터뷰 대상자도 30대가 가장 많았다. 직업은 다양하고 일관된 경향은 엿볼 수 없다. 50대인 치카코ちかこ 씨만 자신을 '주부'라고 말한다. 사키 씨는 임신과 육아 때문에 일을 그만둔 상태였다. 13명의 인터뷰 대상자 중 12명에게는

배우자인 남편이 있다. 그러나 활동하는 데 남편의 이해와 보조의 유무에 대해서는 역시 개인차가 있다.

인터뷰 대상자 전원에게 ① 어떻게 해서 마마회에 참가하게 되었고 정치 활동의 당사자가 되었는지, ② 활동 중에 마마회 멤버로서, 개인으로서 중요시하고 있는 점, ③ 모친업을 담당하며 정치에 관여하는 것에 어떠한 어려움을 안고 있는지라는 질문을 토대로 반구조화 인터뷰를 1시간~2시간 정도의 길이로 실시했다. 장소는 카페에서 1대 1로 인터뷰를 하는 경우가 많았는데 마리まり 씨의 경우에만 마리 씨의 자택에서 인터뷰를 실시했다.[4]

3. 왜 '마마회'에 참가하게 되었는가

1) 새로운 운동으로서 '마마회'

'마마회@A시'에서는 멤버들끼리 원래 아는 사이이거나 또는 같은 단체에 소속되어 있는 등 유대가 있었던 경우는 제로였다. 2015년 7월 설립 초기에 관여하고 있었던 멤버와 그 후 '마마회'의 가두선전활동에 참가함으로써 관계를 맺은 멤버로 나눌 수 있다. 그중에서도 특히 후자에 대해서는 각각 경위는 다르지만, SNS에서 안보관련법에 대한 정보수집 과정과 마마회의 설립 초기 기자회견에 대한 TV 방송을 통해 페이스북 상에 계정이 있는 것을 알고 '마마회'로 이어진 경우가 많았다.

2015년 7월 설립 초기 단계 시에는 나나なな 씨, 아리사ありさ 씨, 사키

4 본 조사는 오사카대학(大阪大學) 인문과학연구과 사회계 연구윤리조사위원회의 승인을 받아 실시했다.

씨, 가나香奈 씨가 각각 페이스북을 통해 '마마회'의 설립을 알게 되었고 A시에서도 '마마회'를 설립하려고 SNS상에서 서로 이야기했는데 그 후 얼굴을 첫 대면하게 되었다. SNS상에서 서로 이야기하고 '마마회@A시'의 설립이 결정된 후 나나 씨와 사키 씨, 그밖에 지금은 활동하지 않는 멤버 몇 명이서 첫 만남을 가졌다. 모처럼 만났기 때문에 당시 영화관에서 상영하고 있었던 〈전쟁터 막다른 곳〉미카미 도모에(三上智惠) 감독 작품을 보러 갔다. 나나 씨는 처음으로 사회파의 영화작품을 감상하고 '자기가 모르는 곳에서 이렇게 끔찍한 일이 벌어지고 있다'라며 충격을 받는다. 그 후 8월에 안보관련법에 위반되는 가두선전활동과 릴레이 토크를 실시한다. 유카ゆか 씨, 유키有希 씨는 그와 같은 활동에 참가하여 멤버들과 만남으로써 LINE 그룹에 참가하여 활동에 가담하게 된다.

인터뷰 대상자 중에는 원래 가족이 정당에 관계되는 활동을 하고 있거나 직장에서 노동조합 활동과 거리가 가까운 멤버도 있었다. 그러나 흥미 깊은 것은 적지 않은 멤버가 '마마회' 이전에는 정치적 활동과 사회운동에 관계를 맺지 않았다는 점이다.

> 가족끼리 정치 이야기는 하지 않지. 어머니와 아버지가 정치 이야기를 하는 경우는 전혀 없었어. (…중략…) 정치고 뭐고 없는 집안에서 태어난 내가 왜 이렇게 된 거지. (미키 씨)

> 〈필자추가追記 – ※ 마마회에 관여하기 1년 전에 대해〉
>
> 그 당시는 난 사회에 대해 전혀 흥미가 없고 지진 때에는 작은애가 태어나고 아직 1살이 안 된 때로. 큰애가 2살로 정신적으로도 육아로 힘들 때 지진이 일어났어. 그래서 불안증처럼 되어버려서. TV는 전혀 켜지 않았고 신문은 쥐

기만 할 뿐 지진문자만 봐도 무서워서 엎어버리는 생활을 1년간 지속하고 있었지. (가나 씨)

필자 : 지금까지 데모와 헌법집회에는 안 가셨습니까?

전혀. 쭉 자식하고 놀았지. 권유받은 적은 있었지만 갈 엄두가 나지 않았어. 그런 곳에 가는 사람은 자신과는 다른 세계의 사람이라고 생각했어. (치카코 씨)

'마마회'가 새롭게 설립된 운동이라는 것, 기존의 노동조합과 정당에 관련된 단체가 아니라는 것은 그녀들이 정치 활동을 시작해가는 문턱을 낮추는 계기가 되었다. 또한 그녀들의 이야기를 통해 입장이 가까운 어머니끼리는 안심감이 들었음을 엿볼 수 있다.

마마회라면 들어가기 쉬울까 하고. 자기가 소속되기 쉬우니까. 뭔가 원래 어떤 단체는 들어가기 힘들고 연령대도 다르고. 공감하기 쉽지 않나요? 어머니끼리여서. 그러니까 딱 좋았어. 이제부터 아이가 태어날 테고. 뭔가 원래 단체는 뜨겁지 않나요? 상당히 마음이 뜨겁지 않나요? 그러니까 좀 당기는 데가 있어. 함께 할 수 있는 부분(필자 : 함께 활동해갈 수 있는 범위도 있고 그 점에 대해서는)은 우리들 세대와 그 앞 세대를 위해 해주는 거 알겠는데 좀 강제적인 느낌이 들어. (사키 씨)

유키有希 씨와 유카 씨는 '마마회'의 가두선전에 참가하기 이전에 각각 학생단체와 다른 단체의 데모에 발을 들여놓고서 자신의 관계 방식을 모색하고 있었다. 그때까지는 쭉 혼자서 뉴스를 쫓고 있었던 유카 씨는 가두선전에서 어머니들의 연설을 듣고 그 모습에 공감하며 눈물을 흘린다. 거기서 '마마회'와 연결되어 '마마회'에 참가해가게 되었다.

데모에는 간 적이 없어. 그렇지만 집에서 쭉 조마조마하면서 보고 있었지. SNS로는 보고 있었고 일하는 도중에도 어떻게 될까 하고 두근거렸어. (법안 가결이) 결정되었다고 야후에서 보고 안절부절못해 ××역(역 이름)에 들렀지. 학생이 프라카를 건네주고. 정말로 아이에게 미안하고 할아버지께 죄송하다고. 조부모한테서 전쟁 이야기를 들었으니까. 어렸을 적에 전쟁은 안 된다고 들었어. 그런데도 이렇게 되어버렸어……. 내가 할아버지 자식이었기 때문에. (유카 씨)

도모코智子 씨, 마야まや 씨, 사키 씨는 부모가 혁신정당과 노동조합이라는 좌파 정치 활동을 하고 있었다. 또한 스스로도 정당과 노동조합에 소속되어 있다거나 활동에 참가한다거나 하는 관계는 있었지만, 동원형태의 운동과 구호합창에 서툰 의식을 느끼며 거리를 두고 있었다. 또한 평일과 낮 시간대에 회합이 설정된다거나 하는 등 생활 스타일이 전혀 다른 세대의 운동에 적극적으로 관여하는 것에 어려움을 느끼고 있었다. TV에서 '마마회' 기자회견에 잘 어울리는 디자인의 귀여움이나 세련된 마마들의 모습을 보고 '마마회'에 참가하고 싶다고 생각하게 되었다.

'마마회' 이전의 운동은 부모의 영향으로 알고는 있었지만 자기가 나서서 말하거나 바꾸려고는 생각하지 않았어. 그렇게 생각한 것은 '마마회'를 알았을 때뿐이었지. 딱 보고 이미지가 좋았어요. 색도 귀엽고. (…중략…) 페이스북에 가두선전 이벤트가 있다고 보고 나서 제가 간 거예요. (마야 씨)

또한 이쿠미郁美 씨는 원래 학생운동에 참가하고 있었고 전 직장도 운동색이 강한 곳이었다. 그러나 최근 몇 년은 운동과는 거리를 두고 있었다고 한다. 그것은 '○○하지 않으면 안 된다'라는 규범이 강하고 또한 동원하는 것에 의무적으로 참가하지 않으면 안 된다는 조직형 운동에 지쳐버렸기 때문이라고 한다. 사회와 정치에 대한 관심은 유지되고 있었지만 운동과 활동은 이제 괜찮다고 생각하고 있던 차에 '마마회'를 알게 되어 '여기라면 해보자'라고 생각해서 페이스북을 통해 연락을 취했다고 한다. '여기라면 해보자'라고 생각한 이유는 '마마회'라면 모두 어머니이고 바쁘고 시간이 한정되어 있어 무리가 가지 않는다는 조건이나 생각을 공유할 수 있으니까 자신이 무리 없는 범위에서 활동할 수 있기 때문이다. 모두가 같은 환경이기 때문에 활동하기 쉽다는 것은 멤버 모두가 공통적으로 말하는 점이었다.

이처럼 '마마회'는 정치에 관심을 가지면서도 기존의 노동조합과 정당운동에 포섭되지 않았던 젊은 세대 어머니들의 정치참가의 새로운 회로가 되었음을 알 수 있다. 그때까지 사회운동과 정치에 무관심이었던 사람도, 정당과 노동조합의 정치 운동이 친근한 사람도 '마마회'에의 참가를 계기로 자신의 정치 운동을 발견하고 구축해가게 되었다.

2) 다양한 계기

'누구의 자식도 죽게 하지 않는다'라는 슬로건에 공감한 멤버들의 당초 관심은 압도적으로 징병제의 재법제화에 있었다. 그것은 아이의 생물학적 성별에 관계 없이 멤버에게 공통적인 불안이었다. 그러나 대부분의 멤버가 활동을 시작하기 직전까지는 구체적인 사회문제와 정치 운동에는 관심을 갖지 않았다고 말한다. 멤버들의 사회문제와 정치에 관심을 가지고 관여해가는 경위에 관한 이야기를 통해 어머니이기 때문이라기보다는 일과 동일본대지진 후 사회운동의 정보에 접촉하는 과정에서 자기 자신 안에서 관심이 커졌기 때문임을 알 수 있다.

유키有希 씨의 경우에는 출산과 육아 중에 의식이 바뀌어 사회문제에 관심을 가지고 혼자서 정보를 수집하게 되었다. 그러나 유키 씨는 직장에서 출산휴가·육아휴직을 받는 방법을 둘러싼 동료들의 갈등을 보고 들은 것에 기인한다고 말한다. 또한 출산과 육아기에 자택에 있는 일이 많아지고 TV를 본다거나 스마트폰으로 정보수집을 한다거나 하는 기회가 많아진 것도 관련되어 있다. 동료의 일은 마리 씨의 인터뷰에서도 밝혀졌다. 출산휴가·육아휴직 중에 스마트폰으로 육아 정보를 수집하게 되고 안보문제를 알게 된다.

> 내 자식 낳고 엄청 바뀌었어. (그때까지는) 일해서 많이 바빴지. 병원에서 오랜만에 TV보고 오랜만에 인터넷을 봤거든. 임신 중에 인터넷 볼 시간 얕보면 안 될 정도야. 왜냐하면 이제 딸을 쭉 아기 띠로 매고 좁은 방안에서 어슬렁거리며. 멈추면 안 되니까 계속 걷고. 흔들면서. 딸의 얼굴이 이쪽에 있으니까 핸드폰을 이쪽으로 하라고 하잖아. (유키 씨)

유키 씨는 NHK의 정보프로그램 〈아사이치あさイチ〉[5]에서 어린이의 빈곤에 대한 특집을 본 것을 계기로 어린이식당과 어린이의 빈곤에 관심을 가지고 '딸과 비슷한 나이의 아이가 밥을 먹을 수 없어. 어쩌지 하고 생각하니' 걱정이 되어 어린이식당을 운영하는 사람을 만나러 가는 등 혼자서 행동하게 된다.

'사회운동과 정치에 무관심했다', '선거하러 갈 때도 적당히 투표할 정

5 2010년에 방송이 시작된 일본 NHK 종합 TV의 평일 아침 정보 프로그램명을 의미한다(역자주).

도', '선거하러 간 적이 없는' 사람도 스스로를 되돌아보는 가운데 부모의 영향과 학교에서 전쟁에 관한 것을 배운 부모가 신문을 읽기 위해서는 왠지 모르게 뉴스를 보는 습관은 있고, '그냥 지나쳤지만' 눈으로는 보고 있었다고 말한다. 사키 씨는 부모가 '장래 전쟁이 날 거야'라는 말을 어릴 적부터 들었지만 '무서운' 화젯거리였기 때문에 생각하는 것을 꺼려왔다. 그러나 안보관련법에 관한 내용이 보도되는 가운데 임신 중이었던 그녀는 혼자서 인터넷의 정보를 찾아내게 된다.

> 아이가 커갈 무렵에는 전쟁이 나고 말 거라는 말을 들었어. (…중략…) 그렇지만 지금 와서 부모님이 말씀하신 건 협박이 아니라 실제 그런 분위기로 되고 있어. 아아, 큰일 났네. 아이가 생기고 나서 그렇게 되었어. 그 당시 봐, 이라크라든가 엄청 거칠었잖아. 우리 어렸을 때부터 전쟁이 일어났지만 친근하지 않았지. 그렇지만 일어날 수 있다는 생각에 친근하게 느껴졌어. 혼자서 괴로워하고 있었지. 실즈seals, 학생을 중심으로 구성된 안보관련법에 반대하는 운동단체가 생겼지만 난 실즈에는 들어갈 수 없잖아(웃음ㅋㅋ). 카테고리도 다르고. 마마회가 생겨서 난 이쪽이 되었지. 제로에서라면 들어가기 쉽고. (사키 씨)

가나 씨도 전쟁과 정치에 대한 화제는 '무섭기' 때문에 질색이었고 또한 공포 때문에 3 · 11 지진 후에는 신문과 뉴스도 볼 수가 없어서 외부 정보를 차단하는 일상을 보내고 있었다. 그러나 그 후 관여하기 시작한 지역진흥 NPO의 연결로 헌법 카페[6]에 초대받게 된다. 가나 씨는 공포와

6 '내일의 자유를 지키는 젊은 변호사의 모임'이 확산되어온 카페형식으로 부담 없이 헌법을 배울 수 있는 학습회의 명칭이다. '내일의 자유를 지키는 젊은 변호사의 모임'이란 2013년에 출범한 법률가 단체이다. 2012년 4월에 발표된 자유민주당의 '일본국헌법

갈등하면서도 조금씩 관여하기 시작하게 된다. 그 후 서서히 주체적으로 정보를 모으게 되고 정보를 피했을 때보다도 '마주 대하는 편이 편하다'라고 느끼게 된다.

> 2015년 2월에 헌법 카페에 처음으로 참가했어. 그것도 이제 조금만 더(갔을 뿐으로 나중에는) 가면 이상할 정도로. 귀찮고. 정치 이야기는 전혀 재미없을 것 같아서. 이제 그만할까 생각했지만. 직접 '가는 거죠?'라고 메일이 와서 안 갈 수가 없어서. 가면 헌법에 관한 이야기라든가 당시는 집단적 자위권 이야기라든가 처음으로 들어서. 뭔가 굉장히 우울해져. 정말이지 더는. 그 이후에는 그 사람의 페이스북도 친구 끊을까 싶을 정도로 무서워. 무섭고 무서워서. 끊었지. 하지만 반대로 정보 없는 것도 무섭고. 그래서 이제 어쩌지 어쩌지 하게 되었어. (가나 씨)

이처럼 멤버들의 사회문제와 정치에 관심을 가지고 관여해가는 경위에 대한 이야기에서 어머니라는 것은 하나의 계기이지만 자기 자신이 교육, 가정환경, 직장에서의 사건 등에서 정보를 얻는 계기를 통해 주체적으로 움직이기 시작했음을 알 수 있다. 그녀들로부터는 어머니라는 것 자체가 원천이 되어 정치에 대한 관심이 샘솟는다거나 자식을 위하는 것만을 생각해서라는 이야기는 찾아볼 수가 없었다.

그러나 당시 임신 중이었던 사키 씨와 육아휴직 중이었던 유키 씨처럼 아이의 장래에 대한 책임, 아이를 지킬 수 있는가라는 육아에 대한 관심이 크게 뒷받침되어 시행착오를 거쳐 안보문제에 관심을 갖게 되었음을

개정초안'을 받아들여 자유, 인권, 민주주의의 사상에 바탕을 두는 현행헌법의 중요성을 널리 알리는 것을 활동의 지침으로 삼고 있다(내일의 자유를 지키는 젊은 변호사의 모임 홈페이지 http://www.asuno-jiyuu.com/ 2018년 12월 11일 열람).

알 수 있다. 정치에 관여해갈 때의 주체는 '자식을 위해', '나라를 위해'라는 멸사 지향에서가 아니라, '어머니인 내'가 사회와 정치를 어떻게 파악해나갈 것인가라는 시행착오 속에서 일어나고 있음을 확인할 수 있다.

4. 모친업의 정치적 가치에 대한 확신

1) '보통'을 둘러싼 투쟁

'마마회@A시'의 활동은 가두에서의 선전활동, 공원에서의 피크닉 겸 국회의원과의 의견교류회, 지방의원에의 사무소 방문, 바자회에의 출점을 통한 실seal 앙케이트, 헌법 카페의 주최, SNS와 블로그에서의 정보 발신 등이다.

멤버의 인터뷰에서 전원 대부분이 언급한 '목적'이 있었다. 그것은 같은 세대의 어머니들에게 정치를 일상에서 친근한 것으로 말하고 정치를 가능한 한 쉬운 말로 바꾸어 정보를 발신한다는 내용이었다. 마마회@A시에서 46시간 중 통근자가 왕래하는 큰 역에서 가두선전활동을 하는 것은 크리스마스와 할로윈 때뿐이며 보통은 공원과 바자회장, 프리마켓, 지역의 여름 마쓰리 등 아이를 동반한 사람이 많이 모이는 장소에 '자신들이 나간다'. 실제로 수건과 헌 옷을 출품하러 들러준 사람들에게 간단히 정치에 관한 앙케이트 조사와 실seal 투표를 실시한다. 또한 강사를 불러 베이비 마사지 교실을 열고 그 마지막으로 정치와 정세에 관한 이야기를 할 수 있으면 하겠다는 기획도 이루어지고 있었다.

또한 의원 면담 요청 때에도 부드러운 말투와 친근한 태도를 의식하고 있다고 한다.

(여당의 시회의원과의 면담에서) 반대의 의식은 만족스럽지만 부드러운 말로 하려고 해요. 블로그 같은 것도 그렇고. 의원님은 취미나 평소에 뭐 하시는 걸 좋아하세요? 라는 것을 묻는다거나. 그렇다면 가라오케라든가(대답해달라고 하거나). 요전에도 ◯◯ 씨가 있는 곳에 갔더니 가라오케라니까. 그런 이야기도 하면서 하나하나의 이슈에 대해 어떻게 생각하십니까? 라고 물어요.

필자: 의원님은 만나주시는 거군요.

다행히 만나주네요. 그쪽은 저쪽에서 두근거리는 것을 살짝 가르쳐주기도 해요(웃음ㅋㅋ). 이런 아줌마 만나는 거 떨려요!? 라고 말하면서. (유카 씨)

이와 같은 아이를 동반한 어머니들이 모이는 공원 등 생활권에서의 활동과 의원과의 교섭에서도 농담을 섞어가며 친근한 말투와 태도를 의식한 후에 관계성과 분위기를 조정한다는 것은 언뜻 보기에 스테레오타입적인 어머니 역할을 재생산하고 있는 것처럼도 보인다.

공적인 공간이 아니라 생활공간에서 조정 역할을 하는 것은 종래부터 어머니에게 기대되어온 역할 그 자체이다. 실제 멤버 중에는 '쉬운 말'로 정치를 '번역'하는 것은 '마마회이기 때문에 가능한 일'로 어머니와 양육자라는 속성을 가진 집단의 특성으로 평가하는 사람도 있다. 자신을 '아마추어'라고 부르며 어머니의 속성에 부수되는 '정치에 어둡다'는 이미지를 활용하고 있음을 엿볼 수 있다.

우리들은 아마추어 같애. (일반적으로 정치에 밝은 사람보다도: 필자주) 밝지 않은 사람과 이야기하는 편이 즐겁고. 이건 보통 어떻게 생각해? 라든가 이건 무섭다던가. 좀 더 세상 돌아가는 이야기 수순으로까지 낮추고 싶어서. 오늘 덥네~ 그러고 보니 그 장관 발언 봤어!? 라든가 정치에 대해 이야기하고 있잖

아. 정치 울렁증을 바꾸고 싶어. (나나 씨)

그러나 멤버의 인터뷰에서는 자신들을 결코 단순히 조정 역할만을 하고 있다고 파악하는 것이 아님을 알 수 있다. 그녀들의 이야기에는 오히려 어머니로서의 경험, 생활은 정치 그 자체이고 자신들의 경험과 가치관을 정치의 '보통'으로 해나가는 것이 기도되고 있음을 알 수 있다.

예를 들면 나나 씨는 활동을 시작한 당초에는 자신들의 발언이 국회에 제안되거나 국회 앞에서 국회의원이 마마회의 슬로건인 '누구의 자식도 죽게 하지 않는다'라고 적힌 플래카드를 건다거나 마마회가 유명해짐으로써 자신들의 목소리가 직접 도달한다는 사실에 감동을 받고 '자신의 아이덴티티'가 처음으로 인정받았다고 느낀다. 그러나 그 후 활동을 통해 그녀가 '인간으로서 평가를 받았다'라고 하며 자신 속에서 보다 깊게 승인받았다고 느낀 적은 사람들 앞에서 연설을 하고 자신의 모친업에 대해 이야기할 때였다.

내가 처음으로 사람들 앞에서 연설한 건 변호사 모임 때로. 평판이 매우 좋았지. 그 내용은 결코 정치 이야기가 아니라 자신의 마음과 경험에 관한 이야기였어. 자신의 마음과 경험 이야기는 어머니 경험이 되는데, 그건 정말 리얼한 어머니로서의 경험으로 고민하고 육아를 해오던 중의 이야기라서 거짓말이고 뭐고 없는 얼마든지 들을 정도로 흔히 하는 이야기. 그 이야기가 받아들여졌으니까 난 그 이야기를 해도 된다네. 그것은 결코 거짓말은 하나도 없고 반대로 정치에 아무리 밝은 사람이라도 내 경험에 맞설 수는 없지. 그 어머니의 마음이라는 건 누구에게도 부정당하지 않고 (…중략…) 어머니라는 위치에서 이야기하자면 거기에는 진실밖에 없으니까. 그 바탕이 있어야 그게 활동이 아닐까. (가나 씨)

가나 씨가 '인간으로서 평가를 받았다'고 느낀 것은 어머니로서의 속성을 인정받는다거나 치켜세워졌기 때문이 아니라, 그녀가 말한 자신의 모친업에 대한 경험과 생각이 그대로 가치를 가지고 정치의 장에서 '그 이야기를 해도 되는구나'라고 그녀의 인식에 전환을 가져왔기 때문이었다. 그때까지 정치는 정통한 사람만 이야기할 수 있는 '무서운' 세계이고, 자신이 말하는 것은 어울리지 않는 일이라고 생각했던 그녀는 자신이 매일 고민해온 모친업에 대한 경험이나 마음이 '정치에 밝은 사람'에게는 맞설 수 없을 정도로 거짓 없는 '진실'로서 가치를 지닌 것이라는 확신을 얻게 된다.

2) 어머니야말로 정치적인 존재이다

'마마회@A시'의 멤버들이 같은 세대의 어머니들을 위해 정보 발신과 접근을 한 것은 친밀한 마마 친구에게도 정치에 관심 갖기를 바란다는 생각과 그것 이상으로 어머니가 정치적인 존재라는 의식이 있었기 때문이다.

자신들을 '아마추어'라고 표현한 나나 씨는 어머니는 절대적으로 정치에 관심이 있다고 말한다. 자신을 '아마추어'라고 표현하는 것은 '젊은 어머니는 정치에 어둡다'는 세상의 이미지에 맞춘 표현이지만, 한편으로는 정책과 사회제도에 대해 자세한 지식을 갖고 있지 않을 뿐이지 정치에의 거리가 가까운 존재임을 강조한다.

보통 평소에는 육아하고 있으니까 (어머니들과는) 공통항이 많이 있지. 거기에 절대적으로 관심이 있거든. 아이 키우기 전부터. 자식의 장래에 대해 모두 흥미 있고. (…중략…) 블로그 발신만 해도. 보고 있다고 말하지는 않지만 보고 있지. 10회 쓰면 1회만 '항상 읽고 있어, 고마워'라고 말한다거나. 어, 읽고 있었어!? 같은. (나나 씨)

'마마회@A시'에서는 의원을 방문할 때에도, 이벤트를 실시할 때에도 아이를 맡기고 오는 것이 아니라 굳이 아이를 데리고 가는 경우도 있다. 회의 중이라도 아이가 주위를 뛰어다니며 장난감을 가지고 놀며 싸우고 울부짖고 환성을 지르는 것이 매회의 광경이다. 아이가 매달릴 때마다 발언은 정지되고 기저귀도 그 자리에서 갈아 준다. 유아의 경우 수유도 한다. 그것은, 그것이야말로 보통인 것이라며 정치가에게 그 광경을 보이는 목적이 있기 때문이다.

예를 들면 시회의원의 회의 보러 갔을 때 아이가 있다면(양해해주세요) 같은 말을 했던 마마가 있어서. 그 즉시 블로그에 적고. 있을 수 없다니까. 지금 그렇게 하면 터부시되어 있는 것을 점점 납득시키고 싶어. 그런데 육아하고 있는 마마가 관심 가지고 보러 왔는데 그게 뭐가 나빠? 아이는 그야 떠들지. 원한다면 아이가 시끄러워서 (회의가) 진행되지 않으면 아이가 있을 수 있는 부스를 만들고. 그럼 뭐야? 우리들은 관심 없어도 되는 거야? 우리들은 왕따야? 그렇게 어른들만 결정하는 거야? 기자회견 때 그런 이야기는 하지 않았지만 몇 개 회사인가 와있고 텔레비전도 들어왔는데 그런 것에 대해 아이의 시끄러운 입을 다물게 하라는(말을 들었어). 아이 떠드는 건 보통이지? 이러면서. 그런 걸 보통으로 하고 싶다고 생각해서. (나나 씨)

이처럼 그녀들은 엘리트정치를 중심으로 생각하는 것이 아니라 아이와 함께 있는 자신들이야말로 정치적이라고 생각하고 있다. 그 배경에는 가나 씨의 이야기에도 있었듯이 자신들이 매일 하는 모친업의 경험과 이야기야말로 '아무리 정치에 밝은 사람이라도 맞설 수 없는' 진실은 가치가 있는 것이라는 확신을 얻게 되는 프로세스가 있다.

그녀들에게 정치참가란 데모와 가두선전에 참가하고 연설을 하는 것뿐만 아니라 자신의 경험과 생각이 그 자체로서 가치를 가지고 발로되어 승인받는 것이 그 근본에 있음을 알 수 있다. 매일 하는 모친업의 가치를 스스로 깨닫게 됨으로써 자신 안에 있는 정치개념을 변혁시켜가고 있는 것이다. 자신의 경험들을 말하고 그것을 승인받는 경험을 거침으로써 마마회 참가자들은 다른 어머니들에게 본래는 정치에 친근한 존재임에도 불구하고, 정치에 대한 관심을 사회적 요인에 의해 제거되고 위축되어왔다고 추찰하고 있다. 따라서 그녀들은 활동에서 자신과 자신의 아이를 지키는 것뿐만 아니라 다른 어머니들에의 접근을 중요시하고 있다.

5. 활동의 리스크와 곤란함

이상과 같이 '마마회@A시'의 멤버들은 '안보관련법' 성립 후에도 아이의 생명과 생활에 관련되는 이슈를 다루었는데, 특히 정치관의 변혁을 의식한 활동을 지속해왔다. 마마회 참가자들은 인터뷰 속에서 사신들이 대항하는 것은 '정치에 관심이 있다고 말하기 거북한 분위기', '정치를 터부시하는 풍조'라고 표현한다. 그와 같은 '정치를 터부시하는 풍조'는 그녀들이 활동을 지속해 나가는 데 있어서 난항을 초래하고 있고, 또한 그것은 그녀들이 어머니이기 때문에 뒤에서 살펴보듯이 보다 큰 리스크가 되고 있음을 엿볼 수 있다.

여기서 '정치를 터부시하는 풍조'란 멤버가 활동하는 가운데에서의 경험과 자기 자신이 활동에 관여하기까지 당연시했던 일을 말한다. 예를 들면 가나 씨는 자신이 자라온 가정에서는 정치에 대해 대화를 하는 것은 금기시되어있고 선거하러 간 부모님에게 어느 후보자와 정당에 투표했는지를 묻는 것도 암묵적으로 금지되어 있었다고 말한다.

아리 씨도 마찬가지로 생육가족生育家族 안에서는 정치에 관한 이야기를 한 적이 전혀 없었다. 그렇기 때문에 가정 이외의 장소에서 정치에 대해 이야기할 수 있는 장이 필요하고, 마마회는 그와 같은 장소를 제공하는 존재로서 자리매김되고 있다. 또한 실seal 투표와 서명 모으기로 직접적으로 정치 이야기를 하면 '나는 다르니까!'라고 말해지는 등 거절적인 반응이 돌아오는 경우도 있고 '정치를 터부시하는 분위기'를 느낀다고 한다.

> 불안하게 생각하고 있는 어머니들이 많다. 왠지 모르겠지만 불안, 안심하고 싶은 어머니가 많다. 항상 정치 이야기로 이러이러하다. 아베安倍 정치는 이상하다고 쓰면 반응하지 않는 어머니들도 불안하게 생각하고 있다. 역시 페이스북이니까 말할 수 있는 것으로 학교의 어머니들에게는 직접 말할 수 없다. 약간 정치 이야기하는 것만으로 끌리고 있는 느낌이 든다. 옛날에는 헌병이 있었기 때문에 국가에 대해 발언할 수 없었지만, 지금은 그런 게 없어도 말할 수가 없다. 위축되는 분위기가 있다. (가나 씨)

멤버들은 '정치를 터부시하는 풍조'란 보다 본질적으로 정치에 관한 화제에 한정되지 않고 주위 사람들과는 다른 발언과 행동을 취하는 것에 대한 위축이라고 말한다. 사키 씨는 어머니가 되고 나서부터 특히 '모두 같아야만 한다'라는 것에 거북함을 느끼게 되었다고 한다. 정치에 관한 것뿐만 아니라 아이의 식사, 백신 접종 등 육아 스타일에 관계되는 것에 대해서도 '저 아이 특이하네 하고. 걱정된다고 생각하지 않을까 해서' 불안해지는 적이 많았고, 타인에게 자신의 의견을 말하는 것도 어려워졌다고 한다. 고등학생 때 친구에게라면 말할 수 있는 것도 마마 친구에게는 신경이 쓰여 개인적으로 정치에 관해 이야기하는 것을 자중하고 있다. 그것은 모처럼 생긴 마마 친구를 잃고 싶지 않고, 또한 인간관계가 악화되어도 아이를 위해 '빠져나갈 수 없기' 때문이다.

아이에 대한 마마 친구의 반응이 무서워. 셰어share 같은 것도 할 수 없다고 말하는 사람이 많아. 관계가 깨질 것 같아서 두렵다는 사람도 많고. 나는 선거 전에도 지금까지도 마마 친구가 없었어. 멀리서 와서 아는 사람이 없으니까. 다른 마마회 사람이 마마 친구의 일을 신경 쓰는 것을 보고 왜 말하지 못할까 하고 생각했어. 단기대학 때 친구가 있어서 난 충분히 투고했지. 이상한 정의감이 강하니까. 떠나갈 거면 그걸로 괜찮지 않아? 라고. 최근 마마 친구가 생겼는데. 역시 하기 힘들어졌어. 어떻게 생각할까 하고. 모처럼 생겼고 잃고 싶지 않아. 친구 경력이 얕을수록 불안. 모처럼 생겼는데. LINE 가르쳐달라고 말해도. LINE에(정치에 관한 것을) 투고했으니까 이제 LINE에 투고하지 말라고 하네. 어머니가 정치적인 거 말하는 거. 장벽이 높다고 생각하게 되었지.

필자: 마마 친구라는 게 생각이 맞아서 친구가 되는 건 아니거든요.

유치원에 다니게 되면 중간에 빠져나올 수 없어. 아이의 친구 관계가 있기 때문에 엄격해. 이러쿵저러쿵 말하며 자신의 고등학교 때 친구라면 시간이 지나면 돌아갈 수 있지만. (사키 씨)

다른 대부분의 멤버도 마찬가지로 인간관계가 자신뿐만 아니라, 아이의 친구 관계에도 영향을 주기 때문에 마마 친구에게 정치적인 이야기를 하는 것이 가장 어렵다고 느끼고 있다.

또한 활동하는 데 있어서 남편으로부터 반대를 받아 남편의 이해를 얻지 못하고 충돌하는 등 고민을 안고 있는 멤버도 많다. 마야 씨는 동일본 대지진으로 재해를 입은 직후 출산하여 A시로 피난해온 '피난 마마'인데, 피난에 대해서도 활동에 대해서도 남편과는 의견이 다르고 정치 활동에 대해서는 남편의 반대를 받고 있다.

사키 씨는 '아이에게 불이익이 생긴다'고 하여 남편으로부터 집 근처에서 활동하는 것을 제지당하고 있다. 아이를 안고 역 앞에서 얼굴을 내밀고 연설을 한다거나 자택 가까운 카페에서 이벤트를 여는 것에 대해 남편은 '왜 이렇게 집과 가까운 곳에서 하는 거야. 아이의 생활권에서 하지마. 아이가 험한 일을 당하면 어쩌려고'라고 말한다. 그것에 대해 사키 씨는 만약 연설 중에 방해받거나 하는 경우 자식에게 위험이 미칠 가능성이 있는 것을 부정할 수가 없어서 불안과 공포를 느끼고 있다고 말한다.

사키 씨는 자식의 미래를 위해 활동을 시작했음에도 불구하고, 활동 때문에 아이가 0~1세라는 '가장 불쌍한 시기'에 아이를 제대로 돌보지 못한 것은 아닌가 하고 깨닫게 되어 인터뷰 때에는 활동을 일단 자숙하는 선택을 했다. 모친업에 가치를 발견하여 긍지를 가지고 있기 때문에 활동과 육아 사이에서 딜레마를 안고 있다.

아리사 씨도 마찬가지로 특히 자택 근처에서 활동하는 것을 남편이 반대하고 있다고 말한다. 또한 정치적 이데올로기가 다른 남편으로부터 '공산당에 입당한 것인가'라고 사실과는 다르게 거듭 의심을 받고, 자신의 정치적 주장을 강요하고 있다는 꼬리표를 붙이는 등 일상의 커뮤니케이션에 스트레스를 느끼고 있는 것 같았다.

아리사 씨를 비롯하여 멤버의 몇 명인가는 이와 같은 남편으로부터 활동에 대한 몰이해와 대립에 대한 고민을 서로 상담하는 등 공유하면서 가정 내에서의 교섭을 지속하고 있다.

이처럼 그녀들은 자신들이 대치하고 있는 '정치를 터부시하는 풍조'와의 투쟁에서 아이의 안전에 대한 책임을 지고 있고, 또한 자신의 행동에의 귀결이 자신에 대한 영향에만 머무르지 않는다는 의미에서 어머니라는 것은 불리하다는 점도 동시에 느끼고 있다. 또한 가장 이해자이기를 바라는 남편과 대립하는 것도 하나의 고민이 되고 있다. 이처럼 잠재적으로는 정치에 대한 관심과 불안을 가지면서도 행동으로는 옮기지 못하는 같은 세대 어머니들의 마음도 이해하기 때문에 가장 같은 세대의 어머니들을 향해 강하게 주장하는 것이 어렵다는 딜레마를 안고 있다.

6. 어머니의 정치 참여를 위해

1) 자신의 이야기를 하고 응답받는 것

본 장에서는 이상으로 밝혀진 내용을 정리하기로 한다. 마마회는 지금까지는 정치 활동에 관여도 관심도 낮았던 20, 30대의 어머니들이 정치의 당사자가 되어 정치에 참여해가는 하나의 계기가 되었다. 인터뷰 대상자 중 과반수 정도의 어머니는 마마회에 참가하기까지 정치 활동에 전혀 관계가 없었는데 제각각 갈등을 거쳐 활동에 참여하게 되었다.

마마회의 멤버들은 정치 활동의 장에서 '어머니로서의 나'로 매일 모친업의 경험과 불안에 대해 말한다. 그리고 그 이야기가 집단으로부터 승인받음으로써 어머니인 자신은 정치에 어울리지 않는다고 생각하고 있었던 것이 실은 모친업에서 가치를 찾아내지 않는 정치구조와 문화 쪽에 문제가 있는 것이라고 인식을 전환하고 있다.

이렇게 스스로 행하는 모친업에 정치적 가치가 있다는 확신을 얻는 것은 멤버들을 격려한다. 그리고 엘리트정치의 공간에 아이를 데리고 가서 어머니 일상의 연장선에 '정치'를 두려고 시도하고, 정치의 당사자인 것을 빼앗기고 있는 다른 어머니들에게 접근을 하는 등 활동의 특색을 만드는 것으로 연결되어갔다고 생각된다. 이처럼 그녀들이 어머니인 점을 내세우면서도 '자기 자식을 위하는' 것만으로 머무르지 않고 '다른 어머니와 다른 아이들을 위한'다는 사고와 행동으로 연결되어간다.

정치과정에 대해 스스로가 영향력을 행사할 수 있다는 감각을 '정치적 유효성 감각political efficacy'이라고 한다캠벨(Compbell) et al, 1954. 정치적 유효성 감각이라는 개념은 정치참가의 가능성을 측정하는 가장 중요한 의식으로 자리매김되어 지표로 사용되고 있다.이토 다카시, 2017

선거 캐릭터인 '메이스이쿤'[7]으로 잘 알려진 공익사단법인 밝은 선거 추진협회에 의한 16세부터 29세의 젊은이에의 의식조사에서 이 지표가 사용되고, '정치에 관한 것을 안다'는 의식이 내적인 정치적 유효성 감각으로 주목되어 있다.재단법인 밝은 선거 추진협회, 2014 : 34[8]

마마회의 멤버들은 활동하는 가운데 이 '정치에 관한 것을 안다'라는 감각을 모친업의 경험을 축으로 형성하고 정치적 유효성 감각을 획득해 나가고 있다고도 말할 수 있다.

이처럼 집단 안에서 자신의 이야기를 하고 그에 대한 응답을 받는 경험은 그 자체가 정치적인 임파워먼트를 낳는다. 사이토 준이치齋藤純一는 사

---

7 메이스이쿤은 밝은 선거 추진 운동의 밝을 명(明)과 추진의 추(推)를 사용하여 명추(明推)라고 쓰고 일본어로 메이스이라고 읽는다. 여기에 호칭으로서 군(くん)을 붙인 것이다(역자주).

8 정치적 유효성 감각으로서 '자신에게는 정부가 하는 것을 좌우할 힘이 없다'(외적 유효성 감각)와 '자신처럼 정치에 대해 잘 모르는 사람은 투표하지 않는 것이 좋다'(내적 유효성 감각) 이 두 개의 질문이 거론되고 있다. 내적 정치 유효성 감각은 20대 · 30대의 여성이 특히 낮은 것으로 밝혀졌다(재단법인 밝은 선거 추진협회, 2010 : 36).

회적으로 열위에 두고 공적 공간에서 배제되어온 자들이 타자로부터 응답을 받고 한 사람 한 사람으로서 말과 행위가 나타나는 곳에서 정치적인 원점을 발견해내는 한나 아렌트Hannah Arendt의 정치관을 '표현의 정치'사이토, 2006라고 정의하고 계승하면서 비판적으로 극복하려고 한다.

아렌트가 말하는 '표현의 정치'는 카를 슈미트Carl Schmitt의 『표상의 정치』슈미트, 1963=1970와 대치시켜 파악할 수 있다. 『표상의 정치』는 적을 결정하고同定, identification 타자가 무엇인가를 형상화함으로써 '우리들'의 아이덴티티를 구성한다.사이토, 2006 : 71 표상된 타자는 그 고정화된 형상 아래에서만 시선을 받게 되고, 거기서 한 사람 한 사람의 말과 행동에 나타나는 것은 불가시화될 수밖에 없다. 아렌트는 그와 같은 표상의 정치에 '정치적인 것'의 끝을 본다. 반대로 표현의 정치란 '누구인가'로서 아이덴티티의 발생이다. 이 '누구인가'라는 아이덴티티는 미리 여건이 되는 것이 아니라 타자와의 호응 관계 속에서 비로소 생겨나는 것이다.사이토, 2006 : 74

마마회의 멤버들이 모친업에서 정치적 가치를 발견해낸 것은 마마회가 유명해지고 미디어에서 다루어졌기 때문일 뿐만 아니라, 자신이 매일 하는 모친업의 실천에 대한 연설과 이야기를 듣고 응답받는 경험을 얻었기 때문이었다. 어머니라는 표상에 스스로를 대변하게 하거나 어머니가 아닌 자와 자신을 구별하는 것이 아니라, 연설과 대화 등에서 자신의 경험을 이야기하는 것이 활동의 기초가 되었다. 한 사람 한 사람이 자신의 모친업의 경험에 대해 발신하고 그것을 듣고 응답받는 것에서 마마회의 참가자들이 만들어내는 '정치적인 것'의 단서를 엿볼 수 있다.

2) 어머니의 정치적 아이덴티티의 가능성

그러나 이상과 같이 운동 속에서 어머니라는 아이덴티티를 내걸고 활동하는 것은 결국 '어머니'라는 것이 그 집단의 원초적인 요인으로서 기능한다는 의미가 아닐까. 그녀들은 결국 활동 속에서 '어머니'라는 속성에만 이끌려서 이해되고, 특히 모성으로 환원되어 본질화되어가는 것은 아닐까. 그리고 그것은 그녀들을 결국 무력화시켜버리는 것은 아닐까라는 위구가 있다. 이와 같은 위구는 냉전기까지와 같은 '이데올로기'와 계급이 아니라 문화, 젠더, 에스니시티, 성적지향 등의 '아이덴티티'에 의거하여 승인을 요구하는 '아이덴티티의 정치'에 대해 비난받아온 비판과도 일맥상통한다.

한편으로 특정한 아이덴티티에 의거한 저항운동으로 저항의 정치적 자원으로서 적극적인 의미를 찾아내는 논의도 존재한다. 사이토 준이치는 반본질주의의 입장이 모든 집합적 아이덴티티를 이탈해야만 하거나 혹은 회피해야만 하는 제약이나 질곡으로 간주하는 경향에 대해 의문을 드러낸다.[사이토, 2006 : 81] 그리고 사이토는 현실적으로 열위에 놓인 자들이 저항을 위해 집합적 아이덴티티를 형성하는 것에 대한 적극적인 의미로서 '자기재정의自己再定義'라는 프로세스에 주목한다.[사이토, 2006 : 89]

> 자기재정의는 집단으로서의 자기를 다시 정의하는 것이고, 집합적인 아이덴티티를 긍정적인 것으로 구성하는 것을 불가결한 계기로 포함하고 있다. 그러나 이 경우의 집단은 반드시 기존의 집단, 지금까지 외부에서 정의되어온 집단일 필요는 없다. '우리들'은 발견되는 것이 아니라 의견교환의 프로세스 속에서 창출된다. 우리들 안에 있는 공통된 본질이 아니라, 우리들 사이에 형성되는 공통된 문제 감각과 문제 관심이 우리들을 연결하는 미디어가 된다.[사이토, 2006 : 90]

즉 사이토는 사람이 집단을 형성하는 가운데에는 사람들이 집단 안에서 의견교환을 하고 그 속에서 자신들의 공통항을 만들어가는 프로세스가 존재하는 것을 중요시하고 있다. 그와 같은 집단화는 반드시 기존의 속성으로서의 아이덴티티만을 토대로 하는 것이라고는 말할 수 없다.

게다가 오타太田, 2012는 사람들이 특정한 아이덴티티를 이용하여 저항운동을 할 때 그것은 그 사람이 특정한 속성 속에서 살고 있기 때문이 아니라, 그 속성이 사회 안에서 권력과 자원 배분에서 불리한 위치에 놓여 있기 때문이고 그 점은 구별되어야만 한다고 서술하고 있다.

> 아이덴티티가 정치화된 이유는 사람들에 따라 내셔널리티, 인종, 에스니시티, 성, 성적지향 등이 인간의 원초적 특성이기 때문에 사람들은 그것들을 근저에 두고 집단화하고 사회적 승인을 요구하며 일제히 일어났기 때문이 아니라, 그렇게 집단화함으로써 사회에 대해 이의제기를 한 쪽이 권력과 자원 획득을 위해 유효한 상황이 증가했기 때문이다.오타, 2012 : 39~40

오타는 이와 같은 자신들을 이미 사회구조인 권력이나 자원 배분의 불균형적인 관계성 속에서 다시 자리매김했을 때 솟아 나오는 아이덴티티를 '정치적 아이덴티티'라 부른다. '정치적 아이덴티티'의 시점은 사람들의 특정한 아이덴티티에 의한 집단화와 저항운동을 정치 참여의 토대로서 재정의하는 것을 가능하게 한다.

마마회에서도 참가자들은 원래 어머니였지만, 그녀들이 어머니라는 것을 강조할 때 그것은 안보관련법으로 가능해지는 자위대의 해외파견과 평화에 대한 위기감이라는 자식을 지키고 기르는 모친업의 행위를 부정하는 듯한 정치 양상에 대한 대항으로 사용되고 있다. 바로 거기에 그녀들이 정치적인 실천과정에서 획득해간 정치적 아이덴티티로서의 어머니가 드러나 있다.

나나 씨의 이야기에 있었던 것처럼 그녀들이 의원방문 요청과 기자회견 때 굳이 아이를 데리고 가는 등 퍼포먼스performance로서 '어머니를 할' 때 그녀들은 어머니를 정치적인 카테고리로 파악하고 있다. 그녀들이 사용하는 '마마'와 '어머니'란 어머니인 여성을 배제하고 정치적인 권력과 자원배치라는 사회관계 속에서 어머니를 치환시킨 결과로서의 아이덴티티이고, 이 측면에서 어머니라는 아이덴티티에 의한 집단화는 그녀들을 무력화시키는 것이 아니라 임파워먼트하는 것으로 기능하고 있다고 생각할 수 있다.

3) 정치적 공간 형성의 어려움

본 장의 조사에서는 어머니들이 모친업을 담당하는 자로서 아이덴티티를 획득해가기 위해서는 그녀들의 목소리를 직접 들을 수 있는 장소가 중요함을 알았다. 그러나 그와 같은 장소에 접근하는 조건을 얻는 것 자체가 일반적으로는 특수한 것, 그리고 그녀들이 모친업을 담당하고 있기 때문에 목소리를 직접 들을 수 있는 장소에의 접근이 어렵다는 것도 엿볼 수 있다.

그녀들의 목소리를 직접 들을 수 있는 장소는 데모와 가두선전 등이고 마마회가 주최 차원에서 준비하는 경우도 있고, 다른 시민단체[9]와의 공

9 시민단체로서 2015년 12월에 발족한 '안보법제의 폐지와 입헌주의의 회복을 요구하는 시민연합'(통칭 시민연합)을 예로 들 수 있다. ① 안전보장관련법의 폐지, ② 입헌주의의 회복(집단적 자위권 행사 용인에 대한 각의 결정의 철회를 포함한다), ③ 개인의 존엄을 옹호하는 정치의 실현을 지향하는 '시민의 플랫폼'으로서 이것들을 실현하기 위한 완전한 '야당공투(野黨共鬪)'를 촉구하고 통일후보자의 추천과 지원을 적극적으로

동주최와 다른 단체에 연사로 불려가는 경우도 있다. 그것들은 시민단체에 의한 정치의 장소로서 역 앞의 공간과 광장에서 평일 낮과 경축일 낮 등의 시간에 행해지는 경우가 많고, 다양한 층의 사람들이 참가하기 쉽도록 설정되어 있다.

그러나 다른 단체의 장소에서 연사로 서는 경우 아이를 데리고 가는 것은 기본적으로 어렵고 아이를 맡긴다거나 남편의 협력을 얻는 것 등이 필요해진다. 사키 씨와 아리사 씨에게서 엿볼 수 있듯이 남편으로부터의 반대가 있는 경우에는 조건이 까다로워진다.

또한 사키 씨처럼 아이를 데리고 다니면서 사람들 앞에 서서 정치 활동을 함으로써 아이에게 위해가 가해질까 하는 두려움이나 아이의 케어에 더욱 집중하고 싶기 때문에 활동을 그만두는 선택에서 볼 수 있듯이 아이의 안전에 대한 배려나 책임과 정치 활동에의 참여는 대립해서 나타난다. 그것은 정치 활동의 장소로 나가는 것 자체가 예를 들면 집에서 보살핌을 필요로 하는 자의 요구에 응한다는 케어에의 책임과 대립한다고 한다. 케어를 담당하는 자의 정치참가에 따라다니는 딜레마이기도 하다고 말할 수 있을 것이다. 사키 씨가 활동을 그만둔다는 결단에 대해 '그래도 활동을 계속해야만 한다'는 요청을 운동 측에서 할 수 없는 점, 다른 어머니들에게 접근할 때 강하게 나갈 수 없는 점도 모친업에 가치를 두기 때문에 곤란한 것 중 하나라고 말할 수 있다.

그와 더불어 개개인이 운동에 참여하기 위한 조건은 개개인이 조달하

행한다(시민연합 홈페이지 http://shiminrego.com/about 2018년 12월 11일 열람). '마마회'는 호소단체로서 이름을 연명하고 있다. 마마회@A시에서는 그밖에 단체와 정당의 후원 없이 개인적인 네트워크로 단발적으로 모리토모학원(森友學園)에서 정치자금 문제 등에 대한 항의 행동과 가두선전활동을 벌이는 '긴급행동 그룹'이 2017년 무렵부터 조직되고 있다.

는 운동의 구조에도 곤란한 요인이 있는 것은 아닐까. 그것은 SNS를 통해 다양한 배경과 복합적인 아이덴티티를 가진 개인이 네트워크적으로 연결된다는 3 · 11 이후 운동의 특징이며 마마회에만 한정되는 것은 아니다. 그러나 활동에 참여하는 조건을 만들 수 있을지 없을지가 운동의 과제가 아니라 전제가 되었을 경우, 어린아이와 개호나 시중이 필요한 사람의 케어책임을 지고 있는 사람은 불리해지고 참가는 더욱 어려워진다. 마마회에서도 그녀들은 SNS를 통해 서로 알게 되는 경우가 대부분이었기 때문에 거주지가 서로 떨어져 있고, 예를 들면 아이를 서로 맡기는 등 물리적으로 서로 지원하는 것이 어렵다는 목소리도 들렸다. 비조직적이면서 네트워크적인 운동은 활동에의 진입 용이성과 활동을 지속하기 위한 장애물 인양이라는 양쪽 측면을 가지고 있다.

본 장에서는 '안보관련법에 반대하는 마마회'의 참가자에 대한 인터뷰를 통해 어머니들의 정치실천의 의미와 가능성을 검토해왔다. 마마회의 참가자들은 운동에 참여하여 자신의 경험을 이야기하고 응답받는 것 등을 통해 모친업에 정치적 가치를 발견하여 개인으로서 뿐만 아니라, 집단으로서 임파워먼트되어 왔다. 그것은 정치참가의 기회에서 열위에 놓이기 쉬운 어머니들의 정치적 아이덴티티 형성의 프로세스로 파악할 수 있다. 또한 동시에 모친업을 담당하기 때문에 정치 참여의 어려움과 갈등의 일단도 밝혀졌다.

종장

케어하는 자의 임파워먼트를 위해

1. 포스트페미니즘 속에서

이 책은 현대의 신자유주의적인 조류 속에서 아이를 낳고 기르는 일이 여성의 자기 책임이라고 간주하게 된 것을 아이를 낳고 기르는 일의 자기 책임화로 파악하고, 자기책임화된 모성이 어머니들인 여성들에게 작동하는 억압과 자식을 기르는 어머니들의 정치적 저항에 대해 논의해왔다.

종장에서는 지금까지의 논의를 통해 다시 자기책임화된 모성이란 어떠한 억압인지 또한 이머니들의 정치적 저항에는 어떠한 가능성이 있는지를 생각해보고 싶다. 그리고 마지막으로 이 책의 논의는 케어하는 사람에 대한 임파워먼트에 어떻게 기여할 수 있는지 또는 어떠한 한계성이 있는지를 논하고 싶다.

이 책의 논의를 돌이켜보면 제1부에서는 이 책에서 분석의 틀과 시점을 얻기 위해 케어 · 페미니즘에서 모성과 어머니에 대한 파악방식을 개관했다. 케어 · 페미니즘의 논의에서 케어의 탈젠더화와 공사이원론을 극복하기 위해 모친업의 실천에서 정치적인 가치를 찾아내고 어머니의 정치적 임파워먼트를 중시하는 시점을 전략적 모성주의라고 정의했다.

제2부에서는 자기책임화된 모성이 여성들에게 어떠한 억압으로 나타나고 있는지를 2000년대 이후 규범의 변화에서 실증적으로 밝혔다. 제3장에서는 어머니에 대한 규범의 변천을 모자건강수첩과 부독본의 내용분석을 통해 읽어내고, 2000년대 이후 젠더 중립적인 레토릭에 은폐되는 형태로 어머니에 대해 자기선택과 의사가 강조되어 자기 매니지먼트가 요구되어온 것을 규명해내었다. 이 책에서는 이와 같은 변화를 탈젠더화로서 지적하고 젠더에 기인하는 불평등과 지배구조를 교묘하게 은폐해버린 것에 대해 논했다.

그리고 제4장에서는 그와 같은 모성의 억압을 정당화하고 보다 교묘한 형태로 보강하는 현대적인 성 관리 방식에 대해 논했다. 이 책에서는 분리해서 논하기 쉬운 모성과 섹슈얼리티를 '이차적 의존'이라는 개념을 사용함으로써 통저적通底的이면서 지속적인 문제로 파악했다. 기존의 불평등한 사회구조를 전제조건으로 하여 자신의 섹슈얼리티를 남성과의 관계구축을 위한 자본으로 파악하는 양상이 나타나고 있음을 밝혔고, 그와 같은 양상을 신자유주의적 섹슈얼리티라 불렀다.

그리고 그와 같은 양상이 여성들의 생존전략으로서 캐리어 형성과 가족 형성을 달성하기 위해 계획적으로 인생 설계를 하고 싶다거나 또한 '안정', '평등', '친밀성', '커뮤니케이션'을 획득하고 싶다는 주체성에 의거하고 있는 것, 그러나 그것은 결과적으로 여성에게 종속과 책임을 강요하는 것임을 논의해왔다.

이상과 같은 변화는 1990년대 후반 이후 노동자의 임금 억제와 고용의 불안정화와 사회보장·사회복지의 억제를 받아 생활 유지에서 가족에 대한 의존가족주의이 점점 높아지고 있는 것에 적합적이다. 실질적으로 지금까지는 취업하지 않은 저연령아어린아이를 둔 어머니의 취업증가[1]로 나타나고 있는 것처럼미노와 아키코(蓑輪明子), 2017 케어를 담당하고 있는 것과 상관 없이(케어를 맡든 안 맡든) 여성이 경제적인 주체로 간주되어간다.

또한 남녀별 임금 차별과 여성의 높은 비정규고용, 가족 내의 젠더 격차, 케어노동의 저임금화를 유지한 채 가족에 대한 의존이 높아짐으로써 가족 내의 여성이 보다 많은 책임을 지는 것이 당연하게 여겨진다. 가족 내에서 복수複數의 부양자가 있는 것이 표준이 되는 가운데 모자가정, 한부모 세대는 더욱 빈곤에 빠지기 쉬워진다. 바꾸어 말하면 가족에 대한 의존이란 실제로 행해지고 있는 케어에의 무임승차free ride가 점점 촉진되어가는 것이다.

이 책을 통해 밝혀온 자기책임화된 모성이란 첫째, 이상과 같은 불평등과 불공정에 눈을 돌리지 못하게 만들고 아이를 낳고 기르는 일의 리스크를 여성에게 떠넘기려는 것을 가리킨다. 불확실한 미래에 대한 책임을 모두 떠맡는 투기적投機的이고 '강한' 신자유주의적인 자기— 그것은 현대에는 우리들에게 모든 장면에서 요구되기 때문에 이미 일상으로 침투하여 당연시되고 있는 자기 형성 양상이다.

자기책임화된 모성은 아이를 낳고 기르는 일에 대해서조차도 '이것은 당신의 프로젝트이니까 당신이 책임을 지고 완수하라'고 요구한다. 케어 · 페미니즘의 시점에서는 그와 같은 자기가 실은 얼마나 부자연스럽고 환상에 바탕을 둔 것인지가 잘 드러났다고 말할 수 있다.

---

1 '취업구조 기본조사'에 따르면 1990년대 후반부터 취업률이 상승한 것은 특히 막내 나이가 3세 미만, 3~5세 세대의 아내이다. 1997년에는 막내 나이가 3세 미만의 아이를 둔 부부와 자녀로 구성된 세대에서 아내 취업은 58만 세대로 25.3%를 차지했던 것에 반해 2012년에는 101.2만 세대로 41.5%로 급증하고 있다. 2017년에는 115만 세대로 52.7%를 차지하고 있다(총무계국 http://www.stat.go.jp/data/shugyou/2017/index.html 2018년 12월 1일 열람).

또한 자기책임화된 모성은 차별과 불평등을 전제로 하고 있다. 아이를 낳고 기르는 일은 개인의 의지와 선택 문제라고 하면서도 그것은 결과적으로 케어책임을 완수하려는 여성의 가족과 결혼에의 의존을 강요한다. 여성을 경제적인 주체로 간주하면서도 케어의 사회적 · 정치적 가치와 케어하는 사람의 경제적 자립은 결코 인정하지 않음으로써 어머니 내지 어머니가 되기를 기대하거나 또는 예측하는 여성에 대한 차별이 더욱 교묘해지고 있다.

두 번째로 밝혀진 것으로 자기책임화된 모성은 자기 결정과 자기관리라는 논리를 이용함으로써 '나의 일은 내가 결정한다'라고 페미니즘운동이 주장해온 슬로건의 표층을 받아들이며 여성들 자신이 내면화하고 있는 것이다.

이와 같은 사태를 이해하는데 많은 시사점을 준 것은 최근 주목받고 있는 '포스트페미니즘'이라 불리는 상황에 관한 논의이다. 포스트페미니즘이란 기쿠치 나쓰노菊地夏野에 의하면 1980년대 미국에서 '페미니즘은 끝난 것'이라는 사정이 등장했는데, 그 후 페미니즘에 대한 혐오감과 부정적인 의식으로서 사회에 침투해온 것이다.기쿠치, 2019 : 71

'포스트페미니즘'은 '여성의 성공'을 칭송한다는 특징을 갖고 있지만, 그것은 어디까지나 개인적인 성공에 대해서이고 페미니즘에 대해서는 '여성을 약자로 따돌림으로써 여성의 임파워먼트를 저해한다'는 부정적인 이미지를 가지고 있다.기쿠치, 2019 : 75 이와 같은 특징에서 포스트페미니즘이란 신자유주의적인 사회상황에서 독특한 페미니즘의 수용 방식이라고 파악할 수 있을 것이다.

기쿠치는 일본에서도 포스트페미니즘적 상황은 존재하고 있다고 분석한다. 일본에서의 페미니즘 수용은 남녀공동참획정책으로 상징되듯이 기본적인 사고방식으로서 성차별 금지와 시정이 아니라, '남녀가 공동으로 사회에 참여한다'는 애매한 지향성을 의미하는 것이었다. 그 애매함 위에 '여성의 활약'과 '여성의 사회진출'이라는 담론이 정치와 매스 미디어의 보도, 인터넷상에서 전개되어 일본 사회에서 여성차별은 이미 해소되었다는 이미지가 형성되었다.기쿠치, 2019 : 81

게다가 그 여성차별의 해소는 페미니즘운동의 성과가 아니라 '경제발전'과 '민주화', 그리고 '교육의 효과'라는 것과 연결되어 인식되고 있다.기쿠치, 2019 : 83 그러나 일본에서는 페미니즘이 승인되었다고는 말할 수 없는 채로 여성차별은 해소되었다고 간주되는 상황이 형성되고 있다. 그와 같은 신자유주의적인 상황 아래 여성들은 "빈곤을 악화시키면서도 거기에서 벗어나기 위해 낡은 여성성을 새로운 방법으로 신체화시키지 않으면 안 된다"는 것이 지적되고 있다.기쿠치, 2019 : 88

이상으로 포스트페미니즘에 관한 논의를 근거로 하면 자기책임화된 모성이란 포스트페미니즘이라는 상황 속에서 생기는 하나의 현상이라고도 이해할 수 있다. 이 책의 제4장에서도 살펴본 것처럼 신자유주의적인 사회에서는 기존의 불평등이 정당화되고 규범화되어간다. 아이를 낳고 기르는 일에 대한 자기 책임이 케어책임을 지는 당사자로 여겨지는 여성들도 어느 정도 받아들여 온 배경에는 페미니즘에서 차별과 불평등과의 투쟁적인 계기가 제거되어 개인이 어떻게 생존할 것인가라는 관심 아래 환골탈태되어온 것은 아닐까.

2. 어머니들의 정치적 실천 가능성

이 책의 제3부에서는 '마마회' 참가자의 정치실천에 주목하여 어머니들의 사회운동을 전략적 모성주의의 시점에서 재고해왔다. 특히 그녀들이 모친업의 중요성을 운동 속에서 강조하고 정치의 당사자가 되어가는 과정에 초점을 맞추어왔다. 거기서는 그녀들이 케어 윤리의 시점에서 정치 양상 그 자체를 재문하고 모친업을 담당하는 자로서 임파워먼트되고, 정치적 아이덴티티로서 '어머니'를 획득해가는 프로세스를 발견할 수 있었다. 이와 같은 그녀들의 정치실천은 상술한 신자유주의에서 자조자립과 자기 책임에 대해 어떠한 대항이 될 수 있는지를 고찰해보고 싶다.

첫째로 타자의 생명과 존엄에 대한 관심을 기반으로 한 정치의 시작이다. 구체적으로는 예를 들면 마마회에서 전쟁 반대의 입장과 육아 기반에 관계되는 사회문제에 대한 대처이다. 이것들은 매일 모친업을 하는 데 있어 요구되는 사항이며 마마회에서는 일상의 대처가 그대로 정치에서 가장 중요하면서 보편적인 테마로서 주장된다. 자식의 목숨과 존엄을 지키는 일의 중요성 강조는 안전보장관련법에 대한 반대를 비롯하여 자위대의 전쟁터에의 파견과 군사비 증대 등 전쟁협력에의 대항, 특히 가족주의와 자조자립 강화의 배경에 있는 사회보장의 열화劣化와 격차의 확대에 대한 문제의식과 연결되어 있다.

둘째로 정치적인 온정주의paternalism에 대한 대항이다. 최근 선진제국의 대부분에서 볼 수 있는 의회제 민주주의의 정체停滯, 복수정당제의 기능부전, 시민참가의 희박성 등 민주주의에 대한 환멸과 무관심이라고 말할 수 있는 상황이 벌어짐에 따라 포스트 · 데모크라시라고 불리는 논의가 주목되고 있다. 콜린 크라우치Colin Crouch는 포스트 · 데모크라시에는 정부와의 특권적인 접근을 획득한 대기업그룹의 정치권력, 소수의 부유층 권력이 증대되고 구조적인 과두제寡頭制 정치가 형성된다고 서술한다.크라우치, 2007

전후 일본 사회에서도 또한 대기업을 중심으로 한 경제계의 니즈 및 경제계와 밀접한 관계를 갖는 통치기구의 니즈에 주도되어오고 있다. 1980년대 이후의 '구조개혁', 2000년대 이후 고이즈미 정권 이후의 신자유주의적 정책을 통해 구조적인 과두제는 강화되고 있다.치바 신(千葉眞), 2013 이와 같은 정치구조 아래 소수의 성공자로서 기업가가 권위를 가지고 사회문제에 대한 해답은 뛰어난 소수자에게 맡겨두면 된다고 해서 시민의 지위는 격퇴당한다. 이처럼 신자유주의에서 자조 노력과 자기 책임의 강조는 정치적 온정주의와 결부되어 있다.

이 책에서 살펴본 어머니들의 정치실천은 그와 같은 온정주의에 대해 아이와 함께 있고 케어의 시점을 가진 어머니야말로 정치에 적합하다며 대항해가는 것이다. 이때 '어머니'에게는 아이라는 신체적으로도 사회적으로도 취약한 자와 함께 있으며 책임을 지는 주체임이 함의되어 있다.

이 모친업은 온정주의에서 특유의 '뛰어난' 자가 그렇지 못한 자를 대변한다는 발상에 근기하지 않는다. 케어란 비대칭적인 관계성 속에서 상대방을 한 명의 인간으로서 존중하는 것에서 비롯된다. 따라서 거기에는 늘 자신과 상대방 사이의 충돌과 갈등이 생긴다. 모친업에는 아이의 의지를 존중하고 그녀들이 인간으로서 존엄을 가질 수 있는 선택지와 문제해결을 구체적인 문맥에 다가가면서 사고하고 이끌어가는 것이 요구된다. 그것은 모성적인maternal 직무라고 말할 수 있을 것이다.

케어 윤리에 근거한 어머니들의 정치실천은 신자유주의에서 자조자립과 자기 책임에 대한 대항의 가능성으로서 '모성적인 정치실천'이라고 파악할 수 있을 것이다.[2] 모성적인 정치실천은 어머니만이 행하는 것은 아니지만 어머니가 사회에서 완수하고 있는 일에 의거하는 것이라는 의미에서도 모성적이라고 말할 수 있다.

셋째로 어머니들에 의한 모친업을 통한 연대이다. 이미 서술한 바와 같이 모친업을 담당하는 자로서 '어머니'의 정치적 아이덴티티는 선결적으로 존재한다고 조정된 본질로서의 어머니가 아니라, 케어행위의 사실과 케어의 가치를 등한시하는 정치에 대한 대항에서 창출된 연결고리이다. 정치적 아이덴티티로서 '어머니'는 아이의 존엄을 해치는 것과 모친업의 수행을 방해하는 사회 양상을 불공정하다고 간주하며 싸우는 자인 것이 그 본질이라고 말할 수 있다. 따라서 모친업의 정치적 아이덴티티는 부모의 성별과 섹슈얼리티, 가족 형태를 묻지 않는다. 실제로 마마회도 참가하는 데 있어서 생물학상 또는 법률상 어머니인지 아닌지와 성별은 묻지 않는다고 되어 있다. 그러나 실제로는 우선은 현실적으로 모친업을 담당하고 있는 여성들의 사회적 연결고리로서 기능할 것이다. 자신의 정치적 의견을 표명할 기회를 갖지 못하는 고립된 어머니들과 정치적 이데올로기가 다른 어머니들의 연결고리를 만드는 것으로서 잠재적인 가능성을 가진 점도 지적할 수 있다.

최근 친밀권과 가족에 대한 관심의 증대는 사회적인 것과의 괴리로서도 나타나고 있다. 제5장에서도 언급한 것처럼 종래 어머니들의 운동에 대해서는 자신의 아이만 괜찮으면 된다는 자기중심성과 공적 영역에 대

2 야마자키 노조무(山崎望)는 2016년 '어린이집 추첨에 떨어졌다. 일본 망해라'라는 블로그에서 촉발된 '어린이집 추첨에서 떨어진 나다'라는 온라인상에서의 해시태그(hash tag)와 서명운동, 대기 아동 문제 해소를 요구하는 어머니들을 비롯한 보호자들의 궐기를 소재로 분단되어 있던 사람들에 의한 케어의 공동성을 맡는 것에 동의하는 '우리'의 생성으로서 파악하고 케어'로부터의' 래디컬 데모크라시라고 분석하고 있다(야마자키, 2019). 어머니들의 정치실천을 파악하는 데 많은 시사점이 풍부하다.

한 무책임함과의 결합에 대한 우려가 제기되어왔다. 또한 실제로 역사상 어머니 운동에서는 '자식을 위한다'는 명목으로 배외주의와 전체주의에의 경도가 진행되어왔다. 그러나 이 책에서는 '자신의 아이를 위함'을 넘어 '다른 아이와 어머니들을 위해' 사회와 정치의 변혁을 지향하는 어머니들의 정치실천을 밝혀왔다.

이와 같은 다른 아이와 어머니들에의 불공정에 대한 분노나 연대는 개별적인 아이와의 혈연이나 법률상의 관계성이 아니라, 모친업을 보편적이고 가치가 있는 것으로 파악하는 시점에서 도출되고 있다고 말할 수 있다. 따라서 '어머니'의 정치적 아이덴티티는 아이를 낳고 기르는 일과 빈곤의 자기책임화에 의해 인간의 존엄이 손상되고 있는 것에 대한 대항으로서 사적 노력과 민간의 서비스뿐만 아니라, 정치적 수단에 의한 해결을 요구하는 세력형성으로서도 의의를 갖는 것이라고 지적할 수 있다.

한편 제7장에서도 확인되었듯이 모성적인 정치실천은 어머니들만으로 완결되는 것이 아니라, 다양한 속성의 단체와 기존의 정치조직이 준비하는 모친업에 관한 이야기를 정치적으로 의의가 있는 것으로 받아들이는 장소 등이 있어 성립되는 것이기도 하다. 이와 같은 넓은 저변 층을 포함하여 어머니들이 케어를 통해 연대를 만들어내고, 사회공정의 실현을 지향하며 목소리를 높일 수 있는 조건을 추구해가는 것이 요구되고 있는 것은 아닐까.

거듭 말하지만 문제는 어떻게 해서 어머니들이 한층 더 노력해서 정치와 사회운동에 참가해가는가라는 점이 아니다. 그것은 어머니를 제외하고는 케어하는 사람이 정치적인 자율성을 갖지 않는다고 하여 배제되어온 기존의 정치와 사회운동이 어떻게 해서 그 주체상主體像을 변화시켜가는가라는 점이다. 어머니들은 이미 정치적 투쟁에 참여하고 있기 때문이다.

3. 본서의 한계점과 금후의 과제

이 책은 현대의 아이를 낳고 기르는 일에 대한 자기책임화라고 말할 수 있는 상황 속에서 여성에 대해 보다 교묘해진 모성의 억압과 여성들의 모성을 이용한 대항 방식 각각을 전략적 모성주의라는 시점에서 밝혀왔다. 이 책은 종래 모성연구의 틀을 확장시켜가는 형태로 현대 일본에서 모성의 억압과 저항방식의 일단을 밝혔다고 말할 수 있다.

또한 케어 · 페미니즘연구에 대해서는 일본의 현대를 살아가는 여성들과 아이를 키우는 어머니들이 직면하는 억압의 복잡한 상황을 실증적으로 밝힌 점, 그리고 일본 어머니들의 사회 · 정치 운동에 초점을 맞춘 점에 공헌이 있다고 생각된다. 한편으로 이 책에는 많은 한계점도 엄연히 존재한다. 마지막으로 각각의 한계점과 금후의 과제에 대해서도 서술하기로 한다.

첫째, 이 책은 2000년대 이후에 초점을 맞춰 어머니 규범과 케어책임을 떠맡는 여성들의 섹슈얼리티도 역시 젠더 불평등과 자기 책임을 내포하는 것으로 변화해오고 있음을 가시화해왔다. 그러나 자기 책임의 담론이 만들어지는 배경과 구조에 대해 구체적인 행위자에 주목한 형태로는 충분히 밝힐 수 없었다고 말할 수 있다. 그러므로 정책과정과 법제도, 의료제도, 보건사업 등 여성이 아이를 낳고 기르는 일에 관여하는 사회시스템을 개별적으로 전략적 모성주의의 시점에서 검토해가는 것이 지속적으로 필요하다고 생각된다.

둘째 이 책에서 다룬 어머니 운동에 대해 전체적으로 망라하여 고찰했다고는 말하기 어렵다. 특히 어머니 대회에 대해서는 1960년대까지의 고찰에 머물러 있지만, 현재에도 전국에 연락회도 여전히 존재하고 어머니 대회도 지속적으로 개최되고 있다. 그러므로 운동의 스타일과 전략에 대해 어떠한 변화가 있었는지 분석해갈 필요가 있다. 특히 이 책에서는 망라할 수 없었던 어머니들에 의한 운동도 많이 존재한다. 그것은 예를 들어 보수의 어머니 운동이다. 보수정당의 지지기반으로 되어 있는 어머니들로 구성되는 운동단체에 대해서는 특히 자료가 부족하기 때문에 본 연구에서는 다룰 수 없었다.[3]

또한 해외의 어머니 운동에 대한 검토와 국내의 운동과의 비교도 금후의 과제로 꼽을 수 있다. 다양한 어머니 운동에 대한 검토를 진행하고 사회 배경과 가족 형태가 다른 어머니들의 정치참가와 연대 방식을 밝힘으로써 모성적인 정치실천을 개념으로 하여 풍부하게 해나갈 수 있다고 생각한다.

또한 이 책에서는 어머니의 정치적 임파워먼트 중 하나의 방법으로서 어머니 운동을 다루어왔다. 그러나 어머니를 제외하고는 케어하는 사람의 정치적 임파워먼트는 반드시 데모나 시위 행동을 동반하는 '알기 쉬운' 사회운동과 같은 것은 아니라는 점도 중요하다. 사회운동이라는 형식을 취하지 않는 어머니들의 내항적인 정치실천이 사정권에 들지 못한 것은 이 책의 한계성임과 동시에 그것들을 포함한 보다 다양한 정치실천을 파악해가는 것은 금후의 과제이다.

셋째로 이 책에서는 어머니들 사이의 차이에 초점을 맞추지 못했다. 말할 것까지도 없이 여성의 '목소리'는 하나가 아니고 다양하다. 길리건의

---

3 보수와 우파라 불리는 여성들의 사회운동에 대한 분석으로서 스즈키(2019)가 있다. 스즈키가 반드시 어머니에게만 주목하고 있는 것은 아니지만 남녀공동참획 추진법에의 반대와 배외주의적인 사회운동에 참여하는 여성들의 내재이론을 케어의 시점에서도 분석하고 있다.

케어 윤리도 논의도 미국 중산계급의 백인 여성의 '목소리'밖에 없다는 비판이 제기되어왔다.야마네, 2010 : 132 어머니들의 목소리도 결코 많은 차이를 고려한 접근이 필요하다.

특히 일본의 어머니 운동은 예를 들면 미국에서 1960년대에 발족한 전미복지권단체全米福祉權團體 NWRO와 복지권 요구를 내건 흑인 싱글맘들의 운동[4]과 같은 어머니들에 의한 복지의 권리를 내건 운동의 전개는 많아 보이지는 않는다. 그러한 점에서 보면 '마마회'에는 빈곤과 복지의 대상으로서의 어머니는 등장하지 않는다.

마마회에는 참가자가 많지만, 이성애 가족이고 워킹맘이라는 현대의 가족 규범에서 '일탈하지 않는' 어머니들인 점도 특징이다. 실제로 '마마회'의 멤버 중에는 싱글맘인 사람도 있지만 그 점은 별로 강조되지 않는다. '마마회'에는 어머니 규범에 있는 측면에서 일탈하지 않고 따르는 것이 정치 활동을 하는 자원이라는 의미에서도, 세상으로부터 수용된다는 의미에서도 어느 정도 중요함을 엿볼 수 있다. 그것은 운동의 실태에서 괴리되어 어머니 규범의 강화, 특히 '깨끗하고 올바른 규범'이라는 여성의 정치에의 관계 방식이 모범적인 상像에 접속해가거나 또는 접속되어갈 위험성과 늘 인접해 있는 점도 지적해두지 않으면 안 된다.[5]

---

4 그와 같은 배경으로 미국에서는 신자유주의적 정책에 의한 사회복지의 삭감을 받아들여 복지에 의존하는 규범적인 가족상에서 일탈하는 존재로서 흑인의 싱글맘들이 비난이나 공격의 대상이 된 적이 있다. 미국 사회에서는 1996년에 폐지된 모자가정에의 부조였던 필요 부양아 수당(Aid to Dependent Children · ADC, Aid To Families with Dependent Children · AFDC)의 수급자 급증과 복지비 증가의 위구로서 복지에 의존하는 일부일부(一夫一婦)의 규범적인 가족으로부터 일탈한 존재로서 흑인 싱글맘들에 대해 '스스로 타락하고 성적으로 분방한, 즉 스스로 타락하여 성적으로 분방하고 복지에 의존하는 어머니'라는 스테레오타입이 정치가와 미디어에 의해 형성되어왔다(쓰치야 가즈요土屋和代, 2016).

5 미국 어머니의 사회운동을 연구하고 있는 파트리스 디킨지오는 모성주의에 의한 정치

본 연구가 가시화해온 모성적인 정치실천은 모친업을 담당하는 자의 권리 운동으로서 의의와 가능성으로 평가할 수 있다. 그러나 이성애 가족인 자립적이고 열심히 일과 육아를 양립하고 있는 등 현대의 가족 규범으로부터 '일탈하고 있다'고 간주되는 어머니들과 제7장에서도 언급한 목소리를 들을 수 없고 정보수집과 정치 활동의 장소로 물리적으로 나가는 것이 어려운 많은 어머니들의 정치참가의 회로를 어떻게 구축해갈 것인가라는 과제도 앞으로 검토되어야만 한다.

그리고 넷째로 이 책에서는 케어라고 말할 때 그것을 오로지 모친업의 의미로만 사용되어왔다. 그러나 이 책이 의거하는 케어 · 페미니즘의 논의에서도 모친업에만 한정되지 않고 다양한 케어노동자의 권리와 존엄을 어떻게 해서 사회적으로 보장해갈지가 큰 테마가 되고 있다. 이 책에서는 어머니들이 자신의 모친업에 대한 경험을 토대로 하여 정치실천을 해나가는 것을 권리와 존엄을 담보할 하나의 가능성으로서 찾아냈다. 그렇지만 모성적인 정치실천은 종래 '여성의 영역'에서 자각적인 어머니에 대한 평가와는 다른 것이었다고 말할 수 있는 한편, 주류적인 것이 되었다고는 말하기 어렵다.

모성적인 정치실천은 어떻게 해서 주류가 될 수 있는가를 생각하기 위해서라도 케어노동자의 임파워먼트와 정치참가라는 문제의식 속에 자리매김해나가는 것이 금후의 과제이다. 예를 들면 최근 개호노동자에 대한

(maternalist politics)는 잘못된 연대를 만들어 내거나 다른 정치에서 사회적 목적에 포섭되기 쉬운 취약성을 지적하고 어머니의 사회운동(mother's movement)이 모성주의에 의한 정치에 빠지지 않도록 엄격하게 구별해야만 한다는 주장을 하고 있다(디킨지오, 2006). 본서에서는 분석대상으로 삼은 어머니 운동에 한정되어 있는 점에서 어머니 운동의 부감적인 분석은 이루어지지 않았지만, 어머니 사회운동의 사례를 모은 후에 더욱 신중하게 검토를 해나가는 것도 금후의 과제이다.

조사에서는 저임금과 일손 부족뿐만 아니라 '개호직의 낮은 사회적 지위'가 현장에서의 목소리로서 거론되고 있다.[6] 케어노동의 사회적 지위와 가치를 높이고 사회적 정의를 재문하는 듯한 정치적 실천은 그 후 어떠한 형태로 나타나는지 지속해서 주목해나가고자 한다.

그때에는 개호, 보육, 시중, 간호 등 케어방식이 각각 다른 것과 더불어 자격에 바탕을 두는 노동인지 아닌지라는 전문화의 정도와 고용자인지 아닌지, 그리고 시급제인지 월급제인지라는 상품화의 양상 등 많은 차이를 시야에 넣고 정치참가 방식과 전략에 대해 고찰해가는 것이 필요해진다. 게다가 최근 노동현장의 일손 부족의 해소를 위해 많은 외국인 케어노동자의 수용이 진행되고 있다. 외국인 차별과 성차별 등 복합적인 차별이 케어노동자에게 가져다줄 영향 등을 포함하여 케어노동의 현장에 주시해가는 것이 요구되고 있다.

6 UA젠센 일본 개호 크래프트 유니온(UAゼンセン日本介護クラフトユニオン)이 조합원에게 실시한 『2018년도 취업의식 실태조사』에는 현장에서의 목소리(자유기술란)에서 저임금과 팀 케어 시의 논의에 의견을 말하기 어렵다는 경험에서 개호직의 지위가 낮음을 느낀다는 목소리가 복수로 거론되고 있다.

저자 후기

이 책의 출판준비를 하고 있었던 2020년 봄부터 가을 현재에 걸쳐 신종 코로나 19의 참화慘禍와 위협이 온 세계를 강타했다. 4월에 긴급사태 선언이 발표되고 감염방지를 위해 사람과 사람과의 '밀착'을 피하려고 '외출 자제' · '재택근무remote work'라는 집에서 지내는 것이 기본적인 안전을 확보하는 지침이 되었다.

그러나 이 지침은 에센셜 워커essential worker라 불리는 사회의 인프라식료품과 전기 · 가스 · 수도 · 통신 등를 지탱하고 인간의 생활과 생명 유지를 위한 노동, 즉 의료기관, 개호시설, 교통기관에 종사하는 노동, 그리고 대부분의 케어노동에는 해당되지 않는다. 가정 안에서 케어를 맡고 있는 대부분의 어머니들은 휴교한 아이와 재택근무 노동자 등 때문에 늘어난 가사와 건강관리를 당연히 떠맡는 존재로서 당연하다는 듯이 기대 당하고 정치지도자들로부터는 표면적인 감사의 말조차 들은 적이 없었다.

코로나 재난은 우리 사회가 위험과 리스크 속에서 계속 일하고 있는 사람들에게 얼마나 의존함으로써 성립되는지, 그리고 그 일을 적나라하게 잊어왔는지를 여실히 드러냈다. 또한 드러냈을 뿐만 아니라 그 불평등을 확대 · 재생산하고 있다고 말할 수 있다. 이 책이 이와 같은 사회의 엄청난 왜곡을 시정해가는 변화를 만들어내는 것에 도대체 얼마만큼의 공헌을 할 수 있는지 확실치는 않지만, 많은 위기감을 가지고 이 저서를 쓰고 있다.

이 책은 오사카대학 인간과학연구과에 제출하여 2019년 3월에 학위를 수여받은 박사논문 「모성적 정치실천의 가능성 – 케어 윤리를 통해 생각하는 전략적 모성주의」를 수정 · 가필한 것이다. 그리고 이 저서는 2020년도 과학연구비조성사업연구성과공개촉진비의 조성과제번호 : 20HP5166이라는 연구비를 받아 출판하게 되었다.

이 책의 집필에 이르기까지 주로 학부생 시절부터 대학원생 시절에는 많은 분들께 신세를 지고 폐도 끼쳐드렸다. 나 자신은 어머니도 아니고 모친업을 담당하고 있는 것도 아니다(또한 현재 그럴 예정도 없다). 어머니가 아닌데도 왜 모성을 테마로 연구하고 있는가라는 이야기를 여러 번 들은 적이 있다. 나는 교외에 있는 뉴타운의 전형적인 근대가족에서 자랐다. 가족과 친척을 비롯한 나와 친밀한 관계의 여성이 정사원으로 일하고 있는 사람은 같은 세대를 제외하고는 없다. 그리고 나는 유치원 때 서화[1]에 장래희망을 '어머니'라고 적었다. '어머니'는 당시 내가 알고 있는 유일하고 훌륭한 직업이었던 것이다.

그렇지만 그 후 대학, 그리고 대학원에 진학했을 때 지식의 세계에서 '어머니'는 존재하지 않는 것으로 여겨졌다. 그러나 오히려 '언젠가 어머니가 될지도 모른다'며 '어머니'와 자신을 잠재적으로 연결시키는 것 자체가 캐리어 형성상으로나 인격 형성상으로나 '취약함'으로 간주되어 불리하게만 작용했다.

그와 같은 환경 속에서 내가 뭔가를 사고하거나 추구하려고 할 때 '어머니'라는 개념과의 격투를 통하지 않고 그것을 한다는 것은 도저히 불가능했다. 그리고 이와 같은 갈등은 아마 역사상 수많은 여성들이 경험해 온 일일 것이다. 사회와 가족의 양상이 변화해간다고 해도 아마 사적인

1 여러 명이 한 장의 종이에 서화를 쓰는 일을 이야기한다(역자주).

영역에서 아이의 케어에 근본적인 책임을 지는 모친업이라는 것 자체는 없어지지 않을 것이다.

그리고 사회 측이 모성적인 것을 이차적인 것으로 계속해서 간주하는 한 '어머니'라는 개념과의 격투는 앞으로도 지속될 것이다. 이상과 같은 나의 개인적인 경험과 사회적인 위치는 모성연구로서 이 책에 많은 한계를 가져오기도 한다. 그렇지만 그 한편으로 이 책이 모성적, 케어적이기 때문에 '취약함'이라는 낙인이 찍혀 온 많은 사람들에게 조금이나마 임파워먼트가 되었으면 한다.

마지막으로 신세를 진 많은 분들께 감사의 인사를 드리고 싶다. 먼저 조사에 협력해주신 마마회 여러분들께서 바쁘신 가운데 흔쾌히 인터뷰에 응해주셨다. 인터뷰 중에 나온 여러 가지 말씀들, 노상에서의 대화와 활동을 이어가는 모습을 떠올릴 때마다 가슴 속에서 끓어오르는 듯한 기분이 들었는데, 그것은 집필 작업의 버팀목이 되어왔다.

2011년에 대학원에 진학한 이후 오사카대학 인간과학연구과 사회환경학 강좌의 커뮤니케이션사회학에 많은 신세를 졌다. 지도교수님이신 무타 가즈에 선생님은 글쓰기, 말투 하나하나에도 정말 아무것도 몸에 배어 있지 않은 나를 참을성 있게 지도해주셨다. 무타 선생님의 지도는 일관되게 '당신은 무엇을 밝히고 싶은가'라고 나에게 질문하시며 나 자신 안에 있는 문제의식을 지속적으로 끄집어내 주시는 것이었다. 무타 선생님의 엄격하고 따뜻한 지도 속에서 나는 자신과 사회를 관련 지으며 설명해나갈 말을 찾을 수 있었다. 그리고 무엇보다 연구자로서의 '투쟁방식'을 가르쳐주셨다. 무타 선생님은 나에게 있어 확실히 사회화하는 어머니이시다.

부지도교수님이신 쓰지 다이스케辻大介 선생님께서는 윤리적인 미비함과 근본적인 물음에 대해 늘 날카로운 코멘트를 해주셨다. 세미나월 2회의 세미나에서 쓰지 선생님은 나 자신뿐만 아니라, 다른 사람의 발표 시에의 코멘트에서 학문과 연구이기 때문에 할 수 있는 정확함의 추구와 거기서 열정을 쏟는 것에 대한 훌륭함을 가르쳐주셨다.

또한 귀중한 모자건강수첩의 자료를 제공해주신 나카무라 야스히데中村安秀 선생님, 지금까지 연구보고를 해주신 수많은 연구회의 여러분께 감사를 드린다. 많은 선생님, 선배님, 후배 여러분과 친구에게 받은 은혜, 그중에서 절차탁마切磋琢磨하고 도움을 주신 것은 정말로 행운이었다고 생각한다.

도시샤同志社대학의 오카노 야요 선생님에게는 케어 윤리와 페미니즘 정치사상의 저서, 번역, 강연 등 모든 면에서 지대한 영향을 받았다. 세미나에도 몇 번이나 출석해주셨고 또한 이론적인 조언과 따뜻한 코멘트를 몇 번이고 해주셨다. 대학원생 시절에 RA연구보조원, research assistant로 참가시켜주셨던 연구비 프로젝트「젠더 평등사회의 실현에 이바지하는 연구와 운동의 가교와 네트워킹networking」대표 : 무타 가즈에 선생님에서는 이다 구미코伊田久美子 선생님, 후루쿠보 사쿠라古久保さくら 선생님을 비롯하여 기타무라 아야北村文 선생님, 아쓰타 게이코熱田敬子 씨, 아라키 나호荒木菜穗 씨에게 많은 신세를 졌으며 연구 및 연구자, 그리고 페미니스트로서의 자세에 대해 지속적으로 영향을 받고 있다.

이 책에서 참조한 연구는 말할 것도 없고 지금까지의 젠더연구자 선생님들이 헤아릴 수 없는 노력으로 일궈낸 지식의 축적에 힘입어 얼마나 힘을 얻었는지 말로 표현할 수 없을 정도이다.

그리고 지금까지 연구 활동을 지속적으로 해올 수 있었던 것은 뜻을 같이한 동세대의 동료들에게 은혜를 입었기 때문이다. 이 책의 논의 대부분은 쓰시마 가오리對馬果莉 씨와의 논의에 의해 착안을 얻은 것이다. 케어하는 철학자인 그녀의 훌륭한 감각과 행동력에서 많은 것을 계속해서 배우고 있다. 고베학원神戸學院 대학의 야마구치 마키山口眞紀 선생님, 오사카대학 인간과학연구과의 노지마 나쓰코野島那津子 선생님, 그리고 같은 코미론コミ論 출신인 호쿠리쿠北陸 첨단과학기술대학원 대학의 모토야마 고토나元山琴菜 선생님은 바쁘신 가운데 이 책의 원고를 읽어주셨고 많은 어드바이스와 아낌없는 격려를 해주셨다.

또한 여기서 직접 언급하지 못하고 성함을 다 적지 못하는 많은 분들께도 진심으로 감사를 드리고 싶다. 나 같은 인간이 같은 뜻을 가진 친구들과 커뮤니티와 연결되는 것, 그 안에서 성장해온 것, 이 모든 것이 현대사회에서는 얻기 어려운 일이라고 생각한다. 또한 고요쇼보晃洋書房의 사카구치 고스케阪口幸祐 씨에게는 간사이関西 사회학회에서의 보고 이후에 말씀을 들어주시고 이 책의 출판기획을 성립시킬 수 있었던 이후부터 현재에 이르기까지 많은 신세를 끼쳐왔다. 진정으로 감사드린다.

마지막으로 비상식적인 딸을 계속해서 지원해주시는 아버지, 나를 낳아 키워주시고 존엄을 지켜주시며 나의 영감의 근원이었던 어머니께 진심으로 감사드리고 싶다.

2020년 11월

모토하시 리에

역자 후기

이번 역자 후기는 일반적 혹은 보통과는 다른 방식으로 적어 보고자 한다. 내용 소개라기보다는 역자가 번역을 마치고 느낀 점을 제언하는 방식으로 진행했으면 한다. 이것은 한 명의 독자의 서평이기도 하면서 이 글을 통해 독자들과 저자를 연결하는 브릿지 역할로 이해해주면 좋겠다.

일본뿐만 아니라 현재 한국에서도 저출산 문제는 매우 심각하다. 이 저출산 문제를 단순하게 제도나 정책으로만 해결하려는 경향이 강한데, 이 접근법으로는 한계가 있다. 출산율 저하가 지속되는 현상을 보면 이미 제도나 정책만으로는 해결할 수 없다는 임계점을 모두가 인식하게 되었을 것이다. 정부에 의해 2000년대, 즉 밀레니얼세대의 저출산 대응 예산은 증가해왔지만 연도별 출생수를 보면 저출산에서 초저출산 시대로 전환되고 있음을 극명하게 보여준다. 통계적으로만 보아도 저출산 정책이나 제도는 이미 '잃어버린 20년'을 말해준다.

바로 이 멈춰진 시간은 과연 무엇이 문제였을까. 그리고 사회적 제도나 정책을 표현하는 슬로건들만으로는 근본적으로 이 문제를 해결할 수 없다는 점을 표면화한 것은 아닐까. 그리고 이에 대한 대응으로서 학계에서도 수많은 대응 이론들이 등장했다. 젠더학이나 페미니즘 이론들이 그러하다. 젠더학이나 페미니즘 이론들이 틀렸다는 것이 아니라 무엇이 근본적인 문제점이었는지를 물어야 할 시기가 바로 지금이라고 생각된다.

본 역서에서 '포스트젠더학'이라고 명명한 이유는 바로 이 문제에 마주하기 위한 방법의 표현이기도 하다. 선행연구에서 제기되어온 '젠더학'이나 '페미니즘 이론'으로부터 새롭게 독립하고 거리를 둔다는 의미에서 분리라고 표현하고자 한다. 그렇다면 이 분리는 무엇을 제시할 수 있는가. 혹은 분리를 위해 독립이나 거리두기라는 논리에 의존하는 의미에서는 '젠더학'이나 '페미니즘' 이론의 유산과 관계하지 않을 수 없는 관계성을 어떻게 생각해야만 하는가. 바로 이 두 가지를 동시에 생각하게 해주는 것이 본 역서의 출발점이다.

이를 위한 첫걸음으로 여성이 아이를 낳는 순간 어머니로 변화하게 되고 어머니가 되면서 여성은 자본주의적 맥락 속에서 '사회적 구조에 매몰'되어 아이를 낳는 일이나 육아 혹은 가사노동이 평가 절하되어도 그것을 당연한 것으로 받아들이는 소외의 상태를 살아가게 된다는 표현을 상기하는 것에서 시작하자.

저자인 모토하시 리에 선생님은 이를 만든 근거와 그 구조가 갖는 모순을 각성시키기 위해 모성, 정치, 갈등을 매개물로 제시하고 있다. 이 세 개의 키워드는 본 역서에서 부제목으로 사용할 정도로 매우 중요한데, 각각 별개인 것처럼 보이지만 이 세 개의 용어는 새로운 젠더학이나 페미니즘 이론의 거대한 지知를 지탱하는 '오래된 것'이기도 하면서 그 구조를 새로 고찰하게 해주는 '새로운' 개념이다. '모성', '정치', '갈등'이라는 용어는 선험적 지적 구조를 계승하는 것이면서 동시에 그것을 흔들어 재구성하는 계기를 발견하게 해준다.

즉 모성, 정치, 갈등 개념은 젠더학이나 페미니즘 이론들이 고양되던 시기에 중심 개념으로 인지되었고, 이 개념들을 통해 새로운 학술 혹은 운동을 벌이기 시작했다. 물론 그 과정에서 모성, 정치, 갈등 개념을 부정적으로만 사용했다거나 혹은 의식적으로 안티테제로 사용하면서 신젠더학이나 페미니즘 이론을 제시했다는 것을 말하고자 하는 것은 아니다. 본 역서는 모성, 정치, 갈등 개념을 젠더학이나 페미니즘 이론과 병렬로 놓고 시작했는데, 이 내용을 설명하는 방식으로 전개하지 않는 질적 관련성에 차이를 두고 있다.

그런 의미에서 이 저서에서 사용되는 모성, 정치, 갈등 개념은 매우 중요한 의미를 갖는다. 먼저 모성연구는 여성학 분야에서 1980년대에 주목을 받았고, 성별역할분업에 여성을 가두는 모성애 신화, 모성환상, 모성 이데올로기 등 담론분석이 실천되어왔다. 그런데 이 모성연구가 자기결정권이라는 슬로건 혹은 정책과 일체화되고 신자유주의라는 시대적 흐름 속에서 '자기책임화'라는 용어로 뒤바뀌면서 여성과 모성연구는 다시 여성의 책임으로 회귀되었다. 문제는 '바뀌는 프로세스'를 불가역적 혹은 불가시적인 상황에서 전개함으로써 모성연구의 방향성은 애매해졌다는 점이다.

신자유주의 시대라고 명명되는 밀레니얼세대인 모토하시 리에 선생님은 본인 스스로가 그 시대적 내부에 있으면서도 그 외적 힘, 즉 자본주의와 사회적 양상이 갖는 논리를 읽어낸다. 그것은 일본적 문맥에서 제시되는 젠더학과 페미니즘 이론을 검토하면서 찾아낸 것이다. 일본의 마르크스주의 페미니즘은 육아를 노동 개념으로 인지하고 모성의 억압을 사회구조의 분석을 통해 밝혀낸 공헌이 있다. 말하자면 그것은 노동 개념을 통해 가사도 노동이라는 점을 '발견' 혹은 추출해낸 것이다. 그리고 그것이 무상화되고 착취된 것이라는 점을 밝혀내기에 이르렀다. 그런데 그것이 신자유주의 시대로 전환되면서 가사노동이 케어로 전환되어가고, 노동력 시장의 내부로 편입되어가면서 케어 · 페미니즘이 새로운 패러다임으로 등장하게 되었다. 이 과정에서 어머니의 역할에 대한 의문이 등장하고 동시에 자본경제, 생산 중심주의가 만연되는 상황에 대해 저항하고자 했다. 그것은 바로 신자유주의 사회를 재고하는 케어 · 페미니즘의 등장이었다.

여기서 모성본질주의에 대한 가담이나 정치적 주장을 수용하는 모순점을 발견하게 되었고, 케어 · 페미니즘은 신자유주의 시대 내부에서 휘말리게 된 모성과 개인의 이분법적 프레임을 인지하게 해주었다. 그럼으로써 모성이 내재하게 된 정치성과 사회적 혹은 문화성과 어떻게 거리두기를 할 것인지 또는 그것으로부터 어떻게 여성을 독립시킬 것인지에 대해 묻게 되었다.

사실 자본주의 세계가 도래하고 동시에 자본주의 사회가 만든 '비인간화' 현상이 모성에 대한 이해와도 연결되었다. 다시 말해서 자본주의 사회 공간 안에서 케어 · 페미니즘은 리버럴리즘의 전제인 공사이원론의 비판을 통해 남성 중심주의가 케어의 가치를 폄하하는 논리를 밝혀냈다. 그러나 그 과정에서 여성은 다시 사적 영역으로부터도 소외되었다.

본문에서 모토하시 리에 선생님은 카를 마르크스를 인용하며 자본주의적 사회, 즉 생산양식이 중시되는 사회에는 노동자가 자신들이 생산한 노동생산물상품과 화폐조차도 실은 생산자인 노동자 자신의 소유가 아니라 노동자 자신들로부터 멀어지게 되고 그것은 반대로 노동자들이 그것들로부터 지배받는 관계성을 '소외'라고 해석하며 이것을 케어 윤리의 형성과 중첩시켜 가족을 지탱하는 여성이 가족 내에서 억압받는 모습을 소외라고 칭했다.

그리고 포스트구조주의의 입장에 있는 페미니즘에서는 주디스 · 버틀러의 논의에 의거하여 젠더를 신체와 인격 그 자체가 아니라, 그것들에 의미를 부여하는 담론의 작용이라고 파악하고, 여기에 의미를 부여하여 발화행위는 발화자의 의도를 초월한 작용을 할 가능성을 내포한다는 점에 초점을 둔다. 즉 이를 '수행적인 교란'이라고 표현했다. 즉 의도적인 '교란' 뿐만 아니라 의도하지 않은 결과와 반드시 자각적이지 않은 실천이 포함된다고 보았다. 다시 말해서 "질서가 가시화되는 중요한 계기는 자기 자신이 자기에게 적용하는 집합적 표상이 자기 감각에 일치하지 않는다는 위화감으로 느껴지는 '소외'라는 상황"이라고 논한다. 그렇다면 소외개념 또한 역사적 프로세스 속에서 마르크스주의적 해석에서 버틀러의 이론에 이르는 과정에서 그 양면성이 동형적으로 이어지고 있음을 엿볼 수 있다. 모토하시 리에 선생님이 중시하는 것은 바로 이러한 역사적 변이과정이고, 그 과정에서 무엇이 어떻게 치환되고 무엇이 어떻게 현현하게 되는가를 설명하는 그 자체에 대해 매우 실천적이었다.

동시에 담론 세계를 지탱하는 이성철학이 갖는 신화를 극복하기를 기대한다. 아이를 낳는다는 심미적이고 신비주의적인 행위, 그리고 육아, 케어라는 행위들이 감성적인 영역과 연결되고 이를 담당하는 것이 여성 혹은 어머니의 활동이라고 간주되는 근거는 남성이 이성주의적이고 신비주의나 감성과 거리두기가 가능하다고 하는 거대한 이분법 구조에 갇혀 있음을 드러내준다. 그러한 점에서 본 역서에서 문제로 삼고 있는 모성 담론 속에서 지속적으로 해결되지 않고 여성의 자기책임화=자기결정권 사회의 논리가 은폐하는 구조를 밝혀내고 있다.

본 역서에서 모토하시 리에 선생님이 주목하는 것은 자본주의 사회에서 모성을 통해 소외현상이 일어나는 분리를 설명해냈다. 그리고 그것을 희생이나 윤리 담론으로만 설명해내는 데 활용되는 모성 개념을 설명하고 동시에 그 희생이나 윤리 담론에 내재된 구조적 요인을 밝혀낸다.

이것은 역자의 입장에서 보면 자본주의 사회를 이미 살게 된, 아니 살고 있는 현실에서는 본래 인간이 남녀를 떠나 평등관계라고 설명하는 논리가 이미 추상적이고 비현실적이라는 것을 용인하게 만드는 점을 생각하게 해준다. 본래 인간이 추구하고 바라는 인간 그 자체의 참된 모습은 희생을 강요하거나 윤리의 담론으로만 재구성할 수 없기 때문이다. 그럼에도 불구하고 현실에서 전개되는 인간관계, 즉 자유와 평등이 존재하는 듯하지만, 여성에게 멍에를 씌우는 모성 담론은 결국 소외현상을 통해 형성되고 구조화된 것임을 보여주면서 반대로 그 본연의 모습을 생각하게 만드는 역할을 하고 있다.

자본주의 세계에서는 모성뿐만 아니라 이미 상품 가치 혹은 상품이나 노동의 가치로 평가되는 것을 당연시하기 때문에 인간 본성이나 인간의 평등이라는 것도 상품의 일부로 전락되고, 그것은 진실이나 인간관계의 믿음이 무엇인가를 보이지 않게 만든다. 바로 이러한 현실을 용인하게 되고 받아들이는 것이 '물상화物像化'라는 것이다.

근대 가족이 시작되면서 출발한 이 모성담론은 모성을 여성의 영역으로 한정했고 그것이 상품적으로 당연시되는 전제의식으로 작동하게 되었는데, 근대 자본주의를 사는 현실에서는 이것조차 깨닫지 못하고 강렬하게 사람들을 동화시킨 것이다. 바로 이 부분을 심화시켜 분석해내는 논리로서 모성연구였는데, 젠더학이나 페미니즘 이론의 일부에서 어떻게 이 모성이 모성성과 차이성을 갖고 모성의 형태를 형태화했는가를 읽어낸다. 모성이라는 담론은 모성성을 뒤덮으며 세계화되면서 남성뿐만 아니라, 여성 자신의 세계관도 침식하게 만들었고 지배하는 담론으로 세계성을 갖게 되었다. 모성은 모성 자체의 연구이기도 하면서 매개물의 역할로서 상대화되어야만 하는 용어임을 깨닫게 해주는 대목이다.

모성이 인간 해방의 속성으로 작동하는 것이 아니라 모성이 여성 혹은 어머니의 역할로 '빼앗아 간' 아니 빼앗긴 것이며 스스로가 살아가는 수단으로 뒤덮혀버린 것이다. 노동력을 판다는 개념으로 해석되고 여성들도 자본주의 시장에서 살아남기 위해서는 자신의 노동력을 팔 수밖에 없는데 그것은 바로 착취이고 프롤레타리아화라는 상황이 벌어지는 논리이다. 바로 이러한 레토릭에 여성은 모성 담론 속에서 살아가게 된다. 물론 그것은 남성 사회도 마찬가지이다. 자신의 노동이 돈의 가치로서 상품으로 표상되고, 그 화폐의 가치 속에서 교환이 이루어지게 되면서 남성들도 노동사회의 상품이 되어 가치를 인정받아 자본을 축적하는 것이 성공이라는 '착각' 속에서 살아가게 된다. 그것은 동시에 여성들이 케어나 가사노동에서 상품적 가치가 없다고 평가되는 논리와 동일하게 일어나는 착각과 접속된다. 남성들도 노동의 질적 차이를 인지하지 못하게 되고 여성들은 모성이라는 커다란 담론 속에서 비노동으로 간주되는 인식을 통과하게 되어 수치적 계산이 불가능한 세계로 참입하지 못하게 되는 것이다.

바로 이러한 인식들이 일상화되고 이를 강하게 믿음으로써 의심의 틈을 갖지 못하게 된다. 이것은 단편화된 세계관으로서 남성과 여성은 자신의 입장에서 자신이 서있는 세계에서 존재하게 된다. 즉 남성과 여성이 관계하고 있으면서 자본이라는 커다란 우주적 세계에 매몰되어 그 관계성 자체가 관계하지 못하게 된다. 물론 남성과 여성이라는 세상 구조와 돈으로 가치가 평가되는 구조를 이해하여 그것을 세계 전체의 구조로 이해하게 되면 다시 여성이나 남성 혹은 모성이나 부성이라는 세계가 당연한 것이라는 부분의 세계가 당연시된다.

부분적인 것을 통해 전체를 보게 되는 문제와 전체를 통해 부분을 파악하려는 구조 자체가 이미 의식을 지배하게 되면서 아니 지배받으면서 이 의식의 세계는 점점 더 애매모호해지고 단편화되어가는 함정에 빠지게 된다. 반대로 말하면 모성이라는 것이 당연시되는 사회구조가 부분적이라는 것과 전체를 파악하고 있다는 착각을 일으키고 그것을 진리라고 해석하게 된다. 바로 이러한 세계관을 만든 것이 근대였고 이제는 근대 자본주의 사회가 만든 가부장제나 모성 담론, 부성 담론들 전체를 볼 수 없게 만들어버려 그것을 파악할 수 있는 힘을 잃게 되는 동시에 전체의 흐름 속에서 전체를 보는 구조도 불가능해진다. 바로 이것이 자본주의 사회에의 동화이며 비이성사회인 것이다.

신자유주의 세계가 이를 더욱 심화시켰고 신자유주의 세계에서는 승리자와 패배자라는 이분법을 낳았다. 능력주의라는 말로 포장되는 이 메리토크라시Meritocracy의 대체된 것이며 이는 구조적으로 착취를 전제로 하고 있음을 은폐시킨다. 즉 정상인과 장애자, 환자, 고령자들이라는 비정상인을 생산하듯이 능력사회는 이를 다시 표면화하는 것이다.

중요한 것은 구조적으로 존재하는 착취나 이분법적 세계관에 내재하는 착취나 비인간화의 논리가 불평등이나 착취를 고려하지 못하게 만든다는 점이다. 태어나면서 평등한 사회라는 말은 태어나면서 불평등이라는 자본주의 사회의 구조를 고려하지 않은 것이다. 무엇이 능력주의이고 현실을 무시한 철저한 불평등의 구조를 무시하면서 성립되고 있음을 말하지 못하도록 봉인하고 있는 것이다. 이것이 바로 물상화된 의식이다. 이것을 재구성할 수 있는 길을 모토하시 리에 선생님은 정치와 갈등을 동원하여 설명해준다.

정치란 모성적 사유를 예로 든다면 현실적으로 어머니는 어머니 역할을 담당함으로써 정치적 투쟁으로부터 배제되고 그 역할에 충실하게 되는데, 그것을 정치적 권한의 상실로 보았고 그것을 정치라고 논한다. 이를 역사적으로 살펴보기 위해 모토하시 리에 선생님은 1950년대에 시작된 '어머니 대회'와 2010년대에 시행된 어머니들의 정치 운동인 '안보관련법에 반대하는 마마회'에서 '어머니' · '마마'를 둘러싼 표현법을 비교 분석함으로써 그 내적 특성의 변화를 설명했다. 그 연장선상에서 '안보 관련법에 반대하는 마마회' 참가 멤버의 인터뷰를 통해 어머니라는 것과 정치참가가 어떻게 관련되어 있는지를 분석하고 소개했다. 이와 같은 실질적 자료 분석을 통해 개개의 어머니들은 어떻게 정치 활동에 참가하게 되었는지, 그리고 그것은 어머니라는 것과 어떠한 관계와 의미를 갖고 있는지를 설명해냈다. 결론적으로 정치에 함몰되는 것이 아니라 정치의 '당사자'가 되는 과정에서 어머니들이 어머니 역할을 통해 그 경험을 근거로 권한을 찾아가는지, 그와 동시에 기존의 정치 양상을 어떻게 변용시켜 가는지를 설명해냈다.

본문에서는 어머니 운동에서 볼 수 있었던 여성들의 정치실천은 신자유주의적인 자조자립이나 자기 책임에 대해 어떠한 의미에서 대항이 될 수 있는가를 보여주었다. 이는 기존의 모성연구의 방향, 즉 '모성의 정치학'이라 불리는 '모성'을 통해 모성에 담지된 정치학을 규명해냈고, 동시에 어떠한 사회 배경에서 어떠한 일을 특정하게 되면서 정치학적으로 작동했는가를 설명하고, 그것이 낳은 효과를 모성개념 · 모성 사상을 둘러싼 담론에서 밝혀냈다.

그것은 다시 정치학으로서 모성 연구에 주목한 것으로 정치적 배경을 발견해냄으로써 모성 신화의 해체를 지향하는 데 공헌한 점을 보여주었다. 특히 윤리학이나 철학의 세계에서도 그렇지만, 인간의 자유를 강조하는 이론들이 결국 정치성을 띠게 되고 리버럴한 정치이론이 상정되는 기준이 합리적인 것이라는 이름으로 자신을 손상시키는 희생적인 자기로 간주되어 버리는 현상을 파헤쳤다. 실제로 케어관계에서 필요하다고 여겨지는 자기의 모습은 타자의 필요에 따라 응대한다는 책임에 근거하고 있는 행위라고 한다면 그것은 희생이라고 말할 수 없다. 바로 이러한 것들이 정치적인 것이다.

특히 공적 영역이야말로 다양한 사람들이 협동하거나 서로 경쟁하는 장소라고 생각하고 있다. 그러나 앞서 서술한 바와 같이 공적 영역은 자립·자율적인 건강한 성인 남성들, 혹은 이와 유사한 사람들이 대부분을 차지하고 있다. 이에 반해 실은 케어관계야말로 전혀 다른 사람들끼리 만나 공존하는 것이며 그것은 '정치적'인 풍부함을 내포하고 있는 것으로 생각할 수 있다. 그럼에도 불구하고 공사이원론은 가족과 케어를 자연스러운 영역으로 규정함으로써 비정치적인 것으로 치부해버린다. 그렇기 때문에 여성들은 비정치적인 것으로 간주되어 버렸고 그것을 당연시했다.

따라서 케어를 모두가 함께 부담하고 케어하는 사람이 케어하기 때문에 사회와 가족으로부터 소외당하는 일 없는 사회를 구축해가기 위해서는 케어를 누구나 모두 관련성을 갖는 정치적인 문제로서 인정하고, 부담과 코스트를 공정하게 배분해가는 것이 바로 이를 위한 실천으로서 정치적인 것이다. 정치적 투쟁으로부터 배제되어온 점, 따라서 정치적 임파워먼트가 요구되고 있는 점을 확인시켜준다. 그리고 갈등이라는 용어는 매우 중요하다. 실은 앞서 언급한 것처럼 정치라는 용어와 함께 갈등이라는 용어도 매우 비생산적이고 부정적인 의미로만 편향적으로 사용되어 왔음을 지적한다.

모토하시 리에 선생님은 갈등이 매우 현실적이고 기존 관념들, 즉 물상화된 의식들을 흔들거나 재구성해가는 증상으로서 긍정적으로 평가한다. 즉 여성들은 많든 적든 '어머니母'라는 집합적 표상을 받아들이면서도 매일 사람들과의 상호행위 속에서 또는 자신의 가슴속에서 자신의 모습과 표상 사이의 차이에 대해 갈등하고 고뇌한다. 여성에게 모성은 억압으로서 괴로움과 노여움을 초래함으로써 경험할 수 있는 한편, 아이를 낳는 것과 육아의 즐거움이나 보람과 같은 가치와 결부되어 이해되는 것이다. 여성은 모성을 둘러싸고 양의적인 측면에 대면하고 있다. 견디기 어려운 고통 그럼에도 불구하고 훌륭하다고 생각하는 심리로 양극으로 분열하는 것을 누구나 갖는 갈등은 '제도'적 질서를 전복시켜갈 가능성을 내포하고 있다는 것으로 해석한다.

슬로건에 망설임과 갈등을 겪으면서도 이에 수렴되어간 배경에는 여성을 속박하여 억압하는 모성이라는 환상에 대해 '근대적 자아'를 대치시키는 것이 전략으로서 가장 필요하다고 판단되었던 것이다. 누구든지 케어관계 속에서 많은 딜레마와 갈등을 겪으면서 살 수밖에 없고 실제로 유대관계 속에서 살아가고 있다. 그 점을 감안하면 일률적으로 기준을 적용시키는 것이야말로 '평등'이라는 사고방식이 실은 남성 중심적인 사회 속에서 만들어진 픽션이라고 지적하는 점은 매우 시사적이다. 특히 케어 윤리란 자기희생이 아니라 "자기와 타자의 애매한 경계 속에서의 갈등"이라고 보았고, 갈등은 자기와 타자 쌍방을 포용하며 어떻게 함께 살아갈까를 고민하는 점에서 이는 사회적으로 만들어진 요구에 응답하려는 과정 속에서 늘 따라다니는 곤혹과 갈등, 상반된 경험에서 형성되는 것 바로 이 부분을 중시하는 것이다. 이처럼 본 역서는 생활 세계에 내재된 자본주의 세계의 논리를 모성, 정치, 갈등으로 설명해내고 이를 통해 자본주의 세계가 만든 근대 속에 매몰되지 않는 외부의 세계를 간파할 수 있는 시나리오를 보여준다.

마지막으로 니즈needs 개념을 통해 본 역서에서 느낀 점을 정리해두고 싶다. 즉 이미 근대화되어 버린 자본주의 세계 속에서 재발견하려는 권한 찾기는 역설적으로 내가 무엇을 니즈로 생각하고 있는가를 통해 투영

된다는 점이다. 즉 니즈 속에는 내가 그것을 바라는 것이라고 자연스럽게 생각하지만, 실은 그 속에 트릭이 존재하는 것이다. 니즈 속에는 이미 자본과 권력이 작동하는 것으로 니즈를 규정하고 있다. 다시 말해서 생활 현실에서 니즈로서 모성이나 케어, 역할이라는 것들은 나에게 필요한 것이라고 내가 스스로 말하는 것이 아니라 이미 무엇인가의 권력에 의해 내면화된 인식이 작동하는 것이라는 점이다. 바로 이것을 각성하고 자각하는 것이 바꾸어 말하면 기존 젠더학이나 페미니즘 이론들의 유산을 상속하는 것이기도 하면서 스스로의 주체를 찾아내는 길이다. 이것은 조용하게 침식된 모성, 정치, 갈등을 재구성하고 강제적으로 나를 지배하는 제도나 정책과 거리를 두는 모성, 정치, 갈등을 인식하는 '세계의 문제'로 나아가는 출입구가 될 것을 기대한다. 바로 이점을 본 역서를 통해 공유되기를 바란다.

이번에 원저인 모토하시 리에 선생님의 『모성의 억압과 저항－케어 윤리를 통해 생각하는 전략적 모성주의』를 번역할 수 있었던 계기는 2021년 한국연구재단 인문사회학술연구교수지원사업에 「모빌리티로 사유하는 젠더－언어텍스트/시각미디어라는 지식장과 젠더의 맥락화」라는 테마로 선정된 것이 무엇보다도 커다란 도움이 되었다. 그 덕택에 초조함이라는 폭력과 맞설 수 있는 여유를 가질 수 있게 되었고 그 여유는 무엇보다도 저서를 읽는 것이 아니라 해석하는 길을 열어주었다는 점에서도 유의미했다. 연구주제를 보면 알 수 있듯이 '모빌리티'와 '젠더'라는 키워드를 추출해낼 수 있는데, 역자의 첫 번째 작업으로서 학자나 연구자는 물론 대중들도 '젠더'에 대해 좀 더 쉽게 접근할 수 있도록 견인차 역할을 할 수 있다고 보았기에 본 역서를 발간하게 되었다.

또한 인문학 분야에서 항상 흔들림 없이 도서를 간행하는 소명출판의

박성모 대표님께는 또 신세를 지게 되어 감사하다는 말씀을 드리지 않을 수 없다. 꼼꼼하게 편집해주신 조혜민 선생님에게도 감사의 인사를 드리고 싶다. 본 역서가 인간관계의 상품화 시대를 사는 현대인에게 다시 한 번 인간이 존재하는 본래의 의미가 무엇인지를 생각하는 계기가 되었으면 한다.

도래할 자유의 계절을 기다리며

역자 이은주

安藤丈將,『ニューレフト運動と市民社会－「六〇年代の思想のゆくえ」』, 世界思想社, 2013.

アンドルー・ゴードン, 三品裕子・山本裕子 譯,「日本家庭経営法－戦後日本における『新生活運動』」, ひろたまさき・キャロル・グラック 監修, 西川祐子 編,『歴史の描き方 2 戦後という地政学』, 東京大学出版会, 2007.

青木やよい 編,『フェミニズムの宇宙』, 新評論, 1983.

Arendt, Hannah, *The Human Condition*, University of Chicago press, 1958.(＝志水速雄 譯,『人間の條件』, ちくま學藝文庫, 1994).

____________, Jerome Kohn ed., *The Promise Of Politics*, New York：Schocken Books, 2005.(＝高橋勇夫 譯,『政治の約束』, 筑摩書房, 2008).

Badinter, Élisabeth, *L'amour en pils：Histoire de l'amour maternel(XVIIe-XXe siècle)*, Paris, Flammarion, 1980(＝鈴木晶 譯,『母性という神話』, 筑摩書房, 1998).

ボストン女の健康の本集団 編著,『からだ・私たち自身』, 松香堂書店, 1988.

Brown, Wendy, *Undoing the Demos：Neoliberalism's Stealht Revolution*, Zone Books, 2015(＝竹村和子 譯,『いかにして民主主義は失われていくのか』, みすず書房, 2017).

Butler, Judith, *Gender Trouble：Feminism and the Subversion of Identity*, Routledge, 1990(＝ 竹村和子 譯,『ジェンダー・トラブル－フェミニズムとアイデンティティの攪亂』, 青土社, 1999).

千葉眞,「社會保障の劣化と民主主義－ラディカル・デモクラシーの視點から」, 田中浩 編著,『リベラル・デモクラシーとソーシャル・デモクラシー』, 萩原印刷, 2013.

Chodrow, Nancy, *The Reproduction of Mothering：Psychoanalsis and the Sociology of Gender*, California：University of California Press, 1978(＝大塚光子・大内菅子 譯,『母親業の再生産』, 新曜社, 1981).

Compbell, A., G. Durin, and E. W. Miller, *The Voter Decides*, Evanston：Row, Peterson, 1954.

コリン・クラウチ, 山口二郎監修・近藤隆文 譯,『ポスト・デモクラシー－格差擴大の政策を生む政治構造』, 青燈社, 2007.

Dalla Costa, Giovanna, Franca, *Un lavoro d'amore：la violenza fisica componente essenziale del trattamento maschile nei confronti delle donne*, Edizioni delle donne, 1978(＝伊田久美子 譯,『愛の労働』, インパクト出版会, 1991).

Deitz Mary, *Citizenship with a feminist face：The problem with maternal thinking. Political Theory* 13(1), 1985

Delphy, Christine, *Close to home : a materialist analysis of women's oppression, trans. By Diana Lenard*, Amherst : the university od Massachusetts Press, 1984.

DiQuinzio, Patrice, *The Impossibility of Motherhood : Feminism, individualism, and the problem of mothering*, New York : Routledge, 1999.

_______________, "The Politic of the Mother's Movement in the United Stares : Possibilities and Pitfalls", *Journal of the Association for Research in Mothering*, 2006.

Duncombe, Stephen, *Notes from Undergrund : Zines and the Politics of Alternative Culture*, Microcosm Publishing, 2008.

江原由美子(1995),「制度としての母性」, 天野正子・伊藤公雄・伊藤るり・井上輝子・上野千鶴子・江原由美子・大沢真理・加納実紀代編集委員・斎藤美奈子編集協力,『新編 日本のフェミニズム 5 母性』, 岩波書店, 2009.

_________,『フェミニズムのパラドックスー定着による擴散』, 勁草書房, 2000.

Elshtain, Jean Bethke, *Women and war*, New York : Basic Books, 1987(=小林史子・広川紀子 譯,『戦争を女性』, 法政大學出版, 1994).

エヴァ・フェダー・キテイ, 岡野八代・牟田和恵 編譯,『ケアの倫理からはじめる定義論』, 白澤社, 2011.

イヴ・エンスラー, 岸本佐知子 譯,『ヴァギナ・モノローグ』, 白水社, 2002.

ファビエンヌ・ブルジェール, 原山哲・山下りえ子 譯,『ケアの倫理ーネオリベラリズムへの反論』, 白澤社, 2014.

Finman, Albertson. Martha, *The Neutered Mother, The Sexual Family and Other Twentieth Century Tragedies*, Routledge, 1995(=上野千鶴子・穐田信子・速水葉子 譯,『家族、積みすぎた方舟ーポスト平等主義フェミニズム法理論』, 學陽書房, 2003).

Foucault, Michel, ed. Michel Senellart, trans. Graham Burchell, *The Birth of Biopolitics : Lectures at the France, 1978-79*, New York, 2004(=慎改康之 譯,『ミシェル・フーコー講義集成(8)生政治誕生』, 筑摩書房, 2008).

福永眞弓,「エコロジーとフェミニズムー生(life)への感度をめぐって」,『女性學研究』(23), 2016.

深江誠子,「脱原發運動と母親」近藤和子・鈴木裕子編『おんな・核・エコロジー』, オリジン出版センター, 1991.

藤田嘉代子,「家事勞動再考ーマネジメントの視點を中心に」,『女性學年報』31, 2010.

藤田朋子,「妻の家事負擔感と夫の家事遂行ー記述回答からの分析」, 日本女性學會,『女性學研究』21, 2014.

舩橋惠子,『育児のジェンダー・ポリティクス』, 勁草書房, 2006.

舩橋惠子·堤マサエ,『母性の社會學』, サイエンス社, 1992.
船戸優里,『結愛へ 目黒區虐待死事件 母の獄中記』, 小学館, 2020.
Gilligan, Carol, *In a Different Voice : Psychological Theory and Women's Development*, Cambridge : Harvard University Press, 1982.
原ひろ子·舘かおる,『母性から次世代育成力へ』, 新曜社, 1991.
長谷川公一,「反原子力運動における女性の位置－ポスト·ちぇるの」,『レヴァイアサン』8, 1991.
林光,『母親がかわれば社會がかわる－河崎なつ伝』, 草土文化, 1974.
Herbst-Debby, Anat, "Doing good motherhood : Creating their own responsible single mother model", *Women's Studies International Forum* 69, 2018.
________________, "The Economically Responsible Single Mum who Sees to her Future : Welfare-to-work programmes and pension savings", *Journal of Social Policy*, 48(3), 2019.
姫岡とし子,「日本のフェミニズムの現状と課題」, 山口定ほか 編,『市民自立の政治戰略』, 朝日新聞社, 1992.
平林裕子,「『原發お斷り』地點と反原發運動」, 法政大學大原社會問題研究所,『大原社會問題研究所雜誌』(661), 2013.
Hobbes, Thomas, *Leviathan, or The Matter, Forme, & Power of a Common-Wealth Ecclesiastiacall and Civil*, London : Printed for Andrew Crooke, at the Green Dragon in St. Pauls Church-yard, 1651(＝水田洋 譯『リヴァイアサン』1~4, 岩波書店, 1985).
堀越英美,『不道德お母さん講座－私たちはなぜ母性と自己犧牲に感動するのか』, 河出書房新社, 2018.
伊田久美子,「勞動としてのせくシュアリティ-再生産勞動論の再檢討」,『女性學硏究』(26), 2019.
井上清美,『現代日本の母親規範と自己アイデンティティ』, 風間書房, 2013.
石井クンツ昌子,『「育メン」現象の社會學－子育て·育兒參加への希望を叶えるために』, ミネルヴァ書房, 2013.
岩本美砂子,「日本におけるフェミニズムと『政治』－『資料ウーマンリブ史(全3卷)』を中心に」,『立命館大學人文科學硏究所紀要』78, 2001.
岩本美砂子,「女性をめぐる政治的言說－日本において、女性の政治的代表(婦人參政權·女性政治家)に関して論じられきたこと」,『年報政治學』54, 2003.
石塚友子,「『運動のなかの母性主義』について思う」グループ「母性」解讀講座編『母性を解讀する－つくられた神話を超えて』, 有斐閣選書, 1991.

伊藤理史,「日本人の政治的疎外意識－政治的有效性感覺のコーホート分析」,『フォーラム現代社會學』(16), 2017.
_______,「戰後改革と母性－理念的民主主義と生活的民主主義」, 脇田晴子 編,『母性(下)』, 人文書院, 1985.
金子優子,「日本の地方議會に女性議員がなぜ少ないのか」,『年報政治學』2010(2), 2010.
加納実紀代,「母性フェミニズムの風景」, 加納実紀代 編,『ニューフェミニズムレビュー6 母性フェミニズム－母なる自然の誘惑』, 學陽書房, 1995a.
_________,「反原發運動の中の母性－甘蔗珠惠子『まだ、まにあうのなら』を中心に」, 加納実紀代 編,『ニュフェミニズムレビュー6母性ファシズム－母なる自然の誘惑』, 學陽書房, 1995b.
_________,『女たちの〈銃後〉』, インパクト出版會, 1995c.
甘蔗珠惠子,『まだ、まにあうのなら－私の書いたいちばん長い手紙』, 地湧社, 1987.
柏木惠子,『父親の發達心理學－父性の現在とその周辺』, 川島書店, 1993.
加藤秀一,『性現象論－差異とセクシュアリティの社會學』, 勁草書房, 1998.
川本隆史,『現代倫理學の冒險－社會理論のネットワーキングへ』, 創文社, 1995.
菊地夏野,『日本のポストフェミニズム－「女子力」とネオリベラリズム』, 大月書店, 2019.
錦光山雅子,「赤ちゃん連れの議場入りはNG?熊本市議會規則の改正案が出た⇒子育て議員の思いは」, *HUFFPOST*, 2018(2020年5月3日取得https://www.huffingtonpost.jp/2018/02/22/kumamotoassembry_a_23368102/).
Kittay, Eva Feder, *Love's Labor : Essays on Women, Equality, and Dependency*, Routledge, 1999(=岡野八代·牟田和恵監 譯,『愛の勞動あるいは依存とケアの正義論』, 白沢社, 2010).
木村尚子,『出産と生殖をめぐる攻防－産婆助産團體と産科医の一○○年』, 大月書店, 2013.
_______,「婦人雜誌にみる新しい女性像の登場とその變容」,『教育學硏究』56(4), 1989.
_______,「女性の人權と教育－女性問題學習における主體形成と自己表現」,『國立婦人教育會館硏究紀要』(4), 2000.
_______,『いのちのうた響かせながら－母親大會ものがたり』, かもがわ出版, 1999.
北原みのり,『アンアンのセックスできれいになれた?』, 朝日新聞出版, 2011.
北原恵,「"招待"への再考－〈ディナー·パティ〉をめぐるフェミニズム美術批評」, 東京大學大學院總合文化硏究科,『超域文化科學紀要』(3), 1998.
胡澎, 莊嚴 譯,『戰時體制下日本の女性團體』, こぶし書房, 2018.
小林美佳,『産ませない社会』, 河出書房新社, 2013.

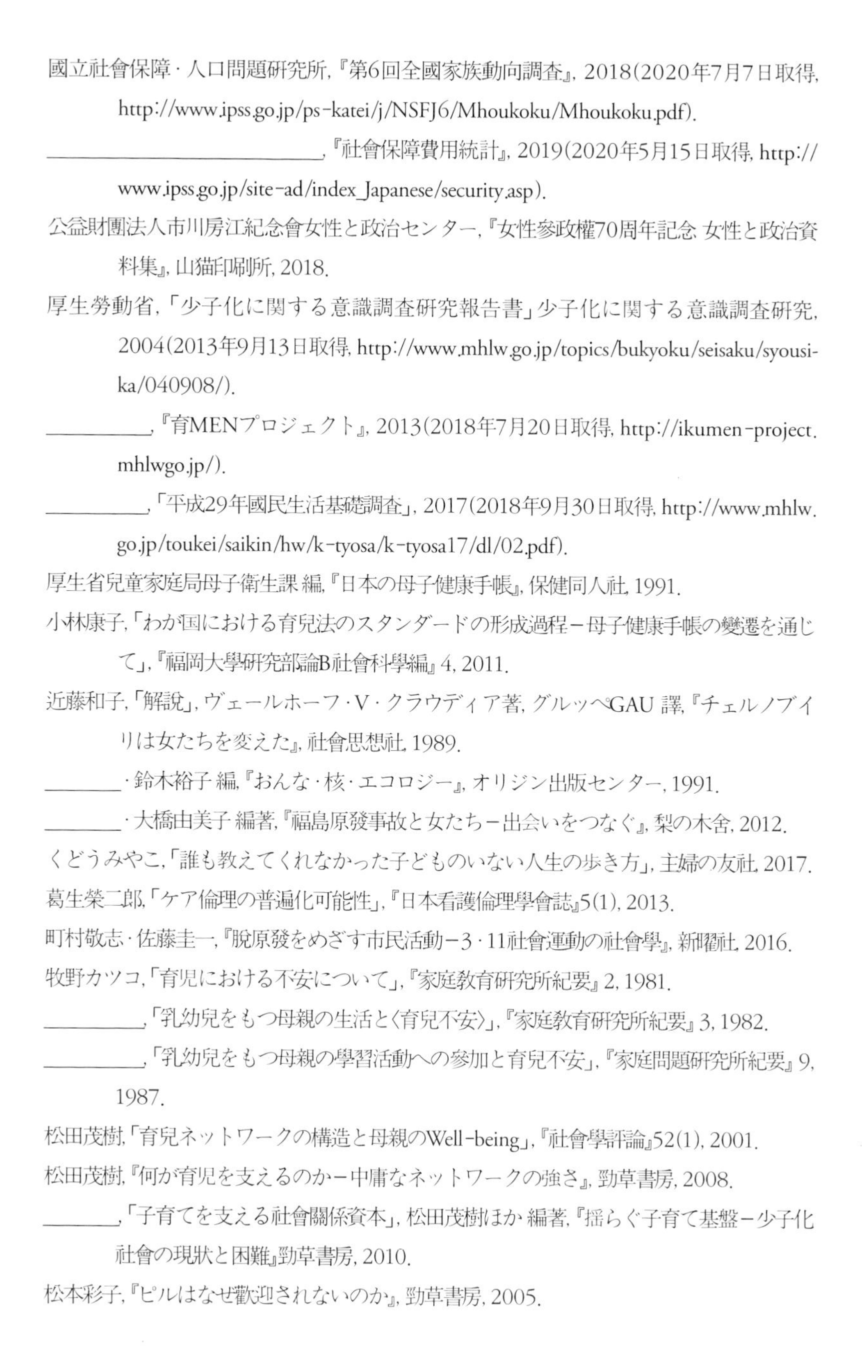

國立社會保障·人口問題研究所, 『第6回全國家族動向調査』, 2018(2020年7月7日取得, http://www.ipss.go.jp/ps-katei/j/NSFJ6/Mhoukoku/Mhoukoku.pdf).

＿＿＿＿＿＿＿＿＿＿, 『社會保障費用統計』, 2019(2020年5月15日取得, http://www.ipss.go.jp/site-ad/index_Japanese/security.asp).

公益財團法人市川房江紀念會女性と政治センター, 『女性參政權70周年記念 女性と政治資料集』, 山猫印刷所, 2018.

厚生勞動省, 「少子化に関する意識調査研究報告書」少子化に関する意識調査研究, 2004(2013年9月13日取得, http://www.mhlw.go.jp/topics/bukyoku/seisaku/syousika/040908/).

＿＿＿＿, 『育MENプロジェクト』, 2013(2018年7月20日取得, http://ikumen-project.mhlwgo.jp/).

＿＿＿＿, 「平成29年國民生活基礎調査」, 2017(2018年9月30日取得, http://www.mhlw.go.jp/toukei/saikin/hw/k-tyosa/k-tyosa17/dl/02.pdf).

厚生省兒童家庭局母子衛生課 編, 『日本の母子健康手帳』, 保健同人社, 1991.

小林康子, 「わが国における育兒法のスタンダードの形成過程－母子健康手帳の變遷を通じて」, 『福岡大學研究部論B社會科學編』 4, 2011.

近藤和子, 「解說」, ヴェールホーフ·V·クラウディア著, グルッペGAU 譯, 『チェルノブイリは女たちを変えた』, 社會思想社, 1989.

＿＿＿·鈴木裕子 編, 『おんな·核·エコロジー』, オリジン出版センター, 1991.

＿＿＿·大橋由美子 編著, 『福島原發事故と女たち－出会いをつなぐ』, 梨の木舍, 2012.

くどうみやこ, 「誰も教えてくれなかった子どものいない人生の歩き方」, 主婦の友社, 2017.

葛生榮二郎, 「ケア倫理の普遍化可能性」, 『日本看護倫理學會誌』5(1), 2013.

町村敬志·佐藤圭一, 『脫原發をめざす市民活動－3·11社會運動の社會學』, 新曜社, 2016.

牧野カツコ, 「育児における不安について」, 『家庭教育研究所紀要』 2, 1981.

＿＿＿＿, 「乳幼兒をもつ母親の生活と〈育兒不安〉」, 『家庭教育研究所紀要』 3, 1982.

＿＿＿＿, 「乳幼兒をもつ母親の學習活動への參加と育兒不安」, 『家庭問題研究所紀要』 9, 1987.

松田茂樹, 「育兒ネットワークの構造と母親のWell-being」, 『社會學評論』52(1), 2001.

松田茂樹, 『何が育児を支えるのか－中庸なネットワークの強さ』, 勁草書房, 2008.

＿＿＿, 「子育てを支える社會關係資本」, 松田茂樹ほか 編著, 『揺らぐ子育て基盤－少子化社會の現狀と困難』勁草書房, 2010.

松本彩子, 『ピルはなぜ歡迎されないのか』, 勁草書房, 2005.

Mayeroff, M., *On Caring*, New York : Harper & Row Publishers, 1971(＝田村眞·向野宣之 譯,『ケアの本質－生きることの意味』, ゆみる出版, 1993).

道場親信,「1960~70年代『市民運動』『住民運動』の歴史的位置」,『社會學評論』(57)2, 2006.

Milbrath, L. W., *Political Participation : How and Why Do People Get Involved in Politics?*, Rand Mc-Nally & Company, 1965(＝內山英夫 譯,『政治參加の心理と行動』, 早稲田大學出版部, 1976).

Millett, Kate, *Sexual Politics*, NY : Doubleday & Co, 1970(＝藤枝澪子ほか 譯,『性の政治學』, ドメス出版, 1985).

蓑輪明子,「新自由主義下における日本型生活構造と家族依存の變容」, 松本伊智朗 編,『「子どもの貧困」を問い直す』, 法律文化社, 2017.

光田京子,「近代的母性觀の受容と變容」, 脇田晴子 編,『母性を問う－歴史的變遷(下)』, 人文書院, 1985.

三浦まり·衛藤幹子編著,『ジェンダー·クオーター世界の女性議員はなぜ増えたのか』, 明石書店, 2014.

_______,「新自由主義的母性－『女性活躍』政策の矛盾」, お茶の水ジェンダーセンター年報,『ジェンダー研究』18, 2015.

溝口明大·佐伯洋子·三木草子 編,『資料 日本ウーマンリブ史』II, 松香堂, 1994.

本橋哲也,『ポストコロニアリズム』, 岩波新書, 2005.

元橋利恵,「『男女共同參畫』時代の母親規範－母子健康手帳と副讀本を手がかりに」,『フォーラム現代社會學』13, 2014.

_______,「ケア倫理からみる日本における母親の反戰·平和運動－「日本母親大會」と「安保関連法に反對するままの會」における母性の役割に着目して」, 社會學研究會,『ソシオロジ』62(2), 2017.

_______,「新自由主義的セクシュアリティと若手フェミニストたちの抵抗」, 牟田和恵 編著,『架橋するフェミニズム－歴史·暴力·性』, 2018.

元本愛理·篠原亮次·山懸然太郎,「家族關係社會支出の國際比較および合計特殊出生率との關連檢討」, 日本公衆衛生學會,『日本公衆衛生雜誌』63(7), 2016.

本山英子,「抗議する女たち－イスラエルの『WOMEN IN BLACK』による國家安全保障ディスコースへの挑戰」,『立教アメリカン·スタディーズ』(24), 2002.

牟田和恵,『ジェンダー家族を超えて－近現代の生/性の政治とフェミニズム』, 新曜社, 2006.

_______,「ジェンダー家族のポリティクス－家族と性愛の『男女平等』主義を問う」, 牟田和恵 編,『家族を超える社會學』, 新曜社 2009.

牟田和恵,「ジェンダー家族と生·性·生殖の自由」, 岡野八代 編,『自由への問い 家族ー新しい『親密圏』を求めて』, 岩波書店, 2010.
內閣府男女共同參畵局,「『仕事と生活の調和』推進サイトーワークライフバランスの実現に向けて」,內閣府, 2008(2018年7月20日取得, http://wwwa.cao.go.jp/wlb/government/20barrier_html/20html/charter.html).
永原和子,「女性統合と母性ー國家が期待する母親像」, 脇田晴子編『母性を問うー歴史的變遷(下)』, 人文書院, 1985.
________·米田佐代子,『おんなの昭和史』, 有斐閣, 1986.
中島かおり,『漂流女子ーにんしんSOS東京の相談現場から』, 朝日新書, 2017.
中野晃一,『戰後日本の國家保守主義ー內務·自治官僚の軌跡』, 岩波書店, 2013.
________,『つながり、変える私たちの立憲政治』, 大月書, 2016店
中山千夏,『からだノート』, ダイヤモンド社, 1977.
日本母親大會實行委員會,『母親運動五○年ーいまいのち輝かせて』, 2004.
日本母親大會連絡會,『母親運動五○年のあゆみ』, 2009.
日本女性學會,「NewsLetter第126號2012年11月發行」, 2012(2018年8月30日取得, http://www.joseigakkai-jp.org/news/news126).
西川祐子,「一つの系譜」, 脇田晴子 編,『母性を問うー歴史的變遷(下)』, 人文書院, 1985.
________,『日記をつづるということー國民教育裝置とその逸脫』, 吉川弘文館, 2009.
西村純子·松井眞一,「育兒期の女性の就業とサポート關係」,『日本の家族1999-2009全國家族調査〈NFRJ〉による計量社會學』, 2016.
西山千惠子·柘植あづみ,『文科省/高校「妊活」教材の嘘』, 論創社, 2017.
NHK放送世論調査所,『現代日本人の意識構造』, NHKブックス, 1979.
信田さよ子,『〈性〉なる家族』, 春秋社, 2019.
落合恵美子,「育兒援助と育兒ネットワーク」,『家族研究』, 兵庫縣家族問題研究所, 1, 1989.
________,『21世紀家族へー家族の戰後體制の見かた·超えかた』第3版, 有斐閣, 2004.
荻野美穂,『女のからだーフェミニズム以後』, 岩波書店, 2014.
大橋由美子,「産む産まないは女が決める」, 女性學研究會編,『講座女性學3 女は世界をかえる』, 筑摩書房, 1986.
________,「しがらみ、なりゆき、あきらめの中での1人ひとりの選擇を大切にしたいー母性·フェミニズム·優生思想」,『福島原發事故と女たち』, 梨の木舍, 2012.
________,「人口政策の連續と非連續ーリプロダクティブ·ヘルス/ライツの不在」, 西山千惠子·柘植あづみ,『文科省/高校「妊活」教材の嘘』, 論創社, 2017.

大森かほる,『平塚らいてうの光と蔭』, 第一書林, 1997.
岡野八代,「家族からの出発」, 牟田和恵 編,『家族を超える社会学』, 新曜社, 2009.
______,『フェミニズムの政治學－ケアの倫理をグローバル社會へ』, みすず書房, 2012.
______,「フェミニズムとケア」, 川崎修編,『岩波講座 政治哲學6 政治哲學と現代』, 岩波書店, 2014.
______,「個人産む家庭・家族の社會的意義－ケアの倫理からみた『自立』批判から」,『日本家庭科教育學會誌』58(3), 2015a.
______,『戰爭に抗する－ケアの倫理と平和の構想』, 岩波書店, 2015b.
______,「繼續する第二波フェミニズム理論－リベラリズムとの對抗へ」, 同志社大學アメリカ研究所『同志社アメリカ研究』(53), 2017.
Okin, Susan, *Justice, Gender and the Family*, New York Basic books, 1989(＝山根純佳・内藤準・浩之 譯,『正義・ジェンダー・家族』, 岩波書店, 2013).
奥平紗實,『「子なし」のリアル』, 經營者新書, 2017.
大石亞希子,「シングルペアレント世帯の貧困とその背景」, 聯合總研,『月間レポートDIO』(338), 2018.
大日向雅美,「母性をめぐる現狀とその問題點」,『母性の研究』, 川島書店, 1988.
______,『母性愛神話の罠』, 日本評論社, 2000.
大山七穂・國廣陽子,『地域社會における女性と政治』, 東海大學出版會, 2010.
______,「政治的態度と行動にみるジェンダー」,『東海大學紀要文學部』78, , 2002.
______,「政黨・黨派の女性候補者に及ぼす影響－2003年道府縣議會議員選擧の分析から」,『東海大學紀要文學部』80, 2004a.
______,「女性と選擧環境－候補者特性、地域特性、選擧區特性の分析」,『東海大學紀要文學部』81, 2004b.
O'reilly, Andrea, ed., *From Motherhood to Mothering The Legacy of Adrienne Rich's Of Woman Born*, NY : State University Of New York Press, 2004.
______ ed., *Feminist Mothering*, NY : State University Of New York Press, 2008.
小沢牧子,「乳幼兒政策と母子關係心理學－つくられる母性意識の點検を軸に」,『臨床心理學研究』26(3), 1989.
ロビン・ルブラン, 尾内之 譯,『バイシングル・シティズン－「政治」を拒否する日本の主婦』, 勁草書房, 2012.
勞動政策研究・研修機構,「早わかりグラブでみる長期勞動統計」, 2003(2018年8月30日取得, https//www.jil.go.jp/kokunai/statistics/timeseries/html/g071_01.html).

Rich, Adrienne, *Of Woman Born Motherhood as Experience and Institution*, W.W. Nortin & Company, Inc. N. Y., 1976(=高橋芽香子 譯,『女から生まれる』, 晶文社, 1990).

__________, *On Lies, Secrets, And Silence*, W.W. Nortin & Company, Inc. N. Y., 1979(=大島かおり 譯,『嘘、祕密、沈默』, 晶文社, 1989).

Robinson, Fiona, "Discourses of motherhood and women's health : Maternal Tinking as feminist politics", *Jounal pf International Political Theonry*, 10(1), 2013.

Rubin, Gayle, "Thinking Sex:" H. Barale, M. A. Abelebe, and D. M. Halperin, eds., *Lesbian and Gay Studies Reader*, Routledge, 1992(=キース·ヴィンセント、河口和也 譯,「性の交易」,『現代思想』25(6), 1997).

Ruddick, Sara, *Maternal Thinking : Toward a Politics of Peace*, Boston : Beacon Press, 1989.

__________, "Rethinking 'Maternal' Politics," Jetter, A. Oreck, A. and Tayor, D. eds., *The Politics of Motherhood Activist Voices from Left and Right*, New England, Dartmouth College, 1997.

佐藤嘉幸,『新自由主義と權力-フーコーから現在性の哲學へ』, 人文書院, 2009.

斎藤純一,『政治と複數性-民主的な公共性に向けて』, 岩波書店, 2008.

佐々木保行·佐々木宏子·中村悅子,「乳幼兒をもつ專業主婦の育兒疲勞(第一報)-生活心理學アプローチ」,『宇都宮大學教育學部紀要』29(1), 1979.

沢山美果子,「近代日本における『母性』の强調とその意味」, 人間文化研究會編,『性と文化』, 白馬出版, 1979.

__________,『近代家族と子育て』, 吉川弘文館, 2013.

Schmitt, Carl, *Der Begriff des Politischen*, Duncker & humblot, 1963(=田中浩·原田武雄 譯,『政治的なものの概念』, 未來社, 1970).

鹿野正直,『戰前·家の思想』, 創文社, 1983.

_______,『婦人·女性·おんな-女性史の問い』, 岩波新書, 1989.

品川哲彦,『正義と境を接するもの-責任という原理とケアの倫理』, ナカニシヤ出版, 2007.

品田知美,『〈子育て法〉革命』, 岩波新書, 2004.

_______,『家事と家族の日常生活』, 學文社, 2007.

篠原一,「『全日制市民』の可能性」,『婦人公論』1968年8月號, 1968.

總務省統計局,『平成28年社會生活基本調査生活時間に関する結果要約』, 2016(2020年7月7日取得, https://www.stat.go.jp/data/shakai/2016/pdf/gaiyou2.pdf).

Spivak, Gayatri. Chakravorty, *Can the Subaltern Speak?*, University of Illinois Press, 1988(=上村忠男 譯,『サバルタンは語ることができるか』, みすず書房, 1998).

Spivak, Gayatri. Chakravorty, "in a Word", *Outside in the teaching machine*, Routledge, 1993(= 長井香里 譯,「一言で言えば…インタビュー:ガヤトリ・スピヴァックに聞く」,『批評空間』II-3, 1994).

杉山春,「兒童虐待死事件の取材から見えてきたもの」,『こころの科學 女性の生きづらさ その痛みを語る』, 日本評論社, 2020.

杉山吉弘,「フーコーにおけるテクノロジーと倫理－セクシュアリティの概念をめぐって」, 北海道大學哲學會,『哲學』40, 2004.

鈴木明子,「平塚らいてうの反戰平和－女性は平和主義者か?」, 青山學院女性短期大學,『青山學院女性短期大學總合文化研究所年報』(15), 2007.

鈴木彩加,『女性たちの保守運動－右傾化する日本社會のジェンダー』, 人文書院, 2019.

鈴木裕子,『フェミニズムと戦争－婦人運動家の戰爭協力』, マルジュ社, 1986.

______,「母性・戰爭・平和－『日本的母性』とフェミニズム」, 加納実紀代 編,『ニューフェミニズムレビュー6 母性ファシズム－母なる自然の誘惑』, 學陽書房, 1995.

鈴木奈穗美,「エンパワメント概念の潮流と戰略的エンパワメント政策の弊害」, 專修大學人文科學研究所,『專修大學人文科學研究所月報』246, 2010.

竹中恵美子,『竹中恵美子著作集 第VI卷 家事勞動(アンペイド・ワーク)論』, 明石書店, 2011.

田間泰子,『母性愛という制度－子殺しと中絶のポリティクス』, 勁草書房, 2001.

田中亞以子,「ウーマン・リブの『性解放』再考－ベッドの中の對等性獲得に向けて」,『女性學年報』28, 2007.

______,「〈男の愛〉と〈女の愛〉－『女學雜誌』における『愛』とジェンダー」, 京都大學大學院人間・環境學研究科,『人間・環境學』21, 2012.

谷川雁,「母親運動への直言」,『婦人公論』(10), 1959.

田村貴紀・田村大有,『路上の身體・ネットの情動 3.11後の新しい社會運動－反原發, 反差別, そしてSEALDs』, 青燈社, 2016.

天童睦子,「育兒戰略と見えない統制－育兒メディアの變遷から」,『家族社會學研究』25(1), 2013.

______編,『育兒戰略の社會學－育兒雜誌の變容と再生產』, 世界思想社, 2013.

戸江哲理,『和みを紡ぐ－子育てひろばの會話分析』, 勁草書房, 2018.

富永京子,『社會運動と若者－日常と出来事を往還する政治』, ナカニシヤ出版, 2017.

Tronto, Joan, C., *Caring Democracy-Markets, Equality, and Justice*, New York University Press, 2013.

土屋和代,「『福祉權の聖歌』－全米福祉權團體の結成と人種、階級、ジェンダー」,『立教アメリカン・スタディーズ』(38), 2016.

UAゼンセン日本介護クラフトユニオン,『2018年度就業意識調査速報版』, 2018(2018年12月13日取得, http://www.nccu.gr.jp/topics/detail.php?SELECT_ID-201809130001).
上野千鶴子,『女は世界を救えるか』, 勁草書房, 1986.
________,『女遊び』, 學陽書房, 1988.
________,「戰後女性運動の地政學－『平和』と『女性』のあいだ」, 西川祐子編,『戰後という地政學』, 東京大學出版會, 2006.
________,「ネオリベラリズムとジェンダー」, お茶の水女子大學研究所,『ジェンダー研究』20, 2007.
________,『家父長制と資本制 マルクス主義フェミニズムの地平』, 岩波現代文庫, 2009.
________,『ケアの社會學－當事者主權の福祉社會へ』, 太田出版, 2011.
上谷香陽,「ガール·ジンからみる第三波フェミニズム－アリソン·ピープマイヤー著『ガール·ジン』を読む」,『文教大學國際學部紀要』24(1), 2013).
若桑みどり,『戰爭がつくる女性像－第二次世界大戰下の日本女性動員』, 筑摩書房, 1995.
渡辺登,「『主婦』から『全日制市民』そして『生活者』として『女性』へ」, 佐藤慶幸也編『女たちの生活者運動』, マルジュ社, 1995.
渡辺治,「安倍政權とは何か」, 渡辺治·岡田知弘·後藤道夫·二宮厚美著,『〈大國〉への執念 安倍政權と日本の危機』, 大月書店, 2014.
Wolf, Naomi, *Vagina : A New Biology*, Ecco, 2012(＝桃井緑美子 譯,『ヴァギナ』, 青燈社, 2014).
ヴェールホフ·V·クラウディア, グルッペGAU 譯,『チェルノブイリは女たちを変えた』, 社會思想社, 1989.
山本眞理,『戰後勞動組合と女性の平和運動－「平和國家」創生を目指して』, 青木書店, 2006.
山根純佳,『なぜ女性はケア勞動をするのか－性別分業の再生産を超えて』, 勁草書房, 2010.
山下正子,「『母』たちの運動－大日本婦人會から日本母親大會まで」, 勞動教育センター,『季刊女子教育もんだい』(62), 1995a.
________,「母親大會をめぐる成功と分裂」, 勞動教育センター,『季刊女子教育もんだい』(62), 1995b.
山崎望,「『成功社會論』から『ケアの倫理とラディカルデモクラシーの節合』－「新自由主義－權威主義」, 對抗政治構想」, 日本政治學會編,『年報政治學』II, 2019.
安井絢子,「ケアとは何か－メイヤロフギリガンノディングスにとっての『ケア』」,『哲學論叢』37(別冊), 2010.

矢澤澄子 · 國廣陽子 · 伊藤眞知子,「都市女性と政治參加のニューウェーブ－NET代理人運動の調査から」, 市立大學經濟硏究所,『經濟と貿易』161, 1992.
_____________,「生活圈政治とジェンダー－代理人運動參加者とその夫たちの調査から」,『東京女子大學紀要論集』47(1), 1996.
橫山道史,「母親運動と脫原發の間－『連續/非連續か』浮遊する母性の行方」,『東京立正短期大學紀要』(40), 2012.
米田佐代子 編,『母さんに花を－山家和子と母親運動』, ドメス出版, 1981.
吉田潮,「産まないことは『逃げ』ですか?」, ベストセラーズ, 2018.
Young, Iris Marion, *Responsibility for Justice*, Oxford : Oxford University Press, 2011(＝2014, 岡野八代 · 池田直子 譯,『正義への責任』, 岩波書店).
湯澤直美,「母子家庭對策における2002年改革の變遷と檢證」, 杉本貴代榮 編著,『フェミニズムと社會福祉政策』, ミネルヴァ書房, 2012.
財團法人明るい選擧推進協會,『若い有權者の意識調査(第3回)』, 2010(2020年5月13日取得, http://www.akaruisenkyo.or.jp/wp/wp-content/uploads/2011/01/wakamono.pdf).

資料(名稱, 出版年, 出版主體)

『姙産婦手帳』, 厚生省社會局, 1947.
『母子手帳』, 厚生省兒童局, 1948.
『母子手帳』, 厚生省兒童局, 1953.
『母子健康手帳』, 厚生省兒童家庭局, 1967.
『母子健康手帳』, 厚生省兒童家庭局, 1985.
『母子健康手帳』, 厚生省兒童家庭局, 1991.
『母子健康手帳』, 厚生省兒童家庭局, 2000.
『母子健康手帳』, 厚生勞動省雇用均等 · 兒童家庭局, 2010.
『母子健康手帳』, 厚生勞動省雇用均等 · 兒童家庭局, 2012.
『昭和39年度母子健康手帳副讀本』, 母子衛生硏究會, 1964.
『昭和49年度母子健康手帳副讀本』, 母子衛生硏究會, 1974.
『昭和60年度母子健康手帳副讀本』, 母子衛生硏究會, 1985.
『平成7年度母子健康手帳副讀本』, 母子衛生硏究會, 1995.
『平成13年度母子健康手帳副讀本』, 母子衛生硏究會, 2001.
『平成24年度母子健康手帳副讀本』, 母子衛生硏究會, 2012.

초출일람

서장 | 왜 지금, 모성연구인가?

새로 작성함

제1장 | 모성연구의 전략과 '케어 · 페미니즘'

박사 논문

제2장 | 전략으로서 모성주의

새로 작성함

제3장 | 어머니 규범의 탈젠더화와 자기 매니지먼트의 요구

「2000년대에 어머니 규범의 탈젠더화-모자건강수첩과 부독본을 단서로 하여」, 『포럼 현대사회학』 13, 2014 , pp.32~44(수정 · 가필함).

제4장 | 모성 억압의 정당화 신자유주의적 섹슈얼리티

「신자유주의적 섹슈얼리티와 젊은 페미니스트들의 저항」, 무타 가즈에 편저, 『가교하는 페미니즘-역사 · 성 · 폭력』, 2018, pp.25~36(수정 · 가필함).

제5장 | 일본의 어머니 운동에 대한 시선

박사 논문

제6장 | 어머니의 사회운동에서 모성 전략의 변화 어머니 대회와 마마회의 비교

「어머니의 사회운동에서 모성 전략의 변화-어머니 대회와 마마회의 비교」, 『소시올로지(ソシオロジ)』 62(2), 2017, pp.39~57(수정 · 가필함).

제7장 | '어머니인 나' 로 정치에 참여한다는 것 '마마회' 참석자의 인터뷰

박사논문

종장 | 케어하는 자의 임파워먼트를 위해

새로 작성함

찾아보기